〈ポスト・トゥルース〉アメリカの誕生

The Birth of "post-truth" America

ウェブにハックされた大統領選

池田純一

Junichi Ikeda

青土社

〈ポスト・トゥルース〉アメリカの誕生　ウェブにハックされた大統領選

はじめに

ニューヨークの観光名所の一つである演劇の街ブロードウェイで、２０１６年に大ヒットしたミュージカルに『ハミルトン』という作品がある。アメリカ建国の父の一人であるアレグザンダー・ハミルトンの物語だ。

カリブ海に浮かぶ西インド諸島に生まれたハミルトンは、後に初代大統領となった独立戦争の英雄ジョージ・ワシントンの参謀として独立戦争を戦った。独立後は、アメリカ政治思想の古典『ザ・フェデラリスト』の執筆者として憲法の制定に尽力し、アメリカを今日ある連邦共和国の姿にした立役者の一人だ。さらに連邦成立後は、初代財務長官として連邦財政の基礎を築いた。今でも財務省の建物の前にはハミルトンの銅像が佇んでいる。

それだけの功労者であるにもかかわらず、大統領になることがなかったのは、政敵との決闘に敗れ40代半ばで亡くなったからだった。当時の最先端の知恵である啓蒙主義的合理性に基づいてアメリカの基礎を築いておきながら、決闘という古き因習に囚われたために他界した。いわば近代と前近代の狭間に生きた人物だった。

そんなハミルトンの人生を主題にしたミュージカルが大ヒットしたのは、今述べたように彼の人生が波乱万丈の劇的なものであったことはもちろんなのだが、それだけでなく、ミュージカルといいながら楽曲がヒップホップであったことが大きな話題を呼んでいた。白人の建国の父たちがヒップホップを歌いつつ建国のドラマを演じる。文化的にも多彩で多様な移民の国となった21世紀の現代アメリカらしい、クールな建国劇の再演だったのだ。

ところが、そんなクールで多彩《ダイバース》な文化が花開く時代に、アメリカ社会は、白人が輝いていたかつてのグレートなアメリカを取り戻そうと訴えるドナルド・トランプを、2016年11月8日、第45代アメリカ大統領として選んだのである。

本書は、WIRED.jpで「SUPER ELECTION ザ・大統領戦」として連載したものをとりまとめたものだ。書籍化にあたっては全編に亘り、手を入れている。

WIREDというアメリカ西海岸生まれのハイテク文化誌で連載するのであるから、当初の関心は新たにどんなアプリやキャンペーン手法が開発され話題になるのかというところにあった。連載時に「アメリカ・メディア・テクノロジー」という副題がついていたのも、その三つがバランスよく連携しながら展開するのが大統領選だから、という理解からだった。ところが蓋を開けてみると、選挙戦の常識を破ることばかりが続き、まったくそれどころではなくなってしまった。

これまでアメリカで想定されていた「政治」や「選挙」のあり方に対して、まったくの外部からの動きが――終わってみれば、結局、最初から最後まで――ずっと続いていた。

トランプ、ソーシャルメディア、フェイクニュース、ハッキング、ロシア、Alt-Right、サンダース、……。

予想に反してすべてが選挙戦の「場外」で進んでいたのである。従来のようにメディアが用意した選挙戦の表舞台を見ていても、今、何が起こっているのか、理解するにはまったく足りなかった。

いつもどおりの「舞台劇」が始まると思って劇場に入って着席してみたら、いきなり役者は舞台から飛び降り、自分のそばで演技を始めてしまう。客席にいた観客の中には、その演技の輪の中に連れ込まれる者も出て来る。舞台演出も照明や音楽が普通に使われるものと思っていたら、何か耳障りな楽曲も流れ始め、そのうち舞台どころか劇場の壁まで取り払われてしまう。周りを見るといつの間にか屋外の青空劇場にいることに気づき、隣の小屋の役者たちも入り混じって、まったく異なる演目が演じられていた。

たとえてみれば、そんな破茶目茶な感じだったのだ。

従来どおりの舞台劇が繰り広げられると思っていた観客からすれば、すべての演劇が舞台の外で行われていて、屋外の実験演劇を見ているようなものだった。そのあてが外れたことに戸惑っているうちに、気がつけば、すでに舞台は終わってしまっていた……。

2016年の大統領選とは、終始、こんな具合だったのだ。最初に考えていたものよりも、数段階、ITは社会の深い層にまで関わってしまっていた。選挙戦における戦術はもとより戦略すら越えて、戦場たるゲーム盤そのもののあり方を変えていた。表層ではなく深層への介入。それゆえ広範囲に亘り、様々なことが連鎖的に変動していた。スポットライトが当たる舞台の上だけを見ていても全然足りなかったのだ。

　そのあたりの、絶えず漂っていたイレギュラー感を表すためにも、連載当初想定していた「見込み」や「見通し」などについても、あえて修正せずにそのまま残している。たぶん、この「あてが外れた」感じを広く共有することこそが、今回の大統領選の場合、時系列で記したことをまとめて出版することの意義であるように思えたからだ。むしろ、その「あてが外れた」ところを楽しんでみてほしい。その部分にこそ、今回の大統領選が稀有で不可思議な事件であったことが見て取れるはずだからだ。

　今から振り返れば、おそらくは選挙戦が始まる前の時点ですでに、アメリカ社会は何かしら今までうまくやれてきていたはずのルールなり慣習なりのタガが外れてしまっていた。その様子は、共和党の予備選が始まる前の段階で17人もの立候補者が乱立していたところに端的に現れていた。バラバラで、誰もリードしないし、そもそもリードするための核となるような共通の見解や議論も持ち合わせていない状態。そのような指針のまったく見えない真空地帯に、いきなり飛び降りてきて人気をさらったのがトランプだった。従来のルールや方法がどうやら機能不全を起こしつつあるところで、それを実際に「壊れている」と叫び続けることで、トランプは連邦政府の都ワシントンDCの外で生活する普通の人びとの共感を集め続け、終いには本当に勝ってしまった。

　だから徹頭徹尾、事件は「場外」で起こっていたのである。政治家の「外」で、マスメディアの「外」で、アメリカの「外」で……。そして、この「一連の外部」の動きを刺激し先導するものの背後にあったのがＩＴでありウェブであった。

政治の外にある経営ないしはビジネスのロジック、イノベーションのロジック、マスメディアの外にあるソーシャルメディアの「虚実ないまぜでごった煮」のロジック、アメリカ国外からのハッキングによる選挙活動への意図的干渉を促すロジック、等々。ＩＴが定着させた新たなロジック群については、インターネット上の「自由」の盟主を自認していたアメリカ——とりわけ民主党のアメリカ——だからこそ、それらへの対処が後手後手に回ってしまったようなのである。

ウェブが全面的に浸透した《世界》の中で、アメリカ人のみならず、アメリカの外部にいる人びとも含めて——むしろ部外者であるからこそ平然と——大統領選のもつ見世物性《スペクタクル》に誰もが魅せられていた。

いずれにしても、ウェブは、どうやら今までとは異なる政治のあり方、もっといえば政権奪取や内政干渉のあり方まで示してしまったようだ。ゲームのルールは確かに書き換えられたのだ。

終わってみれば本書は、選挙後、「《ポスト・トゥルース（post-truth）》の時代」と名付けられた現代に誕生した、今までとは異なる新たなアメリカ——《ポスト・トゥルース》アメリカ——をつかまえようとした試みだったのである。《世界》を変える稀有な事件の記録＝ドキュメンタリなのであった。

〈ポスト・トゥルース〉アメリカの誕生　目次

2016年大統領選スケジュール

予備選

2月1日	アイオワ(共·民)
2月9日	ニューハンプシャー(共·民)
2月20日	ネヴァダ(民)、サウスカロライナ(共)
2月23日	ネヴァダ(共)
2月27日	サウスカロライナ(民)
3月1日	スーパーチューズデイ アラバマ(共·民)、アラスカ(共)、アメリカ領サモア(民)、アーカンソー(共·民)、コロラド(共·民)、ジョージア(共·民)、マサチューセッツ(共·民)、ミネソタ(共·民)、オクラホマ(共·民)、テネシー(共·民)、テキサス(共·民)、ヴァーモント(共·民)、ヴァージニア(共·民)
3月5日	カンザス(共·民)、ケンタッキー(共)、ルイジアナ(共·民)、メイン(共)、ネヴラスカ(民)
3月6日	メイン(民)、プエルトリコ(共)
3月8日	ハワイ(共)、アイダホ(共)、ミシシッピ(共·民)、ミシガン(共·民)
3月12日	北マリアナ諸島(民)、ヴァージン諸島(共)、ワシントンD.C.(共)、ワイオミング(共)
3月15日	オハイオ(共·民)、フロリダ(共·民)、イリノイ(共·民)、ミズーリ(共·民)、ノースカロライナ(共·民)、北マリアナ諸島(共)
3月22日	アリゾナ(共·民)、アイダホ(民)、ユタ(共·民)
3月26日	アラスカ(民)、ハワイ(民)、ワシントン(民)
4月5日	ウィスコンシン(共·民)
4月9日	コロラド(共)、ワイオミング(民)
4月19日	ニューヨーク(共·民)
4月26日	コネチカット(共·民)、デラウェア(共·民)、メリーランド(共·民)、ペンシルヴァニア(共·民)、ロードアイランド(共·民)
5月3日	インディアナ(共·民)
5月7日	グアム(民)
5月10日	ネヴラスカ(共)、ウエストヴァージニア(共·民)
5月17日	ケンタッキー(民)、オレゴン(共·民)
5月24日	ワシントン(共)
6月7日	カリフォルニア(共·民)、モンタナ(共·民)、ニュージャージー(共·民)、ニューメキシコ(共·民)、ノースダコタ(民)、サウスダコタ(共·民)
6月14日	ワシントンD.C.(民)

全国大会

7月18日～21日	共和党全国大会(オハイオ州クリーブランド)
7月25日～28日	民主党全国大会(ペンシルヴァニア州フィラデルフィア)

テレビ・ディベート

9月26日	第1回大統領候補者ディベート(ニューヨーク州ホフストラ大学)
10月4日	副大統領候補者ディベート(ヴァージニア州ロングウッド大学)
10月9日	第2回大統領候補者ディベート(ミズーリ州セントルイス·ワシントン大学)
10月19日	第3回大統領候補者ディベート(ネヴァダ州ネヴァダ大学ラスベガス校)

11月8日	一般有権者による投票および開票
12月19日	選挙人による投票および開票

2017年

1月20日	大統領就任式

※州名に添えた数字は、その州の選挙人数

2016年大統領選の結果

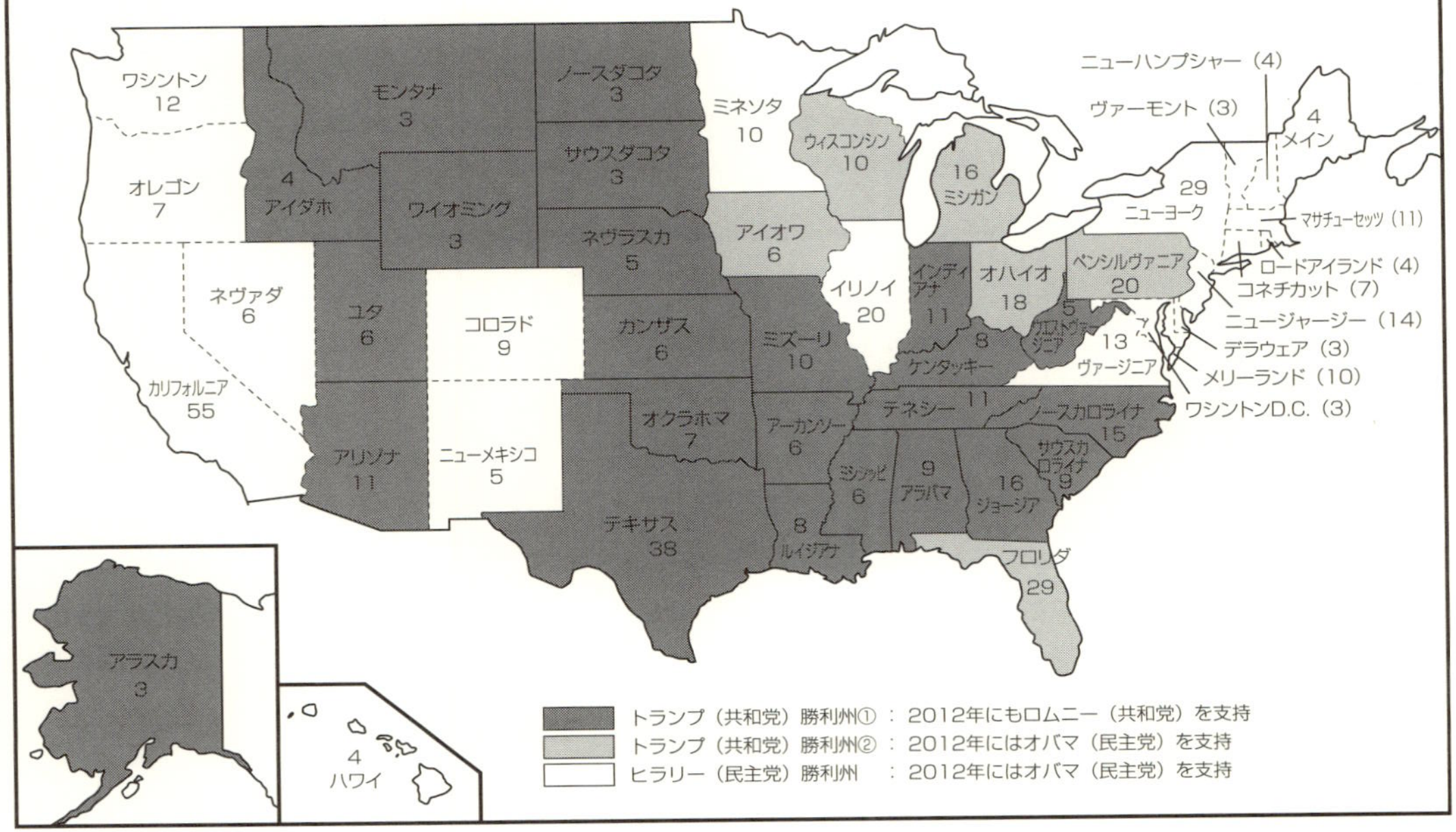

I　予備選1　混戦の共和党

1　リアリティショーに転じた大統領選

大統領選は新たなテクノロジー開発の舞台だ

２０１６年2月1日のアイオワ予備選を皮切りに、アメリカ大統領選が本格的にスタートした。

しかし、まさかこれほどまで今回の予備選にドキドキさせられるとは思わなかった。まだ誰も立候補を名乗りでていない2年前の段階では、２０１６年は二つの王朝対決《ダイナスティ》、すなわち「クリントンvsブッシュ」で決まりだろうといわれていた。民主党は第42代大統領のビル・クリントンの妻のヒラリーが、そして共和党は第43代大統領のジョージ・W・ブッシュの弟のジェブが、それぞれ本命視されていた。[※1]予定調和の世界が想定されていたのだ。

ところが蓋を開けてみればまさかの大混戦となった。共和党に至っては、一時は17人が立候補し、予備選前の２０１５年の時点ですでにその17人が入り乱れ「プレ予備選」の如き盛り上がりを見せてしまった。その中から、今では誰もが知る

（1）ジェブ・ブッシュは元フロリダ州知事で、妻はヒスパニック。つまり、ブッシュ家の威光、接戦州フロリダが地盤、共和党員だがヒスパ

「トランプ旋風」が生まれた。一方の民主党にしても、共和党ほどの混戦はなかったものの、ヒラリー優位を覆すバーニー・サンダースの登場によって想定外の「接戦」が展開されている。

結局、ダイナスティ対決は政治好きの希望的観測でしかなく、アメリカの政治力学がいかにダイナミックに変貌する「生モノ」であるかを見せつけることになった。というのも、2月20日のサウスカロライナ予備選の結果を受けて、とうとうジェブが脱落してしまったからだ。ダイナスティの一角はすでに崩れてしまった。[※2] ジェブの撤退は、どうやら今回の大統領選が今までとは異なるゲームのルールの下で展開されているという印象を強く人びとに与えた。

そんなアメリカ大統領選を、では、なぜアメリカの他者である私たちがわざわざ取り上げるのか。

一つには、大統領選がウェブの新たなアプリケーションの開発機会として特筆すべきものであるからだ。08年と12年の2回の大統領選では、ウェブのキャンペーンでの利用の巧拙が選挙戦略に多大な影響を与えていた。投票日に1回限りの支持を勝ち取る点で、大統領選は究極のワントゥワンマーケティングが展開される機会だ。そのため、08年のソーシャルネットワーク、12年のスマートフォンの利用に続いて、16年にも何らかの新アプリが登場するのではないかと期待されている。ビッグデータの浸透から今回は、有権者の「心理」を分析し動員に活かす

ニックの共感も得られる、といった点で、オバマの登場以後、多様性が表面化した21世紀のアメリカに適応した、新しい共和党を体現する候補として期待されていた。だが多くの共和党支持者にとっては、どうやら多様性よりも白人性の方がまだ大事だったようである。

(2) ヒラリーの本選敗退によってクリントン王朝も崩れ、2016年は、過去30年あまり続いたアメリカ政治の流れに終止符が打たれる年となった。

ようなツールが登場するのではないかと見込む声も出てきている。※3

実際、大統領キャンペーンをウェブの側から見れば、前回の投票日の翌日から始まる次の投票日に向けた4年間という限られた日程の中で、現場の状況に「急き立てられながら」開発に集中する機会である。一人ひとりの有権者にきめ細かくリーチし、短時間の間に候補者のオピニオンを広く人びとに伝えるツールとして、ウェブはもはや選挙戦の基本装備と化している。

Xデイに向けてあらゆる領域が収束する

アメリカ大統領選に注目すべきもう一つの理由は、それが全米をあげた長期に亘るメディアイベントであり、アメリカ社会に特有のメディアと社会の深い関わりを具体的に知ることのできるよい機会であるからだ。

いうまでもなく現代のメディアはテクノロジーによって日々進化している。その進化は大統領選のあり方にも影響を及ぼさずにはいられない。大統領選はアメリカ社会とメディアの密接な関係を反映する鏡である。ウェブがアメリカの選挙キャンペーンという民主的政治過程に深く組み込まれるゆえんだ。※4

そこで最初に、この先何が起こるかのイメージをつかんでおくために、簡単にアメリカ大統領選のスケジュールを確認しておこう。まず、Xデイである選挙日

（3）本選の最中には目立たなかったが、トランプ陣営が委託したCambridge Analyticaというデータ解析会社が得意とするのが、有権者の心理分析であった。

（4）「密接」どころか、アメリカの民主的政治過程の方が既存メディアを含めて、完全にウェブに飲み込まれてしまった（＝ハックされた）のが2016年であった。

は2016年11月8日。これは「11月の第1月曜日の翌日」と法律で定められている。その日に向けて、民主党も共和党も候補者を選出し、選挙戦に臨まなければならず、2016年の前半は、その候補者選びに費やされる。

具体的には2月から各党で候補者を選ぶ「予備選」が始まる。通常は、共和党、民主党ともに、10を超える州で予備選が行われるために、最初のヤマ場となる3月1日のスーパーチューズデイを超えるあたりで大勢が見え、4月くらいまでに11月の「本選」に臨む候補者を選び出すことが多い（予備選自体は両党とも6月まで続く）。その後、7月に正式に党を代表する候補者が指名される全国大会（National Convention）が開かれる。※5

では予備戦で候補者が決まってから、この全国大会までの間は何もないのか、というと、もちろんそんなことはない。中でも、ランニングメイトたる副大統領候補者の選択は重要な案件だ。同時に、選挙キャンペーン戦略の基本方針の組み換えが必要になる。党内の他の候補者との、いわば仲間内の戦いと、本選でのライバル党の候補者との戦いとでは、強調すべき政策の論点が当然変わるからだ。そうして夏が終わると、NBCなどの四大ネットワークを中心に、本選候補者同士による公開ディベートが開催される。このあたりから完全にメディアイベントに移行し、大統領選が社会の話題の中心になっていく。大統領選のある年は、年初から11月の選挙当日まで、アメリカの報道は大統領選一色に染まっていく。

（5）共和党はオハイオ州クリーブランドで7月18日から21日まで、民主党はペンシルヴァニア州フィラデルフィアで7月25日から28日まで、それぞれ開催された。

このようにアメリカ大統領選は、4年に一度開催される、全米を巻き込む巨大な祭りだ。その祭りを通じて、普段はバラバラに稼働している、政治、メディア、社会、文化、さらには、科学、ビジネスなどといった異なる領域の活動が、一気に交わり連動しながら、選挙当日に向けて収束していく。

実は選挙日の11月8日には大統領以外の公職の選挙も行われる。州知事の一部や、連邦議会議員（下院の全員、上院の一部）の選挙日でもある。したがって、大統領選への関心の有無や程度はそのまま他の選挙にも影響を与える。なぜなら大統領選が投票所に足を運ぶ最大の誘因となるからだ。民主党や共和党の支持者以外の人びと（＝インディペンデント）がどの程度投票するかで結果は大きく左右される。

そのような性格のため、メディアやコンテントのネタ元としても、大統領選という全米イベントは大いに参照され、出版、映画、音楽、などの表現活動をも刺激する。アメリカの場合、誰を支持（＝エンドース）するか、メディア企業が公表することも普通だ。いわゆるセレブリティの発言が、ある候補者の支持につながったり、逆に支持を失わせたりすることもある。

特に最も人びとの心を揺さぶりやすいミュージシャンやアーティストの動きは、注目を集めやすい。[※6]ハリウッド俳優やコメディアンの振る舞いも無視できない。ブルース・スプリングスティーンやスティーヴン・スピルバーグといった大御所はもとより、今年であればグラミー賞受賞のテイラー・スウィフトや、6度目の

（6）２０１６年の場合、トランプとヒラリーがともに知名度が激高のセレブリティであったため、有名人のエン

ノミネートで初めてオスカーを受賞したレオナルド・ディカプリオといったセレブリティの発言は、折りに触れ、大統領選の動向に艶を与え、華を添えることになる。大統領選を追いかける上では、このような全米を巻き込む巨大な祭りとしての性格は捨て置けない。

誰もがXデイに向けて急き立てられる大統領選では、新たに見出されたウェブの活用法が、選挙報道の一環としてメディアの注目を集め、一気にアメリカ社会に根付いてしまう。そうして、ウェブに期待される公共的役割が具体化されてきた。つまり大統領選を通じて、ウェブは、単に個人間通信の支援機器でもなければ、マスメディアに代わるエンターテインメントの配信装置でもなく、社会的で政治的、すなわち公共的な役割を担うメディアとして社会に植え付けられてきた[※7]。大統領選とは、新たなウェブの利用方法を社会に根付かせる格好の機会でもある。なにしろ、とにかく投票日まで誰もが急き立てられてしまうのだから。拡散の速度や真剣さが桁違いなのだ。

「リアリティショー」的大統領選

実は、予備選前の段階では大統領選といっても、こうしたウェブやメディアの関係を取り上げれば十分だと思っていた。ところが、どうも今回に限ってはそれ

ドースは例年ほど目立たなかった。特に本選以後は主流メディアがこぞってヒラリー支持を表明したため、エンドース合戦にまで至らなかった。

（7）　選挙戦終盤、アメリカ国外からのハッキングとフェイクニュースが横行することで「公共的」な性格が無条件では成立しないことが明らかにされた。それにしても「アメリカ国外からの干渉」は想定外であった。ウェブの越境性という性格を踏まえれば予想できて当然のことではあったのだが。

だけではすまない感じがしてきている。

というのも、冒頭で触れたジェブ・ブッシュの撤退のように、今回の大統領選は、いつもとあまりにも様子が異なるからだ。共和党はドナルド・トランプやテッド・クルーズ、民主党はバーニー・サンダースというようにそれぞれの党のメインストリームから外れる候補者が善戦している。そのため、大統領選以前の問題として、そもそもアメリカ社会はどうなってしまっているんだ?という素朴な疑問が生じてしまう。そんななかなり奇妙な事態が生まれている。

そのような意味では、共和党の候補者もようやく5人まで絞れたのであるが、むしろ、予備選前の「17人いる!」時の方が、イベントとしては単純に面白かった。たとえば、テレビ・ディベートを開催するにあたり、さすがに17人全員を壇上に登らせるのはテレビ演出的に珍妙なため、人数を絞るために支持率調査が行われ、それによって登壇者が選出されていた。

つまり、すでにその時点で支持率とは要するに「テレビでこの候補者は何をしゃべるのだろう?」という期待の程度、すなわち人気が測られていたわけだ。そうした中、リアリティショーの人気番組である『アプレンティス』で全米的に知名度を高めていたトランプが当然の如く期待度を高めてしまった。その構図がそのまま予備選にまで継続されてしまった観は否めない。

つまり、いわば「プレ予備選」であったテレビ・ディベートを通じて、今時のソーシャルなウェブ環境を前提にしたリアリティショーの文法が大統領選を眺める人びとの間に先行して定着してしまい、それがそのまま、予備選まで途切れることなく継続されていた。あたかも、参加型リアリティショーの「フレームワーク」が、（政治の専門家を除く）一般の人びとにとって大統領選を眺める枠組みとしてデフォルト化してしまったかのようだ。

テレビの有名人が支持を集めるという構図は、実は第40代大統領のロナルド・レーガンと大して変わらないのだが、端的にいって、トランプは大統領選を "Road to the White House" とでも名付けるべきリアリティショーに変えてしまった。トランプ旋風は、ウェブ以後のメディアの新しい文法が選挙戦を支配しつつあることの徴候といえる。※8

似たような徴候は、民主党のバーニー・サンダースにも感じられる。ウェブ世代の若者からの熱狂的な支持によって、クリントン・ダイナスティに果敢にも挑んでいる様は、構図だけ見れば、２００８年の「オバマvsヒラリー」の予備選と大差ない。サンダースの場合は、リアリティショーの文法はないけれど、しかしソーシャルウェブが可能にした「参加型」キャンペーンを最大限活用している。

サンダースは74歳で、68歳のヒラリーよりも高齢なのだが、不思議なことに、「ヒラリーvsサンダース」は、「ベビーブーマーvsミレニアル」という世代対決と化している。共和党の「保守」との対比で「リベラル」と見られる民主党は、それ

（8）　トランプの勝利によって、このウェブによる変化は、選挙戦のみならず、アメリカの政治や統治のあり方をも変えつつある。アメリカの国際的地位から、その余波は他の諸国にまで及び始めている。

ゆえ改革志向の党であるのだが、その「改革」の内容は、どうやら年寄りと若者との間で世代ごとに異なるものであるからのようだ。

テクノロジーが社会に実装される

このように今回の予備選では、共和党にしても民主党にしても大異変が生じている。もしかしたら前回二度の選挙戦でウェブが大活躍した結果、これまでのように州中心に進められてきた、連邦《フェデラル》を前提にした分散分権的な選挙キャンペーンとは異なるシステムが立ち上がってしまったのかもしれない。つまりアメリカ社会はウェブという全米規模《ナショナル》のメディアを手に入れたことで、初めて全米の人びとを対象にした単一の政治運動を展開することが可能になったのである。

実際、今回の大統領選とは、リーマン・ショック以後、全米で同時分散的に生じた保守のティーパーティ運動（Tea Party Movement）や、リベラルのウォール街占拠運動（Occupy Wall Street）を経験した後のものなのである。熱狂的な支持者というのも、その政治家の単なる信奉者などではもはやなく、むしろ、可能な限りその政治家を意のままに操ろうとする振付師である。少なくともそのような立場を自覚して狙っている。

こうした状況を俯瞰してみれば、ウェブというメディアのあり方によってアメリカ社会のあり方も並行して変わりつつあるといえるのかもしれない。ちょうど、音楽産業が、iTunesやSpotifyの登場で、楽曲の制作からリスニングのあり方、果ては音楽とリスナーの関係までも変えてしまったように。とりわけリスナー／投票者の意向がストレートに反映される「アプリ」が期待されているところを含めてだ。このようなアメリカ社会の変質についても、適切なエピソードがあれば適宜とりあげていきたい。

2月に入り元ニューヨーク市長のマイケル・ブルームバーグが、民主党、共和党のいずれにも属さない第三軸のインディペンデントとして立候補するという噂も聞こえてきた。3月1日のスーパーチューズデイの結果いかんでは、民主党、共和党とも大勢が決するかもしれない。その反対に、泥沼の混戦模様が続く可能性もある。それらの結果を踏まえてブルームバーグの決断もなされるという。※9

メディアの人気者のトランプに加えて、金融情報メディアの創業者であるブルームバーグも立候補するとしたら、大統領選とメディアとITが渾然一体となってアメリカ社会を変えていく姿が目撃されることになるのだろう。それは、広い意味でテクノロジーが社会の有り様を変える現場にわたしたちが立ち会うことを意味する。それぐらい今回の大統領選は見ものである。スペクタクルなのである。

（2016・3・1）

（9）ブルームバーグの参戦のように、選挙戦のルールを書き換える（＝ハックする）のはあくまでも国内勢力である、という見方も、一つの強固な先入観であったことが判明した。ウェブの登場によって、国外勢力による選挙戦への介入もすでに可能になっていたのである。

追記

予備選前の「17人いる！」時の、トランプ以外の16人とは次の通り。

まず、予備選を争った11人は　ジョン・ケーシック（オハイオ州知事）、テッド・クルーズ（テキサス州選出上院議員）、マルコ・ルビオ（フロリダ州選出上院議員）、ベン・カーソン（小児神経外科医）、ジェブ・ブッシュ（元フロリダ州知事）、ジム・ギルモア（元ヴァージニア州知事）、クリス・クリスティ（ニュージャージー州知事）、カーリー・フィオリーナ（元ヒューレット・パッカードCEO）、リック・サントラム（元ペンシルヴァニア州選出上院議員）、ランド・ポール（ケンタッキー州選出上院議員）、マイク・ハッカビー（前アーカンソー州知事）。

予備選前に撤退した5人は、ジョージ・パタキ（元ニューヨーク州知事）、リンゼー・グラハム（サウスカロライナ州選出上院議員）、ボビー・ジンダル（ルイジアナ州知事）、スコット・ウォーカー（ウィスコンシン州知事）、リック・ペリー（前テキサス州知事）。

このうちクルーズとルビオがヒスパニック男性、カーソンが黒人男性、ジンダルがインド系男性、フィオリーナが白人女性である以外は全員が、共和党らしく白人男性である。

なおトランプが大統領に当選後、ベン・カーソンが住宅都市開発長官、リック・ペリーがエネルギー長官に、それぞれ指名されている。

2　ゲーム・チェインジャーたちの《ポピュリズム》

スーパーチューズデイを越えて

3月1日のスーパーチューズデイでは、大方の予想通り、民主党はヒラリー・クリントンが、共和党はドナルド・トランプが、それぞれに各地で勝利を重ね、11月の本選に向けた候補者レースの先頭に踊り出た。そこから次のヤマ場となる3月15日までの間は、民主党、共和党ともにさまざまな動きが続いた。その様子は、州ごとに開催される予備選が、州ごとに異なる独自のルールの下で、州ごとの事情にもとづき実施されるため、決して一筋縄ではいかないものであることを裏付けるものだった。

3月8日、民主党はヒラリーが、事前の予想では勝利は確実だと思われていた中西部ミシガン州で、対立候補のバーニー・サンダースに接戦の末、まさかの敗退を喫してしまった。[※1] ヒラリーは中西部のイリノイ州出身であり、夫のビル・クリントンの出身であるアーカンソー州を含む南部とともに、中西部は彼女の選挙

(1)　選挙後から振り返れば、ヒラリーのミシガンでの予備選敗退は兆候的だった。ただ負けただけでなく、世論調査の結果に反して負けていたのだから。

基盤の一つと思われていた。それだけにミシガンを落としたことはヒラリー陣営に影を落とすと同時に、サンダースの粘り強さを示すことになった。

サンダースの掲げる、よりリベラルな路線は、主には未来に希望をもてない若者たち（ミレニアル）から支持を得ていると理解されていた。だが、どうやらそれだけではなく、ミシガンのようなかつての「産業州（industrial states）」で、今では「ラストベルト（rust belt：鉄さび帯）[※2]」と呼ばれる衰退地域のブルーカラー層からも支持されるものであることが示唆された。ミシガン州は２０１３年に財政破綻したデトロイトを抱える州である。

ポピュリズムと『怒りの葡萄』

サンダースに限らずトランプの快進撃も含めて、今回の予備選は「ポピュリズム」が吹き荒れているといわれる。ただし、この言葉がアメリカで使われる場合は、アメリカ独自の歴史的文脈を強く帯びており、一般に理解されている「大衆迎合主義」ではなく、「草の根発の熱狂的な運動」という意味で使われる。つまり、政治家（＝投票される側）の行動指針ではなく、一般の人びと（＝投票する側）の行動様式を表すものとして使われる。

アメリカの歴史に根ざすというのは、19世紀末の急激な産業化の中で、農民や

（２）「ラストベルト」は、２０１６年の大統領選を総括するためのキーワードとなった。実際、２０１２年にはオバマを支持したミシガン、ウィスコンシン、アイオワ、オハイオ、ペンシルヴァニアが軒並みトランプ支持に回ったことで大統領選の勝敗が決した。この５州以外ではフロリダが12年のオバマ支持からトランプ支持に移った以外は残りの州は全て、12年と同じ党を支持していた。青い州は青いまま、赤い州は赤いままだったのである（13頁の地図参照）。

工場労働者を中心に、理不尽な社会状況の改善に向けた動きとして、ポピュリズムという言葉が使われたことによる。いわゆる「金ピカ時代（gilded age）」や「革新時代（progressive era）」の時のことだ。※3 理不尽な時代状況への「怒り」の表明としては、後の大恐慌時代のことではあるが、ジョン・スタインベックの『怒りの葡萄』とも重なる。経済的混迷期にアメリカの人びとは常に政治に対して「怒り」を表明し続けてきたのである。

そうした怒りに根ざした既存の政治家への批判票が、アウトサイダーであるサンダースやトランプに票が集まる理由の一つと説明される。3月に入ってからこの方、アメリカでは「ニューヨーク・タイムズ」や「ウォールストリート・ジャーナル」、「ワシントン・ポスト」などの新聞ジャーナリズムはもとより、「ニューヨーカー（The New Yorker）」「アトランティック・マンスリー（The Atlantic Monthly）」、さらには「ローリング・ストーン（Rolling Stone）」といった雑誌ジャーナリズムでも、こうした論調の解説記事を見かけることが格段に増えた。

不満や怒りの理由は、地域や個人によってさまざまだろうが、しかしその表明を具体的に、そして手軽に可能にしたのがソーシャルウェブである。しかも、その表明は単に言葉だけではなく、その表明の受け手への支援（献金）も含んでいる。

たとえば、サンダースの選挙活動資金の多くは個人からの献金が中心であり、その際にはcrowdpacなどのウェブサイトが使われている。crowdはいうまでもなく

（3）金ピカ時代や革新時代の詳細については拙著『〈未来〉のつくり方』（講談社）を参照してほしい。

群衆のことであり、pacとは政治献金組織であるPAC（Political Action Committee）のことなので、まさに草の根の献金サイトを意味する。こうしたサイトが稼働することで、手軽かつ迅速に候補者を支援することが可能になった。

ちなみにPACへの献金額は法律で上限が定められているため、上限額に達してしまった人たちは自発的にほかの支援者を探しだす必要がある。草の根の動きがソーシャルウェブを通じて短期間のうちに広がってしまう理由の一つである。

もちろん不動産王のトランプは、選挙資金の多くを個人資産で賄える。しかもリアリティショーの『アプレンティス』の決め台詞“You're fired!（お前はクビだ！）”で、全米の知名度は抜群だ。そのため、ほかの候補者のように今さらテレビ広告を打つ必要もない。※4 意外なことにトランプの選挙活動も、テレビではなくウェブに力点を置いている。トランプも実は、ゲームのルールを変えようとする試合巧者なのである。※5

「ピン」されていくメッセージ

トランプに限らず、候補者絡みでFacebookやInstagramなどに上げられるマッシュアップ・ビデオは、CMと呼ぶにはお粗末なものが多いのだが、その粗っぽさが逆に直裁的なメッセージの伝達を可能にしている。もともと選挙CM、特に競

（4）大統領選の年は夏季五輪の年でもあるので、アメリカのテレビ業界は二つの大口収入源で潤う年となる。

（5）トランプは、ソーシャルメディアを駆使することで勝利した。選挙期間中、もっぱら資金不足からトランプはヒラリーほどテレビ広告を打てないと伝えられていたわけだが、そうした報道も、後から見ればソーシャルメディアの影響力を過小評価することにつながったといえる。

争相手のネガティブCMには、表現方法だけで見れば不愉快で醜《アグリーな》いものが多かったのだが——相手に否定的な印象を貼付けようとするのだから当然ではあるが——、それでもテレビ画面に映る時は前後の番組の印象との関わりや、同じ番組を見ている人に対する影響を想像するきっかけがあり、目の前のCMに対して、自分自身への印象だけでなく、他の人への訴求点についても想像することができた。つまり、相対的な視点をもつきっかけがあった。

しかし、ウェブで見る場合は、そもそもチャンネルのような文脈はなく、それゆえ、他の人が今どのように見ているかなどと想像する必要もない。どこまでいっても個人的（パーソナルでプライベート）な出来事であり、そのため容易に完全に「没入」してしまう。そのたった一人にリーチするために、表現そのものも直裁的で強度を重視したものとなりがちだ。個人はフィードを受け取るだけであり、その後、「Like」（お気に入り）などの操作を通じて多数の人との「シェア」を試みることで、視聴後にそれを〝みんなのもの〟に格上げすることができる。ソーシャルウェブ上のメッセージはだから、強度と共感に溢れるものが「ピン」されていく。

加えて2010年代に入り「スーパーPAC（SuperPAC）」という勝手連が製作したCMも増えている。PACとは先述のように特定の候補者を直接支援する組織だが、そこへの献金額は上限が設定されている。それに対してスーパーPAC

は、特定の候補者や政治家との直接的なつながりがない組織であり、献金に上限もない。彼らは特定の争点《イシュー》に焦点をあて、そこからメッセージを流してくる。結果的に、ある候補者／政治家の側面援護となるようなＣＭを広めることにつながる。いわば勝手に騒いでいる外野の応援団のようなものだ。

通常、候補者のＣＭの最後には“I approved this message.”というメッセージが付き、「このＣＭはわたしのメッセージであることを保証する」という一言が入るのだが、勝手連の（ＣＭ未満の）ビデオには、そのような「保証の一言」は添えられていない。だが、受け手はそれらのメッセージが混在したストリームを眺めてしまうため、その区別は曖昧なまま放置される。こうしたメッセージの発信・受容が、ソーシャルウェブではあたりまえになってきている。[※6]２０１６年のウェブにおけるメディア利用の現状とはこのようなものであり、候補者たちはそのような中でメッセージを練り上げている。ウェブが開いた可能性を活用して、選挙活動そのものの定石をハックしてしまっているのだ。

このように今回の大統領選は、序盤の予備選の段階ですでに大異変を経験している。

（６）　真贋のはっきりしない情報がウェブ上を漂流されるがままになっているこの状態は、大統領選後明らかになった「フェイクニュースの氾濫」とも通じるところがある。

あわてふためく「主流派」

こうした状況に慌てたのが、共和党の主流である「エスタブリッシュメント」と呼ばれる人たちだ。その名の通り、もともとはジェブ・ブッシュのような安定した政治家一族出身の候補者を支持する、資産家や企業経営者からなる共和党内のグループであり、彼らの目には、トランプの進撃はもとより、二番手につけているテッド・クルーズの台頭ですら眉をひそめるべきものとして映っている。

クルーズは、ティーパーティに推されて2013年に上院議員になったばかりのルーキーであり、連邦議会にほとんど盟友がいないことが憂慮されている。しかも、トランプが怒れる共和党員（特に中年以上の白人男性）の支持で躍進しているのに対して、クルーズの支持基盤は、彼自身も信仰する福音派（エヴァンジェリカル）の人びとである。結果として、トランプとクルーズの二人は共和党の支持基盤を分断してしまっている。

レーガン大統領が登場した80年代以降の共和党の支持母体は、ここまでに記したように、主には、南部白人男性、キリスト教（プロテスタント）信者、資産家・企業経営者（エスタブリッシュメント）から構成されていた。こうした支持者からなる「連合（coalition）」の上に、保守主義や共和主義、州権主義といった政治信条や、財政均衡や自由競争といった経済信条を上乗せすることで、一体化を図ってきた。もちろん、「民主党嫌い」という心情の共有も含めてだ。※7

一つ補足しておくと、民主党嫌いとはしばしば北東部のニューイングランドやニューヨーク嫌いに通じるため、共和党のエスタブリッシュメントの多くは、北東部以外の地域の資産家や経営者からなる。その筆頭が、アメリカのど真ん中のカンザス州に拠点をおき、ティーパーティの支援者といわれるコーク兄弟だ。

ここでしばしば不思議に思われてきたことが、どうして資産家や経営者のような人びとと、農民や労働者のような人びとが連帯できるのか、という疑問だった。要するに富をもつものともたないものが手を組めるのはなぜか、という謎だ。そして、その答えの一つが信仰の共有にあった。つまりサザン・バプティストのようなプロテスタントの信仰が、雇用者と被雇用者の間をつなぐ一種の膠の役割を果たしたという説明だ。※8そして、そうした理解からすると、トランプとクルーズとの間で支持者が分断されることは、相対的に少数者であるエスタブリッシュメント側からすると頭痛の種である。

実際、トランプの支持者は"secular populism（世俗的ポピュリズム）"と呼ばれている。ここで"secular＝世俗的"というのは、要するに信仰をもたないということであり、少なくとも信仰心からエスタブリッシュメント層と心情を共有するきっかけをもたない人たちのことだ。先進国の中では例外的にキリスト教の信仰心

（7）実際、「民主党嫌い」というのは言い得て妙であり、共和党の特質をよく表している。民主党支持者が、一般に「進歩的」「合理的」「科学的」「計画的」といった特徴を持ち、それゆえ一本筋の通った「改革志向」であるのに対し、こうした考え方にどうも同調できない人たちが寄り集まったのが共和党という感じなのだ。「保守」といわれるのも「アンチ（過激な）改革」という点で現状維持的に見えるからだ。もちろん共和党の中にも穏健改革派は存在する。

（8）もう一つが「独立自尊」のリバタリアン的心性にある。施しは受けない、自分で何とかするといった矜持のことだ。そこに白人としての（根拠の希薄な）気分としてのプライドが加わる。そんな彼らが現代アメリカ社会に感じる

の高い国といわれてきたアメリカだが、そのアメリカでも近年、信仰心をもつ人たちの減少、すなわち世俗化が社会問題化してきている。そうした信仰心をもたない人びとがトランプの支持に回り、予備選というゲームの中で、信仰をもつ側の共和党員と分断されてしまう。こうした振る舞いは、レーガンが確立した共和党の基盤を覆すことになりかねない。

このトランプの動きは、実は民主党側でも見逃せないところがある。なぜなら、信仰に囚われないポピュリズムとは、ブルーカラーの不満に通じるところがあり、それは民主党員の一部にも訴える可能性をもつからだ[※9]。そのような観点からすれば、サンダース旋風にはトランプ旋風に通じるところがあるように見えてくる。トランプの進撃が、共和党寄りのメディアだけでなく、民主党寄りのメディアからも関心を強くもたれているのは、もしもトランプが共和党の候補者に指名されたら（その可能性はかなり高まっている）、本選は大丈夫なのか、という不安の現れなのである。

象徴としての「ナンシーの死」

さて、本来ならウェブやテクノロジーと大統領選の関わりを扱うことを目指した本連載で、ここまで長々と現在の予備選における政党内の事情について記して

のは、だから「不安」というよりも、自分の思いのままにならない「焦燥」であり「苛立ち」である。

（9）その懸念は、ラストベルトのワーキングクラスが民主党から離反してしまったことで現実のものとなった。

きたのは、別に政局そのものを扱いたいからではない。そうではなく一つには、すでに予備選中盤の段階で、ゲームのルールを書き換えるような動き（＝ハッキング）が本格化しているからであり、二つ目には、そうした動きを可能にしていることの一つに、ウェブが開いた新しいコミュニケーション様式（言葉だけでなくお金もやり取りできる方法）が影響していることを、まずは確認したかったためだ。

仮に今回の選挙戦で新しいアプリ開発があるとしても、それらの開発は今までとは違って、開発の前提となる条件そのものが変わってしまうのかもしれない。今回はそんな局面で取り組まなければならないようなのだ。支持基盤などはその最たるもので、もしも今回の選挙（予備選・本選）を通じて、民主党・共和党の従来の支持基盤の塊《クラスター》に亀裂が生じるようなら、その亀裂をどのような方向に展開させるかで、選挙キャンペーンのあり方も大きく変わってしまう。

たとえば、今回の予備選で目を見張ったことは、従来よりも格段に増えたテレビディベートの回数だ。共和党の場合、予備選開始前の段階で2015年8月から毎月1回の計5回、予備選開始後では、2016年1月から3月上旬にかけて計7回。そのため予備選後はほとんど毎週1回くらいのペースでディベートが開催されていた。その多くでトランプが話題をさらっていたのはいうまでもない。大抵の場合、彼は写真の中央に立っていた。

ディベートが終了すると、その内容は即座にウェブに「放流」され、様々な論評、コメント、マッシュアップ、等々を生み出し、とにかく人びとの耳目を集めていく。情報に切れ目がないのである。

こうした新たな状況を踏まえると、去る3月6日にレーガン大統領夫人であるナンシー・レーガンが亡くなったことは、どうにも象徴的な出来事に思えてくる。レーガンが確立した共和党のあり方の前提となるもの、すなわち政治のゲーム盤そのものが、この2016年で終わりを迎えたのではないかという疑念である。

共和党の内乱

ところで、冒頭で3月15日がヤマ場と書いた。それはフロリダとオハイオという、本選でも選挙結果を左右する大州が登場するからだ。とりわけ共和党においては、この2州はともに代理人（delegate）の割当が「勝者総取り（winner-take-all）」方式であり、その後の予備選の帰趨を大きく決定づける分岐点とみなされている。

結果は、トランプは、フロリダで勝ち、オハイオで負けた。フロリダが地元のルビオは、この敗北で大統領選から離脱を表明した。すでにスーパーチューズデイ後に、ベン・カーソンが離脱していたため、共和党の候補者はこれで、トランプ、クルーズ、ケーシックの3人にまで絞られた。先述した事情から、共和党のエスタブリッシュメントは、3月1日のスーパーチューズデイ以後、「トランプ降ろし」を声高に叫ぶようになり、その役割をルビオに委ねようとしていた。だが、そのルビオが撤退してしまったため、エスタブリッシュメントの淡い期待は穏健派（リベラル色を残す中道寄りの保守）のケーシックにかけられることになった。こうして共和党は内乱状態に突入してしまった。

「トランプ降ろし」のために共和党エスタブリッシュメントが考えていることは、予備選の全過程を終えた時点で勝者不在、すなわち代理人数の過半数である1237人を獲得した候補者が一人もいない状態を何とか実現し、そのまま7月の共和党全国大会（RNC）に雪崩れ込み、その場で候補者選びの「コンテスト」を開催することにある。“Contested Convention”と呼ばれるものだ。

事前に各州に割り当てられた代理人は、各州の予備選の結果に拘束されるため、全国大会当日はこの州の予備選結果に沿って投票する。しかしその拘束は、1回目の投票に限られる。2回目以降は、代理人の判断での投票が許される。そのため、その投票のもって行き方いかんでは、予備選の下位候補者であっても指名を勝ち取る機会がある（どうやら予備選参加者以外の人物の登場も可能らしい）。

今、「もって行き方いかん」と記したのは、要するに各州の代理人たちとの間で様々な利害調整が行われる余地があるからだ。なにしろContested Conventionは別名“Brokered Convention”と呼ばれ、かつては各種便益の仲介取引《ブローカー》が行われていた。Contested Conventionは、共和党では1948年に開催されたきりなので、

（10）結局、噂されたContested Conventionが実施されることはなかったが、しかし、その可能性を巡る議論として、そもそも党の全国大会とは何なのか？という問いに答える報道が多数なされていた。アメリカの政治制度

実現すれば実に約70年ぶりのこととなる。[※10]

トランプ降ろしの策略

ともあれエスタブリッシュメントの狙いは、Contested Conventionを開催することで、党のルールに準じたかたちで、トランプ降ろしを（そしてできればクルーズ降ろしも）実現することにある。

ただしそのためには、予備選の結果が勝者不在であることが必要条件となる。そしてそのためには、できる限りトランプに勝たせずに、代理人の獲得数を候補者の間で分散させることが望ましい。そうした見通しの下で、ルビオは地元フロリダ（99人）、ケーシックは地元オハイオ（66人）を死守することが求められていた。結果は、ルビオの敗退、ケーシックの勝利であった。ルビオの敗退ならびに離脱によって、勝者不在の状況にたどり着くことは、まったく不可能というわけではないがだいぶ困難になってしまった。

ルビオの敗退を受けて、共和党の有力者たちは、本選の第三候補を擁立することも視野に入れた会合をもつという報道もなされている。もしそうなれば、１９１２年に共和党を割って革新党（Progressive Parry）から立候補したセオドア・ルーズベルト[※11]の再来となる事態が生じるのかもしれない。

や慣習の確認という点で、大統領選の年の典型的な報道風景であり、そうして４年に一度、人びとは大統領選について啓蒙され続けるのである。

(11) セオドア・ルーズベルトは１９０１〜09年まで第26代大統領を２期務めた。すでに２期務めているにもかかわらずどうして立候補できたのか疑問に思う人もいるかもしれないが、「大統領は２期まで」というのは当時はまだ慣例でしかなかった。実際、よく知られるように第32代大統領のフランクリン・D・ルーズベルトは１９３３年に大統領に当選し２期務めた後も、第二次大戦という有事のさなかにあることを理由に40年、44年の大統領選にも立候補し、それぞれ勝利し四選された。その後51年に憲法修正第22条で「大統領は２期まで」と定められた。

ちなみに、こうした情勢を見越してのことか、元ニューヨーク市長のマイケル・ブルームバーグは第三軸としての立候補を見送ることを3月7日に表明した。一方、民主党はヒラリーが3月15日の予備選で大勝し、指名獲得に向けて大きく前進した。

このように2016年大統領選は、いろいろとギリギリのところで展開されている。それにしても、どうしてこんな限界状況が生じてしまうのか、疑問に思う人も多いことだろう。その理由には、そもそものアメリカの政党や選挙の仕組みが大きく影響しているのだが、その点については、次回にまとめて取り上げたい。

そうした仕組みのあり方は、直接的に選挙戦のあり方を定め、その手段としてのテクノロジーの選択／開発にも影響する。州ごとに独自のルールで展開される選挙戦は、戦線が同時並行で展開されることを含めて複雑極まりない。だが、そのようなややこしい状況でこそ、テクノロジー、とりわけＩＴが活躍できる余地がある。そのためにもゲームのルール、ゲームの特質に通暁することは、今後の選挙戦を見通す上で欠かせない要件なのである。

（２０１６・３・25）

3 《パーティ》は何のために組む？

党首がいない「党」

2016年3月1日のスーパーチューズデイで幕を開けた「3月決戦」では、民主党は30州、共和党は26州に亘って予備選を実施した。すでに50州の半数を終えたことになる。とはいえ、大勢が決したわけではない。

共和党では相変わらずトランプ旋風が吹き荒れているが、その一方でトランプ降ろしのための包囲網が築かれつつある。前回記したように、予備選を勝者なしの「ドロー」状態で終え、7月の共和党全国大会（RNC）でトランプに代わる候補者を選出しようとする動きが本格化している。トランプの勝利を阻止するために、次点に位置するテッド・クルーズを支持する有力者も増えてきた。

一方の民主党では、ヒラリー・クリントンとバーニー・サンダースの二人による"head-to-head（ガチンコ）"の対決が繰り広げられている。3月15日に、フロリダ、イリノイ、ミズーリ、ノースカロライナ、オハイオでヒラリーが5連勝して優位を決定的にするかと思われたものの、2週間後の3月28日には、今度はサンダースがアラスカ、ハワイ、ワシントンで3連勝を決め、巻き返してきた。

こうした動きの中、4月6日のウィスコンシンでは、クルーズとサンダースが、トップランナーのトランプとヒラリーを抑えて、勝利を収めた。※1

ところで、ここまで続く予備選の混乱を理解する上で鍵となるのが、「予備選」「代理人」「党員」といった言葉に伴う、アメリカならではの独特のニュアンスである。

まず「予備選」であるが、そもそも素朴な疑問として次のような問いが浮かびはしないか。なぜわざわざ予備選が行われるのか。予備選など行うから、今回のトランプのように党の重鎮の意向を無視した候補者がのし上がってしまうのではないか。だったら、予備選などせずに、党本部が指導力を発揮して、覚えのよい候補者をはじめから指名すればよいのではないか。

いずれももっともな問いなのだが、そう思ってよくよく見てみると、民主党にせよ、共和党にせよ、実は党本部もなければ党首もいない。全国大会を実施する本部として全国委員会（national committee）があるではないか、と思う人もいるだろうが、あれは文字通り、コンベンションの運営委員会でしかない。※2

あるいは、大統領や党の有力者（上院・下院のリーダーや巨大州の知事など）がいるではないか、と指摘したくなるかもしれない。確かに彼らは「党のリーダー」で

（1）ラストベルトの一つであるウィスコンシンは、本選でもヒラリーではなくトランプを選んだ。

（2）確かに全国委員会は、コンベンションの運営を通じて、結果的に党員の選挙活動全般に関わることにはなる

はあるが、しかし何らかの規約で定められた党首ではない。彼らの威光とは、あくまでも彼らの属人的なネットワークや実績から生まれた交渉力や指導力によって築かれた権威でしかない。

つまり、制度として党の権力が集約された党本部や党首は存在しない。となると、候補者を選択し予め指名することは、少なくとも表向きはできない。そうでなければ、共和党のように予備選の開始前に立候補者が17人も手を挙げるような事態は生じない。今思えば、17人も候補者が名乗り出ていた時点で、共和党は組織に不可欠な求心力を失いつつあることをすでに示していたわけだ。※3

「パーティ」という名のネットワーク組織

では、通常、民主党や共和党といっているものは一体何なのか。この問に対しては、実態として、50州にある各州の民主党・共和党が集まった緩やかな「ネットワーク組織」として受け止める方が現実的だ。政党はPartyというが、ゲームなどで複数のメンバーの間で「パーティを組む」というのと同じように、とりあえず役割分担をした暫定的なチームをつくる、というのに近い。

実際、アメリカの議員は、党議拘束のような一人ひとりの議員の判断を縛る制約もなく、党から割り当てられた（法務や予算、商務などの）委員会を除けば、各人

が、しかしそれも党員の連絡会議に伴う「取りまとめ役」や「調整役」といった性格から来る。要するに全国委員会委員長になったからといって、大統領や下院議長に推されるわけではない。裏方の一つにすぎないのである。

（3）　保守論壇の立役者であったウィリアム・バックレーが2008年に死去して以後、保守とは何かという共通理解がすっかり消えてしまったようだ。バックレーは1955年に保守論壇誌"National Review"を創刊し、レーガン以降に主流派となる保守思想を編み出していた。保守派の精神的支柱だったのである。

各様でさまざまな議会内グループに所属し、独自のネットワークをつくりあげる。特定の政策論点、地縁、人種など、各議員の「属性」に応じた個別のネットワークが形成される。そうしたネットワークは具体的な法案の審議において、党派を越えた賛否を投じることにつながる。むしろ、法案ごとに票の賛否で議員どうしの間で貸し借りをつくりつつ現実を生み出していくのが議会の醍醐味である。

このように意識の上で議員が所属するのはあくまでも地元州の民主党ないし共和党であり、彼らの忠誠心は自分を選出してくれた支援者・支持者たちに向けられる。それゆえアメリカでは、州が政治権力の基礎単位になる。各州の民主党／共和党は、州知事、州議会議員、市長、市議会議員といった州内の公選職をとりまとめ、そのことを通じて州政府職員や裁判官等に対して影響力を行使していく。同時に、州の利害を連邦政府（ワシントンDC）で代弁するために、上院、下院の連邦議会議員を選出する。このように民主党／共和党ともに、州内の政治が日常業務となる。州の立場から見れば、連邦政府とはあくまでも州の間の利害を調整するための討議場に過ぎない。[※4]

裏返すと、党本部がワシントンDCにあって、その支部が各州にあるというのではない。そうではなく、まず州政治に深く根ざした各州のPartyがあって、それらが大統領選の選挙協力や連邦議会での連帯のためにネットワーク的統一体を構成している。つまり、中央もなければ、集権的でもない。ツリー型の構造ではな

（4）もちろん州を越えた「全米」の利害を考慮しなければならない政治案件も多数ある。それでもまずは州ごとの自由な判断が尊重されるところから始まる。この点では、「平等・公平」を目指す

く、文字通り分散型のネットワーク型組織なのだ。党のあり方も連邦のあり方に準じているのである。

だからこそ、ＩＴを活用した選挙支援アプリケーションの開発においても、各州の情勢に応じた細かい対応が求められる。全米共通の一つのシステムをつくって、それを各州の支部に配布すればそれで終わりという単純な話にはならない。州ごとにさまざまなルールの違いが存在するからだ。さらにいえば、同じ州といっても都市部と郊外、エスニックグループごとに異なった対応が必要になる。

「大統領の秘書」の地位をめぐる駆け引き

そうした選挙活動の地域的単位は「プリシンクト（precinct）[※5]」と呼ばれるもので、両党ともプリシンクトごとに「キャプテン」と呼ばれる顔役を配置し、彼らがその地域をまとめあげていく。そうしたプリシンクトの活動が集約されて州の活動となる。

実際、よくよく考えれば、全米から直接選出される公職とは、大統領と副大統領ぐらいである。国務省や財務省といった連邦政府の組織のトップは、英語ではSecretary と呼ばれるように、その身分はあくまでも「大統領の秘書」であり、彼らは選挙の洗礼は受けずに、大統領の指名と上院の承認によって就任する。同様

がゆえにしばしば全米で一律ないしは共通の施策を導入しようとする民主党でも変わらない。

（5）もともとは教会の「教区」から来た言葉で、警察の「管区」としても使われる。管理対象となる地区を俯瞰し、それらを細分化して監督する際の単位となる「地区」のことを意味する。

に司法のトップである最高裁判事も大統領の指名と上院の承認によって決まる。

　大統領に何かあった際の継承順位で副大統領に次ぐ下院議長（The Speaker）にしても、下院の多数党の中から選出されるが、こと選出基盤に関する限り、あくまでもある州のある選挙区の代表にすぎない。[※6] たとえば、現在下院議長のポール・ライアンは、ウィスコンシン州第1区選出の下院議員である。

　このようにアメリカの政党の役割とは、第一に（連邦ではなく）州内の政治的利害を束ね調整し、政治権力を維持することにある。だから、あくまでもその活動の中心は「州」である。その分、州という地縁に恐ろしく縛られる権力といえる。[※7]

　そこから、同じ「民主党／共和党」といっても、州ごとにお国柄が際立つことになる。ニューイングランドの共和党、たとえばマサチューセッツの共和党と、南部の共和党、たとえばテキサスの共和党とでは、暖簾が同じだけでその実態は大きく異なる。むしろ「共和党という名の一族」ぐらいに思った方がよい。「本家と分家」「主流と傍流」といった、近くて遠い、けれどもつかず離れずの離接的な統合体。それがアメリカのPartyなのである。

　大統領が、政府高官を自分の意にかなう人物にそっくり入れ替える「猟官制」という慣習にしても、政府高官の要職を用意することが、大統領選を戦っていく上で、日頃は付き合いのない州の実力者から支援を取り付けるための取引材料になることを意味している。4月5日のウィスコンシン州予備選で、共和党選出の

（6）　この点では下院議長は、議院内閣制の下でのイギリスや日本の首相に近い。党内基盤なくしては就任することはできない。

（7）　もう一つの権力基盤が、州を越えた支援者グループである。「利益団体」政治のことであり、これは連邦議会内で所属する委員会や小委員会によって決まる。州益ではなく業界利益の代弁者としての議員像のことだ。議員はこの二つの権力基盤を、時に天秤にかけながら、使い分けていく。

州知事であるスコット・ウォーカーがテッド・クルーズを後援し州内の支持を取り付けた、などというのがまさにそれである。

大統領選キャンペーンとは、十分な得票数を得るために有権者の組織化を図っていく過程であると同時に、首尾よく大統領に選出された後の政府運営に備えて、連邦政府や州政府の要人、支援企業のトップ、各種利益団体の重鎮らとの間で、信頼と利害のネットワークを築きあげていく過程でもあるのだ。※8

党員という名の一般人

このようにアメリカの政治権力の基礎単位は州である。その「州からなる連邦」という構造は、予備選にも適用される。州に連邦の判断を委ねる構造があるため、予備選でも「代理人（delegate）」という仕組みが導入されている。

「代理人」とは、本選の「選挙人（elector）」に準じたものだ。どちらにせよ、連邦を通じて一人の人物を選出するにあたって、全米からの得票総数で決める「直接制」を採用せず、間に「州の代表」を挟み込む「間接制」を採用している。※9

各州にどれだけの投票権（選挙人や代理人）を割り当てるかは、基本的には人口比に応じている。「選挙人団（Electoral College）」は538人からなるが、その内訳は、50州の上院議員数100人と下院議員数435人に、（どの州にも属さない）特別区

（8）政治家としては素人であるトランプの組閣人事を見ると、選挙戦の過程で、彼がどのような人びとの支援を受けてきたかが、自ずから見えてくる。

（9）この「間接選挙」の採用から、しばしばアメリカの政治基盤は民主政にではなく共和政にあるといわれることになる。

であるワシントンDCの3人を加えたものだ。一方、予備選における「代理人」の割当は、ベースとして人口比が適用されるものの、その州の党への忠誠度などを加味して重み付きで配分される[※10]。

ところで予備選には、予め登録された党員に限られるクローズドなものと、事前の登録に左右されないオープンなものとがある。後者の「オープン」の方が党員以外の参加者を認める点で、党の意向から離れる要素があるのはわかるとして、「クローズド」の方にもそうなるわけがある。

というのも、「党員」といってもその実態は有権者登録の際の申告によるものに過ぎないからだ。その意味では、「党員」という、何らかの党への忠誠を示唆するような言葉よりも「登録者」ぐらいに受け取っておいた方がよい。つまり党の考え方とは関係のない、限りなく一般人に近い人たちも当日参加してくる可能性がある。予備選の仕組みからすれば、現職の政治家に挑戦する者は、新たに支持者を掘り起こすために、登録はしていないけれど関心の薄い人たちを新規に支持者として取り込もうとする。

二つの予備選：プライマリーとコーカス

このような事情を知れば、トランプ旋風のような、共和党の重鎮の意向などま

(10) たとえば長年一つの党を支持し続けた州には、より多くの発言権＝代理人数が割り当てられる。テキサスの方がニューヨークよりも人口が多いが、民主党の場合、代理人数はニューヨークの方が多い。ニューヨークの民主党が長年、民主党候補者を当選させるのに貢献してきたことへの配慮だ。こうして特定の州の利益が党の方針に反映されていく。ブルーステイトとレッドステイトが固定化されていく理由の一つである。

ったく無視した、半ば人気投票のような盛り上がりが生じることも理解できるだろう。予備選の段階で一般人を巻き込むことができる余地があるため、その分、ポピュリズム的熱狂も生じやすい。[※11]

さらにもう一つ補足すれば、予備選には「プライマリー」と「コーカス」の二つがある。プライマリーは無記名投票方式であり、文字通り本選の前に行われる「予備選」だ。一方、コーカスは「党員集会」と訳される通り、党員が集まってワイワイガヤガヤしながら候補者を絞り込んでいく。無記名投票と違って、党員どうしが直にコミュニケーションしながら候補者の中から支持者を決めていく。支持者の表明に挙手が使われることすらある。誰が誰を支持したか、周りに筒抜けである。こうした集会の実施のためにもプリシンクトという小さな地域ユニットの維持が重視される。

もっともそのような集会は、参加にあたって物理的にも心理的にも障壁が高く、有権者の参加を促す点ではマイナスになりやすい。そのため、大きな州になればなるほど、予備選《プライマリー》を、それもオープンプライマリーを採択する方向にある。参加の敷居が低くなるからだ。その中には運営主体も州政府に移り、ほとんど一般投票と変わらなくなっているものもある。

逆に小さな州では相変わらず党員集会《コーカス》が採用される。歴史的に見ればコーカスの方が古く、その分、アメリカのデモクラシーの原型を示すものとして尊重され

(11) このため同じポピュリズムといっても、欧州とアメリカでは様子がだいぶ異なる。ヨーロッパでは総じてナショナリズムと一体化しているように見えるが、アメリカでは(政党にではなく政治への)市民参加が容易に行える社会的空気がある分、必ずしも特定のイデオロギーに訴える必要はなく、その熱狂ぶりも祭りないしはイベントの盛り上がりに似ることになる。

ている。それゆえ誇りをもっていまだに継続されている。郷土愛に満ちた「祭り《フェスティバル》」のように、地域の人びとの連帯の核になっている。

冒頭で記したヒラリーの5連勝はすべてプライマリーで、サンダースの3連勝はすべてコーカスでなされている。一般投票に近いプライマリーでは候補者の知名度と当日の動員数が大きな意味を持つのに対して、腹を割った集会に近いコーカスでは、候補者と支持者の熱意を周囲にどう感染させるかが鍵になる。ヒラリーとサンダースの個性の違いを反映した結果でなかなかに興味深い。ちなみに、今後はヒラリーが優位だといわれる理由には、残りの予備選で、サンダースが得意とするコーカスが2回しかないことがある。

共和党「トランプ降ろし」の意図

以上を整理すると、アメリカの政党は、欧州で見られるような特定のイデオロギーや政治綱領の下で結束したトップダウンの組織ではなく、もっぱら選挙対策のための互助組織の連合体として存在している。※12 そのため特定の候補者を指名することはできず、任意の立候補者を、登録者ぐらいの位置づけの「党員」の選択に委ねるしかない。それが予備選というイベントである。

そして、このイベントはオープンであればあるほど一般投票と変わらなくなる。

(12) トランプが大統領に当選後、共和党は急速に white nationalism を容認する党へと変貌しつつあるようだ。欧州的な意味での民族性・土着性に基づく国民国家を、いま

「生涯共和党員／民主党員」でもない人物が、トランプやサンダースのように突然立候補できるのもそのためであるし、そのようなポッと出の候補者でも党の代表として支持を得ることが可能になるのも、限りなく一般人に近い「登録者」としての党員が、投票者の多数を占めることができるためである。※13

アメリカの場合、そうした党の重鎮の意向など無視して、もっぱら人びととの感情的意向が全面に出た動きを「ポピュリズム」と呼んでいる。大なり小なり、従来からある党の意向に対する反乱の様相を呈する。トランプにしてもサンダースにしても、そうした人びとの熱狂を注ぎ込む対象＝アイコンとして見出されてしまった。現状に対する不満票を集めるための「核」である。

こうした党員の反乱とでもいうべきポピュリズムの動きに対して、それでも民主党の場合は、スーパー代理人（superdelegate）という役割を、党の顔役である現職政治家（連邦上院・下院議員、州知事など）たちに与えているため、「党の意向」を反映させて一般党員（登録者）の熱狂に制動をかけることができる。

だが、スーパー代理人をごく少数しか導入していない共和党の場合は、党の重鎮の意向を投票を通じて候補者選択に反映する手段を実質的にもたない。そのため、トランプ降ろしの手段としては、予備選でトランプに代理人の過半数の支持を獲得させせないという持久戦にもち込み、7月に開催される全国大会で、代理人の自由投票が可能になるContested Conventionを実現させることを目指すしかない。

さらながら打ち立てようとしているようにも見える。19世紀の中欧ドイツ語圏のようである。

(13)「開かれた党」といえば聞こえはよいが、開かれすぎて中心がどこにあるのかわからなくなっているのが現在の共和党だ。一方の民主党は、よくも悪くもクリントンの影が強すぎたためにカウンターとなる勢力が党内で育たなかったことがマイナスに働いてしまったようだ。どちらもソーシャルウェブの後押しで一般有権者の声が反映されやすくなり、それが現状をロックインすることにつながってしまったようだ。

しかし、すでにこのような「トランプ降ろし」の動きが生じている時点で、共和党の内部では党の重鎮／リーダーたちの意向と党員（登録者）との間で意識の大きなズレが生じているわけで、その乖離／分裂をどう収めるか、という課題を共和党のリーダーたちは今後も抱えることになる。[※14]

だが、それでも共和党全国大会（RNC）の開催を担うエスタブリッシュメントたちは、なんとかトランプとは異なる候補者を擁立しようとしている。トランプを候補者にした場合、アンチトランプ票から、同じ日に投票のある上院議員や下院議員の選挙結果にも影響を与えるのではないかという懸念があるからだ。

もともと大統領選のある年は、中間選挙の年とは違って、大統領の所属政党に票が集まりやすい。したがって共和党は、上院の多数派を民主党に取り返される可能性も出てくる。[※15] このあたりの確執が、トランプ降ろしの現場からの根強さにつながり、Contested Conventionの実施への期待を高めている。

とはいえ、それもこれもやはり「党員」という名の、さして党との関わりをもたない「登録者」たちによる気まぐれな投票があってのことだ。

「JFK以後」からの旋回

実は、予備選の得票の結果が、全国大会における代理人の投票を拘束する、と

(14) 選挙後の動きを見る限り、共和党は、むしろトランプ支持者たちに擦り寄ることで、予備選時の「分裂」をなかったことにしようとしているようである。

(15) 11月の選挙結果はまったくの逆で、共和党の圧勝だった。むしろ、あるタイミングでトランプの動員力に相乗りする賭けを共和党の選対は取ったことになる。

いうルールは1970年前後の、カウンターカルチャー華やかなりし時代に起きた民主党の改革に基づいており、この50年ほどのことでしかない。それ以前は、予備選があっても、その結果が直接、代理人の選択を左右することはなかった。むしろ各州の実力者たちが、自分の息のかかった代理人を選出し、同時に候補者とも取り引きをして、全国大会で自分の意に沿った候補者を選出していた。コンベンションは決して、今のような儀礼的イベントではなかったのである。

そうした党の重鎮による閉鎖的な支配に風穴を開けたのが、当時の新興メディアであるテレビを利用して、有権者からの支持を直接的に獲得したジョン・F・ケネディ（JFK）だった。そうでなければ40歳を過ぎたばかりで、しかも（WASPではなく）カトリックでアイルランド系のJFKが、そもそも候補者として指名を得ることなどできるはずがなかった。その意味で、確かにメディアテクノロジーが選挙のあり方を変え、結果としてデモクラシーのあり方まで変えたのである。メディアテクノロジーは常に「デモクラシーの理想の実現」という大義のために無条件に活用され続けてきた。※16

ウェブを活用した「有権者からの直接的な支持の確保」も、そうしたメディアテクノロジーの活用の延長線上にある。今では知名度だけでなく選挙資金までウェブを介して調達することができる。となると集金装置としての党の権威が減じても仕方がない。アメリカのPartyは思いの外、脆弱なのだ。

(16) アメリカでは、デモクラシーの推進役としておしなべてメディアが肯定的に捉えられている。この点は、20世紀前半の世界大戦でプロパガンダにメディアが悪用された苦い経験・記憶をもつ欧州と大きく異なる。アメリカに国営メディアがないこともその現れである。

だから今回、共和党がContested Conventionに訴え、なかば強引に党の方に決定権を引き戻そうとするのもそれほど不思議なことではない。かつてはそれが当たり前であったのだから。
どうやら今年は、50年に亘ってメディアテクノロジーが政治やデモクラシーへもたらした変容の「最果て」を目撃することになりそうだ。その点で、2016年の大統領選は、確実に一つのメルクマールとなるはずである。

（2016・4・11）

追記

大統領選において「選挙人団」制度を用いる「間接選挙」の仕組みについては、その存続を巡って二つの意見が対立している。民主政に近づけるために間接選挙方法を変えるべきという意見と、いや守るべきだという意見の二つだ。2016年大統領選の場合、2000年のアル・ゴアの敗退に続き、総得票数で200万票トランプを上回っているにも関わらずヒラリーが負けてしまったため、選挙後、間接選挙方式の見直しを求める声が高まっている。妥協案として、各州の勝利に応じて選挙人の「勝者総取り」の従来のルールに加えて、総得票数の差の分を何らかの形で選挙人数に換算し、総選挙人数に上乗せさせる方法が提唱されていたりする。こうした改革案もまったくありえないものではない。たとえば建国時は連邦上院議員の選出については、州の代表として州議会が選ぶことになっており、現在のように州の一般投票で決められていたわけではなかった。それが変更されたのは1913年に憲法修正第17条が定められてからのことだった。

4　共進化するメディアテクノロジー

決戦のニューヨーク

4月に入ってからの第1戦であるウィスコンシン州予備選（4月5日）では、共和党、民主党ともにフロントランナーであるドナルド・トランプとヒラリー・クリントンが敗退し、代わりにテッド・クルーズとバーニー・サンダースが勝利した。[※1] クルーズは、反トランプの追い風に乗り、トランプに待ったをかけた。サンダースは4月9日のワイオミング州でも勝利し、直近で7連勝を果たした。

トランプにしてもヒラリーにしても勢いを削がれることになったが、その分、次の予備選が面白くなった。なにしろ二人にとっての本拠地であるニューヨーク州が、次の戦いの場であるからだ。トランプはクイーンズ生まれの生粋のニューヨーカーであり、ヒラリーはマンハッタン北部の黒人街ハーレムを拠点にし、ファーストレディであった2000年にニューヨーク州から上院議員に選出され、06年には再選されている。そんなニューヨークに縁のある二人が4月19日の予備

（1）　ヒラリーの「ラストベルト問題」の兆候は、予備選のウィスコンシンでも現れていた。

選に、捲土重来を期して臨むことになる。※2

むしろ勝って当たり前とされる地元ニューヨークで、果たして二人とも予定調和の勝利を収めることができるのか。その場合、どこまで圧勝できるのか。その一方で、勢いに乗るクルーズとサンダースが、どこまで票を伸ばすのか。まさかの逆転はあるのか。とにかく目が離せない。

実際、自分たちがその州の「顔役」であり「親分」であることの意味、つまり、地元＝ホームグラウンドで戦うことの意味は極めて重い。地元オハイオで勝利したジョン・ケーシックは選挙戦に残り、地元フロリダで敗れたマルコ・ルビオは撤退せざるを得なかった。自分のホームグラウンドで勝てなければ、ほかの州に売り込むことは難しい。まずは、地元としての州を締めること。それが鉄板だ。

裏返すと、アウェイの州では、大なり小なりその州の顔役に口利きしてもらわなければならない。知名度の低い候補者は、文字通り「あんた誰?」な状態から始めないといけないからだ。しかもアメリカの場合、州の外に対しては一般に極めて関心が薄くなる。州が具体的に想像できる世界の、標準的な限界である（たいていは自分たちの街止まりだが）。ほかの州も外国も一律に「よその国（＝state）」である。そのような空間感覚の人びとに対して、地元のstateをしっかりと牛耳っていることは、よそ者である候補者をリーダーとして信じられるかどうかの、ごくごく簡単な試金石となる。

（2）ニューヨーク予備選の結果は、予想通りヒラリーもトランプも大勝した。

残り少ないビッグステイト

ニューヨーク予備選が注目を集めるもう一つの理由は、トランプとヒラリーにとってそこがホームグラウンドであるだけではない。ニューヨークが残り少ない大州《ビッグステイト》の一つだからだ。

残りの予備選のうち、1000万人以上の人口を抱える大州は、ニューヨーク、ペンシルヴァニア、カリフォルニアの三つだ。※3 このうち4月に予備選が開催されるのは、ニューヨーク（4月19日）とペンシルヴァニア（4月26日）の二つであり、今回のように混戦が続く場合、両州でどのように勝つかは極めて重要になる。

たとえば民主党の場合、ニューヨークは247人の代理人をもつ。サンダースがワイオミングで勝ったといってもワイオミングの代理人はわずか14人。しかも得票数に応じて代理人を比例配分する方式を採用しているため、サンダースが勝ったといっても、結局、ヒラリーとの間で7人ずつを分けることになった。つまり、ワイオミングのような小さな州での勝利は、大州での勝利で容易に覆されてしまう。

ちなみにワイオミングは州全域から一人しか連邦下院議員を選出できない小州の一つで、州の人口は60万人あまり。対してニューヨークは約2000万人であ

（3）各州の連邦下院議員の議席数を決める、ということは選挙人の割当数を決める際の基準となる2010年の国勢調査によれば、1000万人以上の人口を抱える州は、カリフォルニア（3725万）、テキサス（2515万）、ニューヨーク（1938万）、フロリダ（1880万）、イリノイ（1283万）、ペンシルヴァニア（1270万）、オハイオ（1154万）の7州。これに、ジョージア（969万）、ノースカロライナ（954万）、ミシガン（988万）が続く。2016年の推計値では、フロリダがニューヨークを抜くなど、すでに入れ替わりも生じているようである。

り、実に30倍強。先ほど勝ち方を気にしたのは、得票率の差（＝マージン）が大きければ大きいほど、獲得代理人数の差が広がるからだ。その意味で50州はまったく平等ではないのである。※4

もちろん予備選のこれまでの混乱ぶりからすれば、最後までもつれたままという展開も十分にあり得る。その場合、最後に控える全米最大州カリフォルニアは、さしずめクイズ番組で最後に出てくるボーナスチャンスのようなイベント性を帯びてくる。

サンダースvsヒラリーの「南北対立」

ともあれ、まずは目の前のニューヨークだ。

トランプやヒラリーにとっては「ホーム」だと書いたが、サンダースも実はルーツはニューヨークだ。現在はヴァーモントを拠点としているが、もともとはブルックリン出身のユダヤ系である。そのつながりを強調することでニューヨーカーからの支持を得ようと試みている。ニューヨーク市は、全米でもユダヤ系が集住する街であり、彼らがヒラリーとサンダースのどちらを支持するかは一つの見ものだ。もちろん、ユダヤ系といっても、マンハッタンとブルックリンでは社会的地位も異なるので、一律に語ることはできない。その分、どのような結果にな

（4）それゆえ大統領の選出には、連邦体制を維持するために、全米を単一の選挙区にし得票数の多寡で選出を決める直接選挙ではなく、州ごとに割り当てられた選挙人の投票による間接選挙を採用している。それもこれも18世紀末の建国時に、州の大小にかかわらずとにかく一丸となって欧州諸国の攻勢に対峙しなければ独立を維持できない状況があったからだった。独立直後はアメリカもただの小国だったのである。

るかは興味深い。
ユダヤ系に限らず、多民族都市ニューヨークでは、細かいエスニックグループの差異に応じて有権者に到達《アウトリーチ》することが大切だ。ハーレムに事務所をおくヒラリーは、今回、黒人から固い支持を得ている。南部で続けて勝利することができたのも彼らの支持があればこそのことだ。ハーレムに事務所を構えたのも、ビル・クリントンに対する黒人活動家たちからの厚い支援があったからだった。[※5]
実際、ヒラリーとサンダースがそれぞれ勝利した州をあらためて眺めてみると、見事なくらい違いがある。ヒラリーは南部で、サンダースは北部で支持を集めている。それには白人人口の多寡や、それと相関する社会的多様性《ダイバーシティ》の程度が影響しているのかもしれない。第2回で、デトロイトのあるミシガン州を「ラストベルト（鉄さび帯）」と紹介したが、対して南部の多くは「サンベルト（太陽帯）」と呼ばれ、20世紀後半に大いに経済成長を遂げてきた。
20世紀後半の大統領は、基本的にこのサンベルトの南部からやって来ている。前回の最後で触れたジョン・F・ケネディ（JFK）こそ、北東部のマサチューセッツ州ボストンの出身だが、JFKが暗殺された後、彼を引き継いだリンドン・B・ジョンソン（テキサス）をはじめとして、リチャード・ニクソン（カリフォルニア）、ジミー・カーター（ジョージア）、ロナルド・レーガン（カリフォルニア）、ジョージ・H・W・ブッシュ（テキサス）、ビル・クリントン（アーカンソー）、ジョージ・

（5）ビル・クリントンに対する黒人有権者からの支持は本当に厚く、ビルに対して「黒人初の大統領」という呼称が（オバマによる黒人大統領の登場以前に）与えられていたほどだ。もちろん人種ではなく魂（ソウル）のレベルのことで、ビルは俺たちの仲間だという賛辞であった。

W・ブッシュ（テキサス）、と皆、南部の出身だ。むしろ、現職のバラク・オバマが北に位置するイリノイからやって来たことがどれだけ特異なことであったかがわかる。[※6] もっともオバマの来歴を見れば、彼はイリノイに限らず、広く東西南北のアメリカを経験した稀有な存在であるのだが。

そのような意味では、その経済的位置づけも含めて、全米随一の大都市ニューヨークは、衰退する北部と繁栄する南部の中間に位置する象徴的な州といえるだろう。しばしばニューヨークを抱えるニューヨーク州は、その雑多な多民族社会性から、アメリカではないといわれるが、それゆえに、カリフォルニアとともに、アメリカ社会の「未来」を占う場でもある。特に、9・11以後は、「再生」「再起動」「再出発」などの言葉で形容されるような、過去の歴史をいったん切断し「新たな」一歩を踏み出す街へと変わろうとしている。

面白いことに、ヒラリーとサンダースとの間にある南北の対立は、共和党の側でも、ヒスパニックのテキサン（テキサス人）のクルーズと白人ニューヨーカーのトランプとの間にも見られる。そして、旋風を巻き起こしているサンダースとトランプが、ともに明日に希望をもてないうらぶれた白人層からの支持を強固に集めていることを踏まえると、今回の大統領選の特徴は、2013年のデトロイトの財政破綻が明らかにした、待ったなしにまで追いつめられた「北」の人びとによる反乱にあるといえそうだ。[※7]

（6） この点ではトランプも北に位置するニューヨークから現れた。となると、オバマ以後、大統領選出の力学の何かが変わったと思いたくなる。その変動要因の有力候補の一つが、ソーシャルメディアによる全米の一体化、すなわち「ナショナル化」だと思われる。

（7） 実際、反乱の狼煙を静かに上げたのは、この北に位置するラストベルトの人たちだった。

その意味でも、北に位置しているにもかかわらず、世界有数の金融・商業都市として繁栄を続けるニューヨークは、シリコンバレーのようなイノベーション都市へと脱皮しようともがいている姿も含めて、下降する「北」と上昇する「南」がともに流れこむ特殊な街である。ニューヨークは北と南の接点なのである。

先述のようにニューヨーク州の人口は2000万人であるが、実にそのうちの800万人がニューヨーク市（NYC）で生活している。[※8] つまり、州人口の4割がNYCに集中している。その集住する800万人にどう接近するのか。そのような密集した都市でこそ、一人ひとりの特性に応じたアプローチを可能にするウェブの出番である。多層的な集住都市へのアプローチ方法として、ウェブという柔軟性と機動力に長けたメディアテクノロジーが活躍できる。

郊外をつないだダイレクトメール

こうしたウェブの意義をあらためて確認するためにも、一度簡単にメディアテクノロジーと選挙キャンペーンのあり方の変遷を振り返っておこう。新たなコミュニケーション手段の登場は、それまでのゲームのルールを変えていく。つまり大統領選というゲームを「進化」させるからだ。

前回、JFKがメディアテクノロジーの活用による予備選の活性化をもたらし

（8）残りの1200万人はNYC以外の地域に住んでいる。NYCを除いたニューヨーク州の内陸部分は「アップステイト・ニューヨーク（Upstate New York）」と総称される。大都会NYCとの対比から、しばしば「自然」や「素朴さ」が強調される。実際には、バッファローやロチェスターなどの工業都市、シラキュースなどの学園都市、州都オールバニーなどがある。

たと記したが、予備選におけるオープンプライマリーの登場は、テレビ時代の到来と歩調をあわせていた。60年代にＪＦＫが始めた、テレビを通じた有権者への直接的な支持の訴えは、従来の党内実力者による代理人や候補者の選択という慣習を打ち破ることにつながった。

今回、共和党がトランプ降ろしの苦肉の策として使おうとする「全国大会《コンベンション》対決」も、むしろ、昔はそれが当たり前だった。そのコンベンションを、あくまでも予備選における一般党員の投票結果を追認するだけの、儀礼的な場に変えたのが、民主党を中心に68年から72年にかけて確立された予備選重視のルールへの転換だった（共和党もそれに準じた）。代理人ではなく一般投票（popular vote）をより尊重しようとするのが、70年以後の基調である。それがデモクラシーの原則にかなっていたからだ。※9

続く80年代には、都市中心部《インナーシティ》の荒廃から逃れて郊外に大挙して移住した白人ミドルクラスを対象に、共和党がＤＭ（ダイレクトメール）によって有権者に個別にアプローチする方法を採用した。ドラマの『デスパレートな妻たち』に見られる白人が集まる郊外の住宅地のイメージだ。ＤＭを利用したのは戸別訪問を郊外で行うのは手間暇が掛かり過ぎることへの解決策だった。同時期に、通信販売をはじめとしたＤＭによる郊外消費者の開拓が行われていたことを踏まえれば、テレビ同様、消費活動に直結したコミュニケーションインフラに便乗するかたちで、

（9）いわゆる「対抗文化」の時代であった60年代には、市民の声を正確に届ける「仕組み」を求める動きが盛んだった。この点でリベラルな民主党の方が、愚直にデモクラシーの原則に忠実であろうと改革に着手した。もちろんそうしなければ党が割れると思えるほど暴力を伴う殺伐とした党内対立があったからだが。

選挙キャンペーンのための下地がつくられたことになる。

共和党が、郊外の白人ミドルクラスからなる経済的保守層を取り込みにいったのに対して、民主党は、インナーシティに残された黒人を中心にしたマイノリティや、郊外には移り住むことのできないワーキングクラスの白人（そのため労働組合に属する人たちが多い）を基礎票にしていた。テレビを中心に広く人びとにメッセージを伝え、都市部で具体的に行われる各種集会でフェイス・トゥ・フェイスの接触を図った。

ここで補足しておくと、今でこそ共和党が連邦議会の多数派を占めることが当たり前のように思える状況が続いているが、20世紀後半のアメリカでは長らく民主党が連邦議会の多数派を占めていた。80年代に入り、共和党のロナルド・レーガンが大統領に就任したため、共和党が優位になったように思いがちだが、共和党が連邦議会で多数派を奪還したのは90年代半ばになってのことだ。

つまり、まずイメージや理念によって「未来」を予感させる「大統領」が変化を先導し、十数年経ってようやくその変化に、ローカルな選挙区で日々の生活にまつわる「現在」の利害を反映する「連邦議員」たちが追いついたのである。[※10] そのために、共和党の支持者は、民主党が優位を占める多くの選挙区で、DMを駆使して地道に支持者を募り続けていたわけだ。

(10)「未来は大統領、現実は連邦議会」というのはわかりやすい対比であり、実際、大統領選の合間にある「中間選挙」では現実性のみが前面化するため、大統領の所属しない党が勢いを取り戻すことが多い。

ケーブルが可視化した「多様性」

共和党が地道に支持者獲得を図っていた80年代には、ケーブルネットワークが登場し映像メディアの大変革が始まっていた。CNNやMTVなどの専門チャンネルが続々と開局し、多チャンネル化が急速に進展した。なにしろMTVがなければマイケル・ジャクソンも生まれなかったのだから。

この新メディアである「ケーブル」は、多くのアメリカ人、とりわけ南部のアメリカ人にとっては、文化的異郷であるニューヨークの地上波ネットワークに対するオルタナティヴなメディアとして受け止められた。CNNが、南部ジョージア州アトランタ（ドラマ『ウォーキング・デッド』の舞台）から始まったのも、創立者であるテッド・ターナーに明確に反ニューヨークの志向があったからだった。※11

ケーブルは有線による専門チャンネルで構成され、地上波の無線放送と違って視聴契約が必要だが、その分、表現規制は地上波に比べて緩やかになる。つまり、地上波に比べてより「自由」な映像メディアといえる。そのため、それまで地上波では「声」を発することができなかった人たちに「発言／表現する機会」を与えた。たとえば、80年代以降の共和党の支持基盤の一つとなる、福音派を中心とした宗教右派と呼ばれるクラスターは、ケーブルを活用したメガチャーチが生み

（11） そのCNNを運営するTBS（Turner Broadcasting System）もクリントン政権時代の情報通信分野の規制緩和の風潮の中、96年にニューヨークに拠点をもつTime Warnerに買収されている。

出す「連帯感」に支えられ、全米規模の動きへと成長した。

「発言／表現する機会」を与えるという点では、アメリカ社会の多様性《ダイバーシティ》を可視化する装置にもなり、BET（Black Entertainment Television）のような黒人向けのチャンネルも生まれた。ESPN等のスポーツチャンネルの登場で、NBAのようなプロスポーツで黒人選手の活躍が広く知られるようになったのもこの頃のことだ。[※12]そして、クリントン家がハーレムに事務所を構えることからもわかるように、黒人に代表されるマイノリティ票は、民主党にとっての基礎票となった。おそらくは、このようにマイノリティの存在が可視化され、日頃から意識される社会環境がなければ、2008年にバラク・オバマが大統領に選ばれることもなかっただろう。

80年代に始まるケーブルは、多様性《ダイバーシティ》への傾斜という点で今日のインターネット時代の苗床としての役割を果たしたわけだ。アメリカ社会の多様性を可視化し、映像というある程度のユーザープロファイルを特定できる文化的クラスターを、能動的なメディアを通じて新たに組織化した。消費文化が政治的意味を帯びるようになってきたのもこの頃からのことだ。この流れは現在、YouTube等のビデオストリーミングサービスにも受け継がれている。

（12）90年代以降、ヒップホップを始めとする黒人文化は徐々にメディアへの露出を増やしていき、カルチャーシーンのキーワードを（白人的な）Greatから（黒人的な）Coolへと変えていった。

コミュニケーションがマーケティングを支配する

では、DMやケーブルを活用した共和党によって90年代半ばに連邦議会を奪還された民主党は、その間、何もしなかったのか、というと、もちろんそんなことはなく、彼らが対抗策として見出した新テクノロジーがインターネットだった。民主党からすれば、90年代末から2000年代初頭にかけての時期は、地域性《ローカリティ》や民族性《エスニシティ》を越えて、有権者一人ひとりの志向性に応じた属性を見つけ出していくためのマイクロターゲティングの試行期間だった。

そのような試みの中で、今に通じるウェブを活用した動員やファンドレイジング等の方法論を最初に具体化させたのが、2004年の民主党大統領候補の一人であったハワード・ディーンだ。[※13] 彼が利用した方法論はのちに、ソーシャルネットワークやクラウドファンディングといった専用サービスが登場することで、人びとのより広範で容易な参加を促し、方法として洗練されていった。2008年のオバマも、2016年のサンダースも、基本的にはディーンの開いた道の延長線上にある。

実際、2004年といえば、オバマが7月の民主党全国大会（DNC）で有名な「一つのアメリカ」のスピーチを行った年でもある。グラスルーツの支援を梃

（13）ハワード・ディーンは、2004年の大統領予備選出馬後は、2005年から2009年まで民主党全国委員会（DNC）委員長を務めた。その間、民主党支持者のデータベースの配備など、民主党の選挙活動全般のIT化に尽力した。いわば民主党選対のIT番長であった。ちなみにディーンの後任のDNC委員長が、ヒラリーのランニングメイトを務めたティム・ケインであった。

子にして大物政治家に新人が挑むことを可能にするメディアインフラがタイミングよく用意されていたという点でも、オバマは時代の生み出した大統領であった。[※14]いうまでもなく、今日、ウェブを活用したマイクロターゲティングは、競争相手の共和党も利用する標準戦略になった。大統領選というゲームの標準装備としてウェブが位置づけられたことで、より有能なギーク／エンジニアをリクルートすることが、選挙キャンペーン上の死活問題となっている。

そのようなウェブを活用した選挙キャンペーンとは、ウェブ以後のマーケティングのキーワードとなった「エンゲージメント」が最も先鋭に現れる場である。そこでは「マーケティング（＝交換市場創造）」というよりも、むしろ「ソサエティング（＝社交関係創造）」とでもいうほうがよいくらいだ。人びとの間でコミュニケーションが交わされる場面ならば、消費だろうが動員だろうが関係なく、何に対しても利用されるような、汎用性の高い概念を具体化している。

もともとテレビ広告やDMの利用など、消費分野で開発された方法論が選挙戦に転用されていたわけだが、ディーン以後のソーシャルウェブを活用する時代の到来は、社会的なコミュニケーション活動とマーケティング活動との間の流れを逆流させた。今ではコミュニケーションの方がマーケティングを左右するまでに至っている。

多様なプロフィールをもつ800万もの人びとが密集して生活するNYCは、

（14）終始 Twitter を駆使し続けた点では、トランプもソーシャルメディアの恩恵に大いに預かっていた。選挙戦の途中では、こうしたオバマとトランプの並行性について指摘する論者も散見された。

特定の地域やコミュニティに対して投網をかけるような大雑把なアプローチではうまく扱えない。その点では、ウェブによるピンポイントの動員が生きてくる場所だ。裏返すと、ウェブ以前の、デモグラフィック情報による集団属性に基づく個人のラベリングを覆し、それぞれの個人に応じて、それこそサイコグラフィックな傾向や志向にあわせた柔軟な対応をウェブは可能にした。NYCはこうした方法論が十全に試される集住地域だ。都市内部にさまざまな社会的断層＝モザイク状況があればこそ、ITによる解像度の高い執拗な追跡が意味をもつ。ニューヨーク予備選とはそのような試行錯誤が活かされる場所なのである。

（2016・4・19）

Ⅱ　予備選2　接戦の民主党

5 《トランピズム》の怪しい魅力

ザ・ラストマン・スタンディング!

5月3日に行われたインディアナ州予備選は、2016年大統領選の大きな分岐点となった。4月19日のニューヨーク、4月26日のペンシルヴァニア、メリーランド、コネチカット、デラウェア、ロードアイランドに続いて、ドナルド・トランプが連続して大勝し、ついにテッド・クルーズとジョン・ケーシックに撤退を決断させ、トランプが大統領候補の最後の一人となった。まさにザ・ラストマン・スタンディングだ。

もっとも、トランプにしても、いまだ代理人の過半数である1237人の獲得にまでは達していないので、引き続き残りの予備選で投票を訴え続けなければならない。とはいえ、選挙活動を行うのがトランプ一人になってしまった以上、彼しか選択肢がないのも確かであり、それゆえ「事実上」、トランプが11月の本選に臨む候補者となった。その結果、3月以降、ひっきりなしに実現が噂されていた、7月の共和党全国大会（RNC）で候補者選抜をその場で競い合うContested Conventionが実施される可能性もほぼ消えてしまった。

つまり、トランプが主演かつホスト役の大統領選というリアリティショーは11月まで続く。[※1]ひそかにほくそ笑んでいるテレビ関係者も多いという。引き続き向こう半年の間、格好のテレビネタが確保されたからだ。このテレビとの相性の良さが、トランプに「フリーパブリシティ」の機会を与え続けることになる。

一方、民主党はどうかというと、ヒラリー・クリントンが優勢ではあるものの相変わらずバーニー・サンダースを振り切ることができていない。トランプ同様、本拠地ニューヨークでの勝利に続き、ペンシルヴァニアなど北東部ではヒラリーが快勝したものの、インディアナ、ウエストヴァージニアではサンダースが巻き返し、二人の候補者による予備選対決が続いている。

しかし、ヒラリーとサンダースのどちらが勝つにしても、本選で争う相手はトランプだ。それも含めて2016年の大統領選は、目下のところ、トランプを中心に回り始めている。先んじて指名を確実にしたトランプが、本選のゲームマスターとなる公算は高い。[※2]

（1）トランプが当選したことで、リアリティショーはホワイトハウスを舞台にまだまだ続くことになった。

（2）実際にその通りになった。ただし正確にはゲームマスターというよりも、既存のゲーム（＝選挙戦）をハックし、まったく別のゲームに変えてしまったという方が適切だろうが。

トランプvsライアン

このトランプのまさかの台頭に対して、早急の対応を迫られているのが、共和党という組織を今まで維持してきたエスタブリッシュメントたちである。7月のRNCでのトランプ降ろしの夢が絶たれた結果、彼らとトランプとの間で内乱が生じている。トランプは本当に共和党のstandard-bearer（旗手）なのか？という疑問のためだ。最後に勝ち残ったからといって、もともとアウトサイダーだったトランプを、共和党の旗手＝リーダーとして迎えてもいいものなのか。その不安はすなわち、トランプを支持した一般の党員とエスタブリッシュメントとの間に横たわる溝でもある。

たとえば、父子二代で大統領を務めたジョージ・H・W・ブッシュとジョージ・W・ブッシュの二人は、トランプの不支持を早々と表明した。[※3] 前回の2012年の大統領候補者で、トランプ降ろしの首謀者の一人であるミット・ロムニーも不支持に回った。[※4] 彼らのほかにもRNCをボイコットする議員たちも出てきている。

そうした反トランプの動きの中でもひときわ注目を集めたのが、「まだトランプを支持する準備ができていない」と支持表明を回避したポール・ライアンだ。下院議長であるライアンは、実質的には現在、共和党のリーダーと目されており、

（3） ブッシュ家の反トランプの姿勢は徹底しており、共和党全国大会は欠席し、元スタッフの多くもトランプの不支持を表明していた。大統領就任式にも欠席するものと思われていたが、最終的にはブッシュ子は元大統領として列席していた。

それゆえ、ライアンからすればトランプをstandard-bearerとして迎え入れることは、そのリーダーの立場を、少なくとも本選が終わる11月まではトランプに明け渡すことを意味する。前回の2012年にはロムニーの副大統領候補として大統領選を戦ったライアンは、その経験を梃子にして下院議長にまで上り詰め、2020年の大統領選の筆頭候補者として有力視されるまでになった。

したがって、トランプとの競り合いは、ライアンの面子だけでなく未来を賭けた争いでもある。と同時に、彼の態度保留の表明は、多くの共和党議員にとって、トランプ支持の意思表示を棚上げするための「時間稼ぎ」となった。そうしてライアンはリーダー役を果たしている。

もちろん、トランプが過半数に達さないという事態がまったくありえないわけではない。予備選の候補者リストには、選挙戦からの撤退を決めた候補者たちの名も残っているからだ。撤退を決めた候補者がsuspendという表現を使うのも、彼ら自身が選挙戦を行うことを「停止=suspend」しただけのことだからだ。「停止」である以上、「再開」がありえないわけではない。とはいえ、よほど組織的な反トランプの活動でも行わない限り、トランプが過半数を割るという展開は想像しにくい。何より、インディアナ州予備選の結果を受けて、今まで反トランプの発言を行ってきたRNC委員長のラインス・プリーバス自身、トランプの下での党の団結を呼びかけている。[※5]

(4) これ以後ロムニーは「トランプ降ろし」の中心人物となっていく。にもかかわらず、トランプ当選後、国務長官のポストの打診を受けて即座にトランプ詣をしてしまう人物でもある。結局、国務長官の指名を得たのがティラーソンであったことを思うと、体のいい目眩ましとして扱われていたことになる。

(5) トランプの勝利のみならず、上院/下院選挙でも大勝した功績が認められ、プリーバスはホワイトハウス首席補佐官に指名された。連邦議会と大統領府のリエゾン役が期待されてのことだ。

ただし、トランプの下で共和党が本当に団結できるのかというと、まだ未知数で、これを機に党が割れるのではないかと考える人たちもいる。特にトランプが折にふれて見せる、極端に重商主義的で孤立主義的な言動や、文化差別的な発言には、相容れないと考える保守系知識人は多い。インテリに限らず、少なくとも誠実な共和党員は、トランプの勝利によって深刻なアイデンティティ・クライシスに陥っている。共和党に参集する人びとが共通イメージとして抱いていた「コンサヴァティヴィズム（保守主義）」が瓦解してしまったためだ。そこから、遅まきながらインディペンデントないし第三党から大統領候補者を擁立しようという声も聞こえてくる。実際、反トランプのロムニーに、保守系論壇誌“Weekly Standard”を主催するビル・クリスタル[※6]が接触し立候補を促すという動きも生じている（保守系知識人の多くは、総じて大学がリベラル寄りであるため、ヘリテージ財団のような保守系財団の支援を受けた論壇誌やシンクタンクに所属している）。

念のため記しておくと、二大政党制という理解から民主党と共和党の候補者ばかりに注目が集まるが、両党以外からの立候補者も存在する。たとえば2000年の大統領選において、ブッシュvsゴアの大接戦を招いたのは、Green Party（緑の党）から立候補したラルフ・ネーダーが、アル・ゴアの票を一部奪ったからだと言われている。

さらにいえば、第三の候補者が本選における撹乱要因になることを嫌った民主

（6）ユダヤ系知識人であるビル・クリスタルはいわゆるネオコンの中心人物の一人。反共路線から反ソ連／反ロシアの立場を取ってきたせいか、どうやら親ロシアのチーム・トランプとは水と油の関係であるようだ。

党・共和党の幹部が、そうした候補者も予備選に迎え入れた結果が、2016年のトランプ旋風やサンダース旋風が生じた遠因である。幹部の意向を裏切り、予備選の段階で十分撹乱されてしまった。その結果、共和党では、アウトサイダーであったトランプが候補者として勝ち残ってしまう大番狂わせまで生じたのである。

高まる「トランピズム」への関心

ところで、1年前にはトランプが共和党の大統領候補者になるとは誰も考えていなかったため、逆にトランプがホームグラウンドであるニューヨークで大勝して以後は、むしろ、この「大穴」で「番狂わせ」の異常事態がどうして起こってしまったのか、その理由を探り出そうとする試みが散見されるようになってきた。その説明の中でよく見かけるのが「トランピズム（Trumpism）」という言葉だ。

この言葉はトランプのスローガンである"Make America Great Again"を支える一連の考え方を束ねる言葉として用いられている。[※7] たとえばグローバリゼーションに疑問を示し保護貿易を選択する。"America first"の観点から孤立主義やナショナリズムを重視する。あるいは、共和党に限らずアメリカ社会全般のエスタブリッシュメント、すなわち、ワシントンDCやウォール街、大学知識人らへの反

（7）Greatなアメリカの姿は、50年代のアメリカに求められた。第二次大戦の戦勝国として圧倒的な経済繁栄を謳歌した時代であり、大統領も元軍人で共和党選出のアイゼンハワーが務め、60年代のような公民権運動が炸裂する前の、白人のアメリカが正統なアメリカであった時代だった。

感を露わにする。さらには、マスメディアによる報道や言説に対して不信感を示す。こうした一連の言動を束ねるものとして「トランピズム」という言葉が使われている。その中でも特に、外交や国際問題に関わる文脈での排外主義的傾向を指すものとして使われることが多く、アメリカを外から捉えるイギリスメディアや、外交や軍事と大きく関わる金融関係のメディアで散見される。アメリカを外部から「マクロ」に捉える立場だ。

けれども、その一方で「トランピズム」という言葉は、トランプの躍進を支えた秘訣、というような意味で使われる場合もある。つまり、アメリカ社会内部からの「ミクロ」な視点からのもので、「トランプ主義」というよりも「トランプ流」というニュアンスだ。ここではこの立場から捉えてみたい。というのも、トランピズムの出発点はボトムアップの一般の人びとの動き（＝ポピュリズム）であって、その意味で、トランプ躍進の出発点はフリーメディアの徹底活用にあったと考えられるからだ。

具体的には、フリーテレビ、Twitter、セレブリティ、の三つの要素が、トランプが一般の共和党登録者からの支持を広く集めた背後にある。となるとトランピズムについては、政治信条というよりも、従来の政治のプロトコルを変えた方法として捉えてみる方がよさそうだ。その方が、首都ＤＣの外部だけでなく、そもそも政治の世界の「外部」からやって来たトランプの特徴をより明らかにできるように思われる。

この点で「イズム」とはいうものの「トランプ主義」ではなく「トランプ流」である。アメリカ内部での「トランピズム」の使い方は、トランプのユニークネスを抉りだすためのキーワードであって、「トランプ流」の真髄とは何かという疑問に答えようとするものだ。

フリーメディアの徹底活用

リアリティショーを通じてセレブリティ（超有名人）の一人となったトランプには、８００万のTwitterフォロワーがいる。[※8] そのフォロワーを通じて、彼の「私見」が拡散されていく。その拡散を見て、今度はテレビが話題として取り上げる。つまり、特定の話題への本音トーク的なツイート→フォロワーによる拡散→バズとしての話題→テレビでの取り上げ→トランプというセレブリティの有名性の向上→有名性を増したトランプによるツイート→（以下繰り返し…）、というトランプから見たらひたすら好循環のメディアサイクルが生み出される。

このようにトランピズムの核にあるのは、フリーメディアを活用したコミュニケーション戦略だ。そして、セルフィの氾濫を見ればわかるように、公私の区別を無効にできるキャラクター、つまり自分自身をネタとして提供できる露出志向

（8）アカウントは@realDonaldTrump。最新のフォロワー数は１９００万（２０１７年１月上旬現在）。ちなみにオバマ大統領が利用する大統領の公式アカウントである@POTUSは１３００万。POTUSとはPresident Of The United Statesのこと。

のナルシストが、ウェブ後の世界では、より多くの有名性を獲得する。トランプはその代表格の一人だ。

しかも政治のアウトサイダーであるトランプは、常に第三者的視点からの批判的コメント（ツッコミ）で済んでしまう。しかし、そのコメントの根拠は『アプレンティス』への出演で誰もが知るところとなった、不動産王としての経験でしかない。Twitterの常として、その発言は虚実入り混じった私見《オピニオン》である。[※9] けれども、1ツイート140字という制約により、常にその私見は中途半端なまま次の話題に移っていく。その「流しっ放し」という特徴もテレビ的だ。

実際、トランプの語り方を聞いていると極めてテレビ的であり、その様子は“Meet the Press”のような、日曜朝にアメリカで放送される伝統的でそれゆえ形式の定まった政治番組でこそはっきり現れる。

彼は、アンカーの問いに対して、普通の政治家のように、いきなり政治インテリが好む専門用語を使って、そのイシューについて語り始めたりはしない。どんな質問であれ、一旦、アンカーの質問を抑えて、その質問を支える言葉の定義や前提の確認から入る。もちろん、その確認には彼自身の「解釈＝私見」がすでに織り込まれているのだが、そうやって質問者の、政治番組のプロトコルに則った「正しく」て「真面目な」問いを、いつの間にか自説を述べるためのリードに変えてしまう。このあたりの話術は、政治家のものというよりも、やはり、その場

（9）トランプの大統領就任後、「私見」には「もう一つの事実（alternative fact）」という別名が与えられることになった。

で何らかのディールを、それも自分に有利なディールを取り付けようとするビジネスマンのものといえるだろう。

また、アンカーとの質疑を通じて、専門的な話題を素人向けに解説してしまうことで、同時に視聴者からの好感も得てしまうところはショーマンシップに溢れている。見所場面として、その部分だけウェブで映像が流れてしまう現代ではなおさらだ。

その一方で、時に不遜な態度で「俺のいうことがわからないお前は何者だ？」と恫喝するパフォーマンスすら見せる。報道番組といえども、テレビがスペクタクル（見世物）であることを一時も忘れない。

そうしたテレビ話法を駆使することで、なんとなく相手にわかった気にさせてしまう。もちろん、その場で言い含められてしまったことの全てが、客観的に見て公正なものかどうか、といえばそれはわからない。けれども予備選か本選かを問わず、おそらくは投票する瞬間において少なくともトランプに賛同してしまっている。それは、投票所という空間が、トランプの言動の絶対的な是非や真偽を問うような裁判所の空間ではなく、あくまでも競合するライバルたちが横にいて、その中から自分を選ばせるような品評会の空間であるからだ。複数の選択肢の中から、相手の意志で自分を選択させるのは「ディールを取り付ける」ための最低条件であり、その追い込み方にトランプは長けている。

2011年に亡くなったApple創業者のスティーブ・ジョブズについては、彼と対面した人びとがジョブズの「不思議時空」を経験し、いつの間にかジョブズの意見に賛同してディールがまとまってしまった、というエピソードが紹介されることがよくあるが、トランプについても、そのようなディールメイキングの手練手管が、テレビとTwitterを通じて提供されているといえそうだ。

このようなことを指摘したくなるのは、トランプが立候補した時には、政治家の経験や、パブリックサービスへの従事の経験がないことが取り上げられ、そこから彼はアウトサイダーであり、政治の素人であるとして、端的に泡沫候補の筆頭に挙げられていたからだ。けれども、その泡沫候補が結局のところ、闘技場で「最後に立っていた男」になってしまった。そのことの含意は、やはりよくよく考えてみるべきことのように思える。

トランプは、テレビ番組への話題の提供でフリーパブリシティを稼ぎ、特定の話題に対しては、フリー広報装置であるTwitterを使って、フォロワーに対してリツイートによる自説の「拡散」を促した。シンプルだがある意味で、これほどまでに新旧のメディアを活用し尽くした選挙戦術もない。このテレビとTwitterというフリーメディアの利用は、共和党の根幹を支えてきた政治論壇誌の影響すら凌駕してしまった。つまり、紙とペンは、映像とツイートに負けてしまったたわけだ。

フリーテレビ、Twitter、セルフィ、いずれも元手がゼロで視聴や参加ができる世界であり、それゆえ、インターネット、ソーシャルメディア、スマフォなどの登場以後の、最も大衆的で庶民的なメディア接触方法といえる。この庶民性をトランプは徹底的に活用した。もちろん、本人がセレブリティとして、テレビの世界ですでに有名性を獲得していたことが大きいのだが、いずれにしても、この庶民性を見誤ったのが、ハイテクに及び腰の共和党エスタブリッシュメントの最も初歩的な落ち度だった。その意外なツケを今、彼らは払わされているのである。※10

（２０１６・５・14）

(10) 選挙後から見れば、共和党のみならず民主党も含めてエスタブリッシュメントといわれる、過去30年ほどの間、アメリカ社会を形成するのに関わっていた人たちがみな、そのツケと向き合わざるを得なくなってしまった。

6　危機に瀕する《クリントニズム》

それでも終わらない混戦

ドナルド・トランプが「ザ・ラストマン・スタンディング」として事実上の大統領候補者となった共和党に対して、民主党は相変わらずヒラリー・クリントンとバーニー・サンダースとの間で予備選が続いている。サンダースの意外なまでの粘りによって、6月7日のカリフォルニア決戦までもつれこむ可能性は高く、候補者の決定に共和党よりも一カ月遅れることになりそうだ。この遅れが11月の本選に向けてどれだけのビハインドになるのか。そのような懸念から、民主党ではサンダースの撤退を望む声も高まっている。2000年のラルフ・ネーダーの悪夢が呼び覚まされるためだ。※1

もっとも候補者が決まったと言っても、トランプと共和党幹部との間では引き続き対決姿勢が強く、この先すんなりとトランプで団結！という雰囲気でもない。※2 ライアン下院議長との間には、互いに譲れない政治信条の違いが横たわっている

(1)　ネーダーの悪夢にはならなかったが、ヒラリーは、総得票数では勝るものの選挙人数で負けるという2000年のアル・ゴアの悪夢を再演してしまった。

し、いまだに第三候補者の擁立の話も続いている。７月の共和党全国大会（ＲＮＣ）での指名争い（コンテスト化）の可能性を諦めていない人たちもいる。撤退したはずのテッド・クルーズも、２０２０年の大統領選での再挑戦まで睨んでこの機に全米での支持基盤を固めようと、代理人の配分方法が州ごとのローカルルールで錯綜しているのをいいことに、少しでも多くの代理人数をＲＮＣまでに確保しようと画策しているという。つまり、まだまだトランプが党公認の候補者となることに疑心暗鬼な人は多く、その分予断を許さない状況が続いている。

そんな共和党の動きを横目に見ながら、民主党の方は、オープンでストレートな政治信条対決を続行中だ。その結果を見ると、以前にも指摘したように、ヒラリーが南部、サンダースが北部、と綺麗に支持地域を分けているところが興味深い。

それも含めてニューヨーク以後の動きを簡単に振り返っておくと、まず４月19日、本拠地ニューヨークでヒラリーが大勝し、一週間後のペンシルヴァニアを含む北東部（Northeast）５州の予備選でも、ロードアイランドを除く４州でヒラリーが快勝した。これで王手をかけたと思われたのだが、ミシガンとウィスコンシンに続いてインディアナでの勝利によって、サンダースが五大湖周辺のRust Belt（鉄さび帯）でのあい変わらずの強さを示した。

続く５月10日のウエストヴァージニアでもサンダースが勝った。同州が鉱山業

（２）２０１６年の（大統領選だけでなく）選挙戦で共和党が大勝利で終えたことからわかることは、「党の団結」と選挙結果はどうやらいわれるほど関係はなかったということだ。そもそも予備選の段階で17人も立候補した時点で、党勢と日頃の選挙結果（＝権力基盤）とはリンクしないことを表していたと解釈すべきなのだろう。むしろ大統領選の方が、各地の選挙区に紐付いた政治的地盤から遊離して、単純にイメージや人気に左右されるものへと転じたわけだ。

によってラストベルトの一角を占めていたことを踏まえると、彼の武器がワーキングクラスの支持にあることを再確認させた。さらには5月17日の予備選では、ケンタッキーは実質的に引き分け、オレゴンはサンダースが勝ち取った。もっとも、オレゴンの勝利は、同じ北西部（Northwest）のワシントンでサンダースが勝利していたことから予想されていたことではあったのだが。

ともあれこれで、サンダース陣営の士気も随分と上がったことだろう。というのも、彼の選挙戦を支えてきたクラウドファンディングを活用したファンドレイジングにも陰りが見え始めていたからだ。3月には4600万ドルを集めたが、4月には2600万ドルに落ちていた。けれども、インディアナからの巻き返しで、かねてからサンダースが主張している、予備選の最後まで戦い抜くという約束が現実味を帯びてきた。

このサンダースの粘りを受けて、中道左派のヒラリーはより左寄りの政策の主張を余儀なくされている。そして、このヒラリーの左旋回こそが、サンダースが最後まで予備選を戦い抜くと公言する理由でもある。だから、もはやサンダースからすれば、勝っても負けても程度の差こそあれ、目的は達成される。アウトサイダーが、本選ではなく予備選に参戦した意義は確かにあったのだ。

もちろん、これまで獲得した代理人数の差を考えるならば、ヒラリーが優勢なのは変わらない。彼女からすれば、共和党の候補者が九分九厘トランプになると決まった以上、早めに予備選を切り上げ、11月の本選に向けた体制づくりに着手したいところだ。副大統領候補者の選定にも時間をかけたいことだろう。いずれにしても、残る大州は6月7日のカリフォルニアだけであり、泣いても笑っても、あと一カ月で民主党の大勢も決まることになる。

実はカリフォルニアまで戦ったとしても、それがよくて善戦で終わるであろうことは、サンダースの支持者たちもそろそろ気づき始めている。そこで、彼らの矛先はヒラリーではなくトランプに向かいつつある。ポピュリズムが吹き荒れたことで、経済活動への梃入れの必要性は、今ではヒラリーもサンダースも、そしてトランプも共通に認識している。その一方で、文化的価値軸については、移民、マイノリティ、教育、等々、さまざまな論点において、トランプとの間では真っ向対立する。サンダース陣営は、予備選後は、そうした反トランプの活動に焦点を合わせ、活動を継続していくようだ。

となると、サンダースの選挙戦とは、予備選という舞台を利用した社会活動そのものであったことになる。[※3] 選挙キャンペーンと一般的な社会活動との違いが判然としなくなる状況が、サンダース以後は常態化するのかもしれない。それは、彼の支持者たちが、ウェブを活用したつながりを起点にしたグラスルーツ発のグループであり、その多くが若年層であることから、ウェブを通じた緩やかな「信条の共有体」として立ち上がっているからでもある。この点は、前回扱ったトラ

（3） サンダースは終始、「この大統領選は政治革命（political revolution）である」と主張し続けてきた。大統領選投票日の一週間後には"Our Revolution: A Future to Believe In"という著書も刊行し、引き続き気力充実という感じである。

ンピズムのように、テレビとTwitterを使った放送的な有名性の増幅装置とはだいぶ異なっている。

トランピズムとイノベーション

とはいえ、トランピズムにはもう一つ、誘蛾灯のような魅力もある。それは現代のマネジメントの潮流とも関わることだ。

インターネットの登場以後、当たり前になったことに、「世界は常に変化するものであり、その変化は想像以上に速い」という世界観の浸透がある。そこから、変化の流れに飲み込まれることを待つよりも、自ら流れを生み出す方に関わることで、変化に対する制御権を確保する方が賢明だ、という行動方針がデフォルト化する。個々のゲームではなく、ゲーム盤そのものの開発競争であり、いわゆるプラットフォーム構築競争もこの観点から正当化される。今回の大統領選も、そのような時代性の下で展開されていることは変わらない。

このように加速と流転をよしとするビジネス風潮の下では、仮説をもって状況に臨み、情報不足でも何らかの対処をし、間違ったらそれを踏まえて修正していけばよい、というプラグマティックな対応が、ビジネスに関わる人たちの間で、標準的な考え方、望ましい実践態度として推奨される。そもそもトランプを有名にした『アプレンティス』からして、そうしたビジネスセンスや行動力の有無や程度を、ホスト役のトランプによって判断される番組であった。彼は、そうしたビジネス・プラクティスの師範代として崇められていた。トランプは自己啓発本のベストセラー作家でもあり、その点で世俗的なカリスマでもある。※4

こうした「変化」を前提にした経済の考え方は、「安定」を前提にした政治の考え方とはずいぶん位相を異にする。トランプと従来の共和党との間には、この20年くらいで乖離してきた、マネジメントとガバナンスの発想の違いが横たわっているようだ。

ガバナンスは、システム総体としての破綻を回避するため、徹頭徹尾、事前に決められた様式＝プロトコルの上で実践される。しかし、トランプはそうした約束事をことごとく覆す。今まであったゲーム盤の外側でゲームを展開しようとする。その点で共和党を転覆しているだけでなく、アメリカ政治のスタンダードそのものを覆している。だが、日々変動する経済の世界に晒された有権者の目から見ても、ひとたびそれが政治の世界の出来事であることを忘れさえすれば、それほどおかしなことではない。ゲームチェインジはイノベーション思考の出発点だからだ。

前言撤回を繰り返し発言に一貫性のないところなど、従来の政治家の規範からすればありえないことで非難の対象となるものだ。しかし、状況が刻一刻と変わ

（4）この点は、21世紀に入りアメリカ社会で世俗化が進んでいることとも関わりがあるのだろう。熱心な信仰心を掲げる人が減る傾向にあるからだ。それでもかつては宗教の代わりになったのは（新興宗教を含む）宗教未満の「霊性文化《スピリチュアル》」だったわけだが、それすら飛び越えてビジネスのカリスマの個人的成功譚が人びとの心の隙間を埋めるようになったのかもしれない。そう考えると"Believe me!"を連呼するトランプが支持されたのも理解できるのではないだろうか。

る変化の激しい世界で、果たして政治のコミュニケーションが追いつけているのかどうか――。そんな素朴な疑問をもつ世代は増えているわけで、むしろ教育のあるミドルクラス以上の人たちからすれば自然に抱く疑問である。誰もが知るように現代は、イノベーションが尊ばれ、アジャイルであることが正しいこととされる時代だからだ。

その良くも悪くも融通無碍な世界、ゴールの設定のみが不動の原則であるような戦い方が当たり前の世界で、むしろトランプは、とりあえず個々の彼の発言の是非については保留すれば、情報化以後の現代の原則に忠実な言動をしているという見方もできるように思える。抑制の効かない破天荒な発言もブレストの場面では創造的発想として歓迎されることを、多くのホワイトカラーはすでによく知っている。「アウト・オブ・ザ・ボックス」の創造的発想にはタブーは禁物だからだ。ユニークで面白いアイデアはそれだけで価値を生むのである。

今のところ、トランプの支持者は、いわゆる白人の敗者《ルーザー》たちとされている。となると、仮に従来は投票に行かなかったそのようなルーザーたちが、本選当日、大挙してやってきたらどうなるのか。それだけならまだしも、ルーザーばかりと思っていたら、実は普通の成功者《ウィナー》たちも混じっていて、マネジメントの原則の方が正しいのではないかと思い始めていたらどうか？[※5]

となると「政治の外側」にある世界こそが、本選では気になってくる。それは、

（5） どうやら「隠れトランプ」票は、このような成功者たちからも生じたようである。

「政治の外側」という意味で、従来の政治の常識では未知のものであり、その意味で未来のものとしての魅力を備えかねない。おそらくは、既存の政治のルールを無視した行動がもたらす衝撃こそが、流儀としてのトランピズムの要であり、その点でトランプは破壊的であり、未来的であり、場合によるとサンダースよりも革命的ですらある。

マネジメントか、ガバナンスか

その上で、トランプの本質がディールメイカーであることを踏まえれば、ライアンをはじめとするエスタブリッシュメントからの拒絶を受けた後で、売り言葉に買い言葉よろしく、ひとしきりライアンたちに対して非難を浴びせた後、おもむろに11月の本選に向けた選挙資金の援助を、トランプが共和党の幹部に打診したことも、「選挙に勝つ」という共通目的の下でウィン・ウィンの関係を築ければそれで十分だと考えているようにすら思えてくる。

つまり、互いに「信頼」を確保するためには、必ずしも信条を共有する必要などなく、相手との間で共通の目的を設定し、その目的のために互いに互いを契約で縛ればよい。それが「ディール」だ。むしろ、信条の共有なしに巨額の金額を受け渡しできるのが、ビジネスの世界、商取引の世界である。つまり、ここでも

「信頼」の意味合いが、政治的な世界のものから、ビジネスの世界のものへとずらされようとしている。トランプは膨大な支持者を、共和党本部は莫大な選挙資金を、それぞれ持ち寄り、大統領選だけでなく、上院、下院の選挙も勝利することを目指す。そうしてトランプと共和党本部との「共同事業《ジョイント・ベンチャー》」が完成する。

こんな振る舞いも、ビジネスディール的であり、マネジメント的である。

ビジネスの世界で開発された各種マーケティング手法は、キャンペーンマネジメントにスライドして導入され、今や選挙キャンペーンの定石となった。それと並行した出来事が、現在、マネジメントとガバナンスの間で繰り広げられているとは考えられないか。ビジネスマネジメントがポリティカルガバナンスを侵食しつつあるという理解だ。だが、その流儀は、政治の外側にいる「普通に」経済活動で生計を立てている人びとにとっては、ごく当たり前の理性の使い方でもある。少なくとも自由な思考をする人たちにとってはそれほど驚くことでもない。あり得るオプションの一つにすぎないからだ。

こうしたマネジメントの論理や方法が、いまだアメリカ社会のマジョリティである白人の、それも共和党に登録した、自意識としては「自立(self-made)」し「独立独行(self-reliance)」の気概に満ちた白人男性たちの琴線に触れたのかもしれない。その点で確かに共和党には、個人の自由を尊重するタイプ(＝リバタリアン)のコンサヴァティヴ(保守的)な人たちが多いのだろう。※6

(6) ピーター・ティールが、7月の共和党全国大会でトランプを「ビルダー」として紹介したのも、独立独行の精神の持ち主として信用できると思ったからなのかしれない。

振り返れば皮肉なことに、そうした独立独行《セルフ・リライアンス》を尊び、インターネットを通じてイノベーションの時代の幕を開けたのが、90年代のアメリカを導いたビル・クリントンだった。トランプもその時代にディールメイカーとして成功を収めた。そのトランプと11月の本選でマッチアップするのが、ビルの妻のヒラリーであるというのも因果なものだ。そして、そのヒラリーも、サンダースの粘りによって、夫のビルの開いた路線に変更を加える必要に迫られている。

ビルのゾンビ?

実際、トランピズムが模索される一方で、その対抗軸や参照点としてクリントニズムという言葉も聞かれるようになってきた。ただし「クリントニズム」といっても、ヒラリーの流儀を指すわけではない。42代大統領を1993年から2000年まで務めたビル・クリントンの政策流儀としての「クリントン流」である。

その意味では、ヒラリーはビルのゾンビのようなものだ。彼女の存在は必要以上に、ビルの時代＝90年代を想起させてしまう。ビルの横には、現在の二極化したアメリカ社会をもたらした、もう一方の元凶である共和党のニュート・ギングリッチ下院議長がいたにもかかわらずだ。※7

いずれにしてもクリントニズムは、ビルの方のクリントンが生み出した世界だ。

(7) ビルに限らずレーガン以降、全米で愛される個性《キャラ》をもった大統領が続いている。父ブッシュがCIA長官も務めた政治家らしい政治家であったことを除けば、レーガン、ビル、W（子ブッシュの愛称）、オバマと続き、今回のトランプである。皆、特徴のある個人史を携えた人たちばかりであり、文字通りそれぞれの物語の主人公のような存在だ。人びとが大統領に何を求めているのか考えさせられる顔ぶれだ。

つまり、インターネットとNAFTA。ITとグローバリゼーション。自由化、M&A、ソフト化、金融化、クリエイティブ化。そしてイノベーション。そこからビッグデータ、クラウドコンピューティング、AIといった現代のハイテク経済とそれを支えるSTEM教育の強化といった潮流までは一本道だ。シリコンバレーをイノベーションの世界の中心にまで高め、今のヒラリーを支えるサンベルトの南部を生み出した原動力の総体。[※8] トランプにしてもこうしたクリントニズムの興隆の中で成功を手にしてきた。

このクリントニズムは、ビル・クリントン以後の中道寄りの政策流儀を指すものとなり、その意味ではオバマの8年間も基本的にはクリントニズムの流れの下にある。当然、ヒラリーも、首尾よく大統領選に勝った暁にはオバマの後継者として、クリントニズムを引き継ぐものと思われていた。

ところが、そこに水を差してきたのがサンダースだった。クリントニズムにならって、彼の流儀を「サンダーシズム」と呼ぶ人たちも見かける。ビッグビジネスに対抗するため、政府の権限を増やしビッグガバメントで対処しようとするサンダーシズムは、したがって、20世紀の民主党の源流であるニューディールに回帰する動きである。連邦政府に権限を集約させる点では、共和党が掲げてきた州重視の州権主義、分権主義に対抗するものでもある。

（8） ヒラリー自身が、ビルによる「クリントニズム」の成果を信じていたからこそ、サンベルトに対して過度な期待を寄せていたのかもしれない。その点で、ヒラリーの方がロマンチストであり、トランプの方がリアリストであった。もっともその対比自体は、しばしば民主党と共和党の違いを説明するための常套句ではあるのだが。

システム変革の予兆

こう見てくると、今年の大統領選は、過去に見られた各種政治プログラムの総見本市ないしはマッシュアップのような様相を呈している。

大統領選の年というと、通常は過去の大統領の伝記や回顧録などが多数出版される。オバマまで44人の大統領がいたわけだが、その中から人気の高いリンカーン、ケネディ、ルーズベルト、ワシントンなどの大統領の偉業が振り返られる。もちろん選択には党派性があって、民主党がケネディやルーズベルトを持ち上げるのに対して、共和党はレーガンやアイゼンハワーなどを引き合いにする。

そうした偏りはあるものの、総じて過去の大統領の偉業を紹介することで、大統領制への一般的な関心を掻き立てる。同時に、過去の名大統領に自身をなぞれることで自分の価値を高めようとする候補者たちの狙いもある。政治が、基本的には未来に対する約束という本質的に空手形を切る振る舞いであるからには、何の確約もない未来を信じさせるために、過去を振り返り歴史を紐解くことで、未来の可能性を担保しようとすることは、むしろ理に適っている。

しかし今年については、過去の大統領を紹介するものよりも、共和党や民主党の成り立ちを振り返るもの、あるいはコンサヴァティヴィズムやリベラリズムといったアメリカの政治的意思決定を支えてきた思想そのものを見直すような著作の出版が相次いでいる。[※9] アメリカの政治システムそのものが何らかの変革の時期にあると直感された結果のようだ。トランピズム、クリントニズムといった表現もそうした趨勢の中から生まれている。共和党、民主党ともに、アイデンティティ・クライシスのさなかにある。

たとえば、最も多くの人びとの支持を受けたこと、すなわち「一般投票（popular vote）」の数が最大であることを、そのままその集団の意思決定とはしないところが、共和党がその名に掲げる共和主義《リパブリカニズム》の特徴であり、共和党幹部がトランプに難色を示し続ける理由もそこにある。それも含めて、アメリカの政治システムへの挑戦がなされている。本選ではこうしたアメリカの政治システムそのものにまで話題が広がりそうだ。その点で本選に向けた半年はますます興味深いものとなる。２０１６年は、後日、インターネット以後の社会変容を見直した「棚卸し」の年として振り返られるのかもしれない。

（２０１６・５・20）

（９）　たとえば、Thomas Frankの"Listen, Liberal"、Steve Fraserの"The Limousine Liberal"、E.J. Dionne Jr.の"Why the Right Went Wrong"、John B. Judisの"The Populist Explosion"、Jane Mayerの"Dark Money"など枚挙にいとまがない。トランプ当選後の２０１７年には、ここにトランプ旋風の記録や分析本が加わることになる。

7　ミレニアルの星　B・サンダース

最終決戦地カリフォルニア

２０１６年６月７日は、ヒラリー・クリントンが、事実上の民主党大統領候補者となる日だ。何を気の早いことを、と思う人もいるかもしれないが、代理人（delegate）の合計から得られる単純な推測だ。

この日は全米最大州のカリフォルニア（５４６）を筆頭に、ニュージャージー（１４２）、ニューメキシコ（43）、モンタナ（27）、サウスダコタ（25）、ノースダコタ（23）の六つの州で民主党予備選が開催される（カッコ内の数字は各州の代理人数）。

民主党予備選における勝利の基準である過半数の代理人数は２３８３人。ニューヨーク・タイムズによれば、ヒラリーの獲得代理人数は６月５日の時点で２３２３人であり、残り50人にまで迫っている。一方、６月７日に割り当てられた代理人総数は８０６人。民主党予備選は、基本的に得票数に応じた比例配分で代理人数を振り分ける。※1 となると、各州での勝敗の程度はあれど、ヒラリーが50人以

（１）民主党の予備選で徹底された「得票数に応じた代理人の比例配分」という「民主」的なルールに慣れすぎてしまったのもヒラリーの敗因の一つだったのかもしれない。ニューヨークやカリフォルニアという東西の海岸に面した大州では勝つことができても、その間の大陸に広がる中小州では勝てないというヒラリーの傾向は、２００８年のオバマとの対戦の頃から変わっていないからだ。

上の代理人を獲得するのは、さすがに間違いない。したがって彼女が、11月の本選でドナルド・トランプと争う民主党の候補者となる。代理人の割当数からして、東海岸のニュージャージーの結果が出た時点で、ヒラリーの候補者指名が確定されると予測する専門家も多い。

もちろん、ヒラリーにせよ、トランプにせよ、正式に候補者となるのは、７月下旬に開催される全国大会（National Convention）の場で、代理人による投票の結果、党からの指名を受諾してのことだ。それゆえそれまでは「事実上の（presumptive）」という形容がなされる。

だが、この「事実上の」という状態に対して可能な限り抵抗しようとしているのが、バーニー・サンダースだ。代理人の獲得数で負けたとしても、一般党員からの熱狂的な支持という勢い《モメンタム》を維持することで全国大会での逆転を狙っている。

というのも、民主党の場合、代理人数の中には、現職の政治家（連邦議員や州知事など）や党の重鎮（貢献度の高い幹部や引退した政治家など）といった民主党関係者からなる「スーパー代理人（superdelegate）」が７１４人いるからで、その多くはヒラリーの支持者だ。６月５日の時点で、ヒラリーを支持するスーパー代理人は５４７人、サンダースの支持者は46人と大きな開きがある。

ちなみに各州の予備選での得票数に応じて与えられる代理人数では、ヒラリーが１７７６人、サンダースが１５０１人。予備選初期からほぼ二人の対決になってしまったため、この差を接戦と見るか、ヒラリー優位と見るかは、論者によって微妙に異なる。サンダースとしては、ヒラリーに対するスーパー代理人の支持を切り崩すことで全国大会当日の逆転劇を目論んでいる。※2

そのためにも一般党員からの支持を、可能な限り多く獲得しておく必要がある。その点でカリフォルニア予備選のもつ意味は大きい。全米最大州のカリフォルニアで勝てれば、本選でも十分戦えることの証明にもなるからだ。

実際、ヒラリーが代理人獲得数で優位に立っているのは、人口が1000万人以上の大州であるテキサス、ニューヨーク、フロリダ、イリノイ、ペンシルヴァニア、オハイオのすべてで勝利したためだ。これにカリフォルニアが加われば完璧だ。しかも彼女は、一般投票に近い「プライマリー」に強く、その点も彼女の本選での強さと理解される。

対してサンダースの勝利の多くは、中規模の州や党員の密なコミュニケーションを必要とする「コーカス」における勝利であり、それだけではいくら多くの代理人数を獲得したといっても、ひとたび本選での強さを想像すると、ヒラリーに軍配が上がることになる。

もっとも、今回の大統領選はもう少し事情が複雑であり、なぜならヒラリーとトランプがともに、過去に例を見ないほど「嫌われている」候補者でもあるからだ。つまり「アンチ票」が対立候補の支持に流れる可能性を無視できない。その

（2）「スーパー代理人」という制度は、熱狂した一般党員の投票によって候補者選択が暴走してしまった場合でも、党幹部の意向を反映させることで制動をかけることができるよう、民主党で考案され採用されたものだった。

点、サンダースはアンチが少なく、幾つかの世論調査では、トランプとのマッチアップではヒラリーよりもむしろ支持される、という結果も出ている。

　こうした調査結果も後押しして、サンダース陣営は、何がなんでもカリフォルニアでの勝利を目指している。カリフォルニアは、全米最大の州であり、それゆえ投票形式もプライマリーが選択されている。だからカリフォルニアで勝てれば、本選ではサンダースは勝てないという、スーパー代理人の見立てを覆すことができる。そうサンダース陣営は踏んでいる。

　今までの予備選の経緯からもわかる通り、サンダースは想像以上に土壇場に強い。さすがはインディペンデントの「一匹狼《ローン・ウルフ》」として、地方政府から連邦議会まで政策や法案審議を重ねてきただけのことはある（それゆえ民主党の上院議員たちからはかなり疎まれているともいう）。「叩き上げ」に見られる「決して負けない」粘りがあり、この点でサンダースの戦略は、彼が劣勢にあるからといって軽んじることはできない。取り巻きがあれこれセットアップしてくれる（と思われている）ヒラリーとの大きな違いだ。

　それもあってサンダースの存在は、ヒラリーの印象を矮小化する方向に働いている。民主党幹部が、予備選参加のために2015年に民主党入りしたサンダースに対して眉をひそめるのは、まさにこの点であり、それゆえ実際には、スーパー代理人のヒラリー支持は容易には覆らないだろう。トランプとは違う意味で、サンダースもまた、民主党を乗っ取ろうとしているからだ。

実際、カリフォルニアのプライマリーの登録締め切りは5月23日であったのだが、今回新たに投票年齢に達した若者を中心に登録数が急増したという。若年層から圧倒的な支持を得ているサンダース陣営からすれば、これは追い風であり、実際、世論調査でも、ひと月前のヒラリー優勢に対してサンダースが大きく巻き返しており、調査結果だけを見れば、もはや接戦である。

その状況を憂慮したからか、ヒラリー陣営は予備選前に、現州知事のジェリー・ブラウンから支持を取り付けている。※3 以前にも記したように、州が日頃の公共生活や政治活動の基礎単位であるアメリカでは、州知事は文字通り一国一城の主であり、その人物からの支持の影響力は大きい。

そうした挽回策を打たねばならないくらい、ヒラリー側もカリフォルニアの動向を気にしている。民主党の指名を獲得するのは確実だとしても、その勝ち方によって、本選の戦い方が大きく左右されてしまう。それゆえ最大州のカリフォルニアでの勝利は絶対に譲れない。

サイレントとミレニアルの連合

このようにいかにも劣勢な中、カリフォルニア以後、ではサンダースはどう振

（3）　2011年に72歳でカリフォルニア州知事に就任したジェリー・ブラウンは、州知事を務めるのは実は2度目である。1975年から83年まで州知事を務めていた際には、シリコンバレーの精神的基礎を築いたことで知られる、「ホール・アース・カタログ」発行人のスチュアート・ブランドをブレインに抱えていた。このようにブラウンはカリフォルニア政治の生き字引であり、州の権力者とはそのような存在なのである。

る舞うのだろうか。彼の今後に関心が集まるのは、トランプとは別の意味で、サンダースが、今回の予備選で旋風を起こしたからであり、彼が巻き起こした風は、どうやら予備選どころか、今回の大統領選が終わっても止みそうにはない。むしろ、ヒラリーの勝利がほぼ確実視された時点で、サンダースの今後の動きにこそ関心が集まっている。なぜなら、サンダース旋風は、今後の民主党のあり方だけでなく、政治への参加意識そのものについても大きな変化を与えたと受け止められているからだ。[※4]

「この選挙はPolitical Revolution（政治革命）なのである」。サンダースは、立候補当初からこう訴え続け、その呼びかけに応えようとする熱狂的支援者を集めてきた。サンダース旋風の示す熱量は、74歳で「サイレント世代」の最後尾であるサンダース自身と、彼からすれば孫の世代に当たる20代から30代の「ミレニアル世代」たちから発せられたものだ。サイレントとミレニアルによる、祖父と孫のタッグが起こした熱風である。

ここでいうサイレント世代とは1925年から1944年までの間に生まれた世代のことで、「サイレント（沈黙）」という呼称は、その後に続く「ベビーブーマー」世代との対比でつけられた（「ブーマー」はブーブーとうるさいから）。ベビーブーマーは第二次世界大戦後の1946年から1964年までに生まれた世代[※5]のことで、トランプ（1946年生まれ）とヒラリー（1947年生まれ）はともにブー

（4）選挙後、ヒラリーの敗戦のみならず連邦議会でも劣勢に立たされてしまった民主党の中で、サンダースは（民主党には所属しないインディペンデントの立場を取っているが）リーダーの一人として頭角を現しつつある。

（5）世代＝generationという言葉は英語の場合、概ね親子のサイクルが生じる30年を一つの単位にしている。その点で日本語の「世代」よりも幅の広い概念であることに注意すべきだろう。もっともX世代以降、アメリカでも世代概念は文化的志向性（もしくは消費嗜好性）を中心にクラスター化された概念に転じていくのであるが。

マーの最先頭集団に入る。対してミレニアルとは1981年以降の生まれで21世紀になって成人した世代のことを指す。※6

10年に一度国勢調査《センサス》が行われ、人口動態の変化に応じて下院議員の各州への割当数と選挙区の組み換えが行われるアメリカでは、世代の趨勢の把握は政治家にとって死活問題であり、それゆえギャラップやピュー・リサーチ・センターのような調査会社によって頻繁に有権者の意識調査が実施される。その調査結果が繰り返し報道されることで、各世代のイメージも具体化され固定化されていく。世代概念は、選挙戦やマーケティングにとって不可欠の指標である。

ところで、サイレントとミレニアルの、祖父と孫のタッグを実現させる中核となったのが、ITを操るギークのボランティアたちだった。おそらく今回の候補者の中で最もITを駆使したキャンペーンを展開したのが、サンダース陣営だ。Facebook、Twitter、Reddit、Slack等のソーシャルウェブを使って、密で迅速なコミュニケーションを図り、サンダースの遊説に合わせて、現地にダイナミックに群衆《ラリー》を組織し、ムーブメントを起こしてきた。そうしたキャンペーン活動の中核にウェブがあり、そこで利用されるアプリも、支持者の中のフリーランスのギークたちが自発的かつ献身的に作成したものだ。そうして見事に「サンダーシズム」をミレニアルの間で感染させてきた。

サンダース陣営のウェブコミュニケーションを支えるギークたちは、以前なら

(6) ちなみにブーマーとミレニアルの間に挟まれた1965年から1980年までに生まれた世代が「ジェネレーションX(X世代)」である。

ばオバマを支えたエンジニア層と重なり、その意味でもサンダースは、２００８年、２０１２年のオバマ、さらに遡ればオバマのウェブキャンペーンの先鞭をつけた２００４年のハワード・ディーンにつながる。だから「グラスルーツ」による動員という点では、サンダースは、ディーン、オバマに続くウェブ活用型選挙キャンペーンの正統な継承者といえる。※7 そうしてサンダースは、選挙キャンペーンと社会運動を一つに融合させた。

ちなみに、ディーンは大統領選に出馬する前は、サンダースの地盤であるヴァーモントで州知事を務めていた。どうやらヴァーモントはグラスルーツを盛り上げる意識が高いようだ。あるいは、そもそも自分たちの州が、全米規模で見れば、北の辺境にある弱小州※8であって、その分、負け犬（underdog）からのスタートというのを自覚しているのかもしれない。つまり、自分たちで声を上げないかぎり全米で浮上することは絶対にないという意識だ。

そのような意識が、もともと民主党にも共和党にも属さないインディペンデントとして立候補したサンダースを、インディペンデントのまま上院議員として選出したことにもつながるのだろう。民主党だろうが共和党だろうが、はなから自分たちを取り巻く現実とは関係のないところで、政治を行っているだけのことだという認識だ。

ヴァーモントはリバタリアン的心性が強い地域としても知られる。麻薬戦争や

（7）これにならえば、亜流ないしは我流のウェブ活用型キャンペーンを展開したのがトランプであった。テレビとTwitterをトランプ本人が往復することで様々な中間作業を省き、その分、機動的だった。

（8）ヴァーモントはワイオミングの次に人口が少ない州であり、下院議員も州に一人しか割り当てられていない。

不法移民などの問題を抱える南のニューメキシコやアリゾナのようなメキシコとの国境州《ボーダーステイト》における苛烈さ[※9]には及ばないものの、カナダとの国境州にもやはり緊張感はあり、その分、独立独歩の気概を自ずから与える風土である。そうした独立独歩の気概は、リバタリアン的心性を好み尊ぶギークたちの行動様式とも共振するところがあったのだろう。

（9）メキシコとの国境では、麻薬戦争や不法移民などの問題を抱えており、そこからトランプのいう「国境に壁をつくる」という公約も生まれた。

カリフォルニア以後の目論見

サンダースは、負け戦を覚悟している分、状況の制御に努めており、その分、芯が通っている。それがまた彼の選挙キャンペーンに一貫性を与え、好感度を上げている。実際、4月末のニューヨークやペンシルヴァニアなど北東部での敗退をきっかけに、サンダースは、予備選で負けた場合の布石を打っていた。それは、民主党の政策綱領の作成に関わることで、民主党の方向性そのものをプログレッシヴ（＝改革的）なものへと旋回させることにあった。これはすでに、プログレッシヴな政治意識をサンダースと共有する識者や政治家を、民主党の綱領検討委員会に参画させることで具体化されている。[※10]

もう一つは、直接的にはサンダースの意志によるものではないが、彼の意図を汲んでサンダースの支持者たちがスピンオフして組織したBrand New Congressと

（10）たとえば、黒人政治哲学者のコーネル・ウェストが委員として参加していた。

いう活動体だ。こちらは名前からも想像できるように、サンダースが選挙中に示したプログレッシヴな改革意志に賛同して連邦議会で活躍してくれる議員の支援を目的にしている。いわばTea Party Movementの民主党版であり、焦点を大統領選から連邦議会議員選挙へと移すものである。

サンダースが政治の課題と捉えるのは、所得の不平等、ウォール街問題、キャンペーンファイナンス問題などであり、彼の考えでは、いずれも普通の人びとが政治に関わることを妨げる遠因となっている。彼からすれば、クリントン政権終盤の99年にグラス・スティーガル法を廃して、投資銀行と普通銀行の垣根を取り払ったことなどありえないことであった。[※11] そこから彼の主張は、もっぱらニューディール時代の政策の復活を願う、その意味で懐古的なものとして受け止められている。彼の考える「平等」はサイレント世代らしい、90年代以前の時代に模範を求めるものである。

その一方で、彼の支持層であるミレニアル世代にとっての「プログレッシヴ」は、おそらくは少しニュアンスが異なり、ＩＴやグローバル化、多様性などが前提となった21世紀における改革だ。そこでは単純な社会的平等というよりも、ＩＴやグローバル化の中で生じた新しい社会・経済的現実の中で必要とされる、出発点としての平等である。サンダースがいう公立大学の学費免除なども、情報化以後の社会においては、プロフェッショナルなスキルの習得が必要となるからで、

(11) しばしば忘れられがちだが、ある法律の成立・廃止の力をもつのはあくまでも連邦議会であって大統領ではない。グラス・スティーガル法の廃止については圧倒的多数で連邦議会を通過していた。大統領は（議会対策上）拒否権を発動せずに署名したに過ぎない。その意味で「クリントン政権時代の〜」などという枕詞はミスリーディングな部分もあることに注意してよいだろう。アメリカは議院内閣制の国ではないのである。

そこでは成功したいという個人の自由意志も尊重される。つまり、ミレニアルにとってのプログレッシヴとは90年代のクリントニズムを経た後の世界を踏まえたものなのである。[※12]

この点は、だから、サンダースの思い描く世界と完全に重なるわけではない。逆にミレニアルからの支持が本選に向けて不可欠なヒラリーにとっては、クリントニズムの更新という点で重要な争点になるのかもしれない。

いずれにしても「プログレッシヴ」という言葉も、その原義が「前進」を意味することから、どのような方向に向かおうとするかで、その中身も変わってくる。クリントニズムも、提唱された90年代当時は、新たな前進／改革方法を意味する政策パッケージであった。そこからIT革命も実現されたわけで、その結果、アメリカだけでなく世界中で「起業」がブームとなり、若年層（世界各地のミレニアル）を中心に様々な機会や可能性を与えていった。そうして創造性とイノベーションが重視される時代が生まれた。サンダースを支えた、ボランティアベースのITチームも、そうした社会変容を経たからこそ実現できたものだった。皆、クリントニズムの子どもなのである。

サンダース陣営は、キャンペーン開始後1周年を記念して、“The Political Revolution: Year One” というタイトルでMediumに寄稿し、1年間の軌跡をフォトブック的に振り返っている。明らかに「政治革命：2年目」を期待したタイトル

（12）IT化を経た後のプログレッシヴという意味では、この話題はUberやAirBNBなどのシェアサービスが示した、いわゆる“Gig Economy”を巡るものであるはずだった。都市内部にすでにあるが放置された遊休資産を、シェアという観点から活用し直す“Gig Economy”は、その業務に携わる人たちの働き方や報酬のあり方、あるいはそうした新たな労務条件を社会的にどう受け止めるかという課題を伴っている。残念ながら今回の大統領選でこのことが論点になることはなかったが、今後もITの洗礼を若いうちに受けたミレニアルにとっては（起業機会の確保も含めて）公共的課題として あり続けることだろう。

だが、そのために新興のウェブ媒体であるMediumを選択できてしまうあたりに、ある種のウェブ文化的なセンスのよさを感じてしまうし、そこで特にコメントは付けずに、デジタルフォトだけを並べていくところも、InstagramやPinterest登場以後一般化した、フォトによる、無言だが情動的なコミュニケーション様式をうまく取り入れている。サンダース陣営が示す、こうしたウェブ的な「細やかさ」がおそらくはミレニアルの琴線に触れたのだろう。「頑固だが心根の優しいお爺ちゃん《グランパ》」のようなイメージを与えることに成功している。その意味でサンダースの躍進は、ウェブがあってこそのものだった。ウェブがなければ、インディペンデントである彼の時代観や世界観が届けられるべき人を見つけることは極めて難しかったことだろう。

だから、トランプが選挙戦を、テレビで育った中年以上の白人に向けた「リアリティショー」にしたのだとしたら、サンダースは選挙戦を、白人かどうかとは関係なく仲間意識をもつことができる若いミレニアル向けに「ゲーム化《ゲーミファイ》」したことになる。サンダースもまたメディアの変容を逆手に取って、政治のルールを外部から書き換えた。その意味で彼は革命家でありハッカーでもあったのだ。システムの破壊者＝更新者である。そして、そんな破壊者＝更新者が肯定的に受け止められるのもまた、クリントニズムを経たイノベーションを称揚する現代だからこそ可能なことであった。サンダースもまた、トランプ同様、クリントニズムが生み出した存在だったのである。

（２０１６・６・７）

8　オーランドの銃声　―エコノミーからセキュリティへ―

本選の始まりを告げた一撃

一発の銃声が時流や時勢を変えてしまうとは、歴史の中でよくいわれることだが、まさにそのような出来事が、大統領選さなかのアメリカで起こってしまった。

2016年6月12日にフロリダ州オーランドを襲った銃撃事件は、大統領選の雰囲気を一変させ、一気に本選モードへと切り替えた。その日以来、予備選の勝者であるドナルド・トランプとヒラリー・クリントンとの間での舌戦が本格化した。なにしろ事件が起きたオーランドは、よりにもよって本選の勝敗を決する「スイングステイト（swing state）」の一つであるフロリダ州にある街だ。ここでの対応の巧拙は、場合によっては、11月の投票日当日まで引きずることになりかねない。

それだけでなく、この事件は、現在進行形のアメリカ政治とも深く関わりをもつものであった。

ニューヨーク生まれのアフガニスタン系ムスリムの男性が、カリブ海に面した国境州フロリダにあるゲイ専用のナイトクラブを、軍でも利用されるアサルトライフルで襲撃したこの事件には、テロへの対応、移民規制、LGBTの自由、ヘイトの扱い、銃規制といった近年のアメリカ社会を二分してきた政治的争点が多層的に織り込まれていた。

いずれの争点も、ある個人が生きていく上での規範となるような「社会的価値観」に関わるものであり、長年に亘り民主党と共和党との間に深い対立をもたらしてきたものだ。なにより「自由」という、アメリカ社会の根幹に関わる価値観を巡る対立であった。それゆえ、単に「トランプvsヒラリー」といった候補者どうしの対立にとどまらず、ホワイトハウスや連邦議会をも巻き込む「党争」へと容易に転じてしまった。

現実の政治が選挙戦に陥入することは、過去の大統領選においても見られたことだ。2008年9月のリーマン・ショック、2012年10月のハリケーン・サンディのニュージャージー襲来などがそうで、青天の霹靂たるこうした出来事はいずれも、その対処を通じて大統領選の「戦況」を大きく変えてきた。今回は6月と早いため、まずは党内の結束を図る上での試金石となったようだ。

ヒラリーの背後には、「この事件はテロでありヘイトである」と述べたオバマ大統領が控えている。一方トランプはトランプで、事前に支持を取り付けたNRA（全米ライフル協会）を擁護する立場から争点を、かねてから主張してきたアメリカに対するテロを生み出す国家・地域からの移民（主にはムスリム）の制限へと移した。さらには、民主党の上院議員から銃規制の強化を狙った法案が提案され、審議の結果、廃案になるという一幕もあった。

結果として、大統領選という「未来」を扱うイベントが、「現在」の政治そのものと交差し、地続きになってしまった。それもまた本選の開始を強く意識させた。いやむしろ本選を越えて、2017年以降のアメリカ社会がどうなるのか、その近未来像を直接連想させるようなシミュレーションになった。トランプが大統領ならどうなるのか？　ヒラリーが大統領だったら何が起こるのか？――そんなことを具体的に想像させる機会であった。Commander-in-Chief（米軍最高司令官）としての大統領[※1]を思い出させることで、間違いなく、予備選から本選へのモード転換を促す分水嶺となった。

このようにして長年に亘る党の対立をヒラリーとトランプが担うことになったのだが、そうなるとすでに党の重鎮として活躍してきたヒラリーはさておき、共和党の新参者でダークホースであったトランプの場合は、予備選の時のように「従来の共和党の施策の落とし穴や抜け道を突く」スタンドプレイは通じなくなる。党を代表する候補者として党から支持を得ようとするなら、既存の党の方針とも同調せざるを得ない。予備選と本選で、候補者の発言やスタイルが微妙に変わっていく理由の一つである。

（1）　当選前後で大統領個人の人間性を大きく変える契機になるといわれるのが、米軍最高司令官としての大統領職務の洗礼である。特に9・11以後、国家的脅威となる要人の暗殺がタブーではなくなったため、戦争とは異なる文脈で人の生死を握る決断を大統領は求められることになった。近年であればドローンによる暗殺や戦闘行為の是非を巡る議論も生じている。

ヒラリー勝利への道

このように半ばなし崩し的に「トランプvsヒラリー」の選挙戦が開始されてしまったわけだが、ここでヒラリーが民主党の事実上の候補者となった6月上旬の動きを簡単に振り返っておこう。というのも予想に違わず、予備選の全過程を終えてもバーニー・サンダースが選挙戦から撤退する素振りを見せていないからだ。そのためヒラリー陣営から見れば、トランプだけでなく、相変わらずサンダースの存在が、本選を戦っていく上での不確定要素であり続けている。

ともあれ6月7日に実施された予備選では、ヒラリーが、カリフォルニアを始めとして、ニュージャージー、ニューメキシコ、サウスダコタの4州で勝利し、獲得代理人数が過半数を超え、予備選での勝利を確定させた。

実は、前日6日の夜の時点でいち早くAP通信がヒラリーの勝利を報じていた。スーパー代理人の支持を再調査し、ヒラリーの支持総数（代理人＋スーパー代理人）が過半数を超えたと判断したゆえの報道だったのだが、カリフォルニアでの勝利の後、盛大に「勝利宣言」を行い劇的な演出を狙っていたヒラリー陣営からすると、実のところ微妙な知らせとなってしまったようだ。

とはいえ、カリフォルニアで大勝したことから翌日の8日には、オバマ大統領、バイデン副大統領、そしてエリザベス・ウォーレン上院議員（マサチューセッツ州選出）から、ヒラリーは正式に支持《エンドース》を得ることができた。

現職の大統領と副大統領からの支持は、候補者からすれば絶大な効果をもつのであるが、ホワイトハウスを預かる大統領と副大統領からしても、所属政党の候補者は、自分たちの政策を引き継ぎ発展させる、文字通りの後継者となる。

特に2期8年続いたオバマ政権（Obama Administration）の場合、彼らが進めた政策をアメリカ社会に定着（=レガシー化）させる役割を担う。※2 むしろ、このような関係がオバマとヒラリーとの間で確立された直後であったからこそ、オーランド銃撃事件では二人がタッグを組んだかのような対応を見ることができた。

一方、ウォーレン議員のエンドースはどのような意味があったのかというと、彼女は民主党の中では左寄りの改革派に属し、もっぱらサンダースと政治的立場を共有するといわれていた。そのため彼女による支持の表明は、「ヒラリー vs サンダース」として展開された予備選で生じてしまった党内の亀裂を回復するための強力な後ろ盾になると考えられた。党内融和のために、ウォーレンを副大統領候補に推す声も多い。

こうした民主党の重鎮からのエンドース後に行われた、14日のワシントンDC予備選でもヒラリーは勝利し、民主党予備選は全行程を終えた。当然、この予備選の終了をもって、サンダースも選挙活動を終えるものと考えられていた。一般

（2）ヒラリーの敗退によって、レガシーの維持という夢が敗れたオバマは、ホワイトハウスを去った後は、後続の政治家の育成に努めるようだ。すでに大統領を2期務めてしまったため、彼の信奉者の中には、下院議員として返り咲き、下院で民主党が過半数を確保することで下院議長としてトランプに対峙するというウルトラCを望む人たちもいるらしい。

得票数でもヒラリーがサンダースを上回り、彼女の勝利が確定していたからだ。予備選敗者の慣例に従い、敗退を認め、勝者を賞賛した上で支持を表明し、本選に向けて党の団結を呼びかける、「優雅な退出（graceful exit）」を演じるものと期待されていた。

「バーニー・オア・バスト」

しかし、長年民主党の外で一匹狼の政治家を続けてきたサンダースは、予備選が終わっても党の慣例には従わず、撤退すら表明しなかった。負けを認めず、あくまでも7月の民主党全国大会（DNC）での代理人投票まで粘るつもりだ。負けを認めていない以上、ヒラリーを支持することもない。彼の目的はあくまでも「政治革命」の実現にあり、そのためには撤退をギリギリまで先延ばしし、DNCで彼が掲げる改革内容を民主党の政治綱領として採用させ、それによってヒラリーの行動や公約を縛ることを狙っている。

予備選終了後サンダースが公式に表明したのは、「打倒トランプ」という訴えのみであり、これは共和党のポール・ライアン下院議長が「打倒ヒラリー」を強調しているのとまったく同じ構図だ。自陣の候補者を積極的に党員に推薦することはないが、しかし、対立党の候補者が勝利することだけは絶対に阻止するという決意表明である。民主党、共和党ともに、そのような発言をしなければならないほど捻れたイレギュラーな状態にあるのが、今回の大統領選の複雑怪奇なところである。

実際、熱狂的なバーニー支持者にはアンチ・ヒラリーが多く、“Bernie or Bust”という表現に見られるように、バーニーでなければ民主党候補者（＝ヒラリー）には投票しないと言い募る人は多い。中にはGreen Party（緑の党）の大統領候補者であるジル・スタインを推す人たちもいる。Green Partyは2000年にラルフ・ネーダーを擁立し、アル・ゴアの票を一部奪い、結果的に本選でのゴアの敗退をもたらす原因の一つとなった。民主党からすればネーダーの悪夢は是が非でも避けたい。だが、その脅威こそがサンダース支持者が保持する交渉カードである。

似たような事態は共和党でも起きていて、トランプを候補者として認められない人びとが向かう先としてLibertarian Party（リバタリアン党）の名が上がっている。ライアン議長が「打倒ヒラリー」を強調するのもそのためだ。ヒラリーとトランプの「嫌われっぷり」も後押ししてか、[※3]例年に比べて第三党の様子が報じられることも増えてきた。

こうした状況の下では、サンダース本人にしても“Bernie or Bust”を容認すれば、ただの「党内反逆」を手引したにすぎなくなる。彼の支持者が民主党を見限れば「(アメリカ社会を実際に変えるだけの力と歴史を持つ二大政党の一つである）民主党を中か

（3）当初から泡沫候補と思われていたトランプが一般に好まれないのは、彼の暴言や虚言癖からすれば容易に想像がつき納得できることなのだが、当初から本命視されていたヒラリーが終始人気がなかったことに対して、民主党の幹部は誰も疑問に思わなかったのだろうか。選挙後も謎なところだ。

ら変える」という、彼の政治革命は実現できなくなるからだ。彼の支持者を民主党につなぎ留めておくためにも、サンダースとしては「予備選の敗退を認めヒラリーの支持を公表する」ことは、DNCの結果が出る時まで粘るほかない。ハーメルンの笛吹き男になってしまっては元も子もないのである。

セキュリティ＆フリーダム

オバマ大統領は、オーランド事件を「テロ」と「ヘイト」という言葉で総括したが、この二つの言葉によって、大統領選を巡るアジェンダも、「エコノミー（内政）」から「セキュリティ（外交／軍事）」や「フリーダム（憲法）」へと力点を移してしまった。※4

一般に「ホームランド・セキュリティ（国土安全保障）」に関わる問題は、本質的に不確実な情勢下での意思決定を迫られるため、内政とは異なる資質や異なる人的ネットワークが必要になる。オーランドの事件は、ワーキングクラスの経済的不満をどう扱うのかという話題で沸騰してきた予備選の空気を一掃し、大統領に求められる職能はそれだけではないことを広く――ということは共和党も民主党も特に支持しないインディペンデントの有権者に対しても――思い起こさせる事件であった。大統領選を一変させたというのはそのような意味である。

（4） この力点の変化は、デモクラシーや国家のあり方といった理念的なものが主題となるため、政治報道的には望ましい転回だったかもしれない。だが、アメリカ経済をどう立て直すのかという、人びとが今回の大統領選で最も望んでいたエコノミーに関する主題を覆い隠してしまった。

エコノミーの運営は、何をするにせよ、まずは現状との連続性を確保することが大前提であるため、即座には大きな変化は生じない。そもそも政策の実現には議会での立法が必要であり、そのためには多くの時間を要する。その上、実際に経済を運営するのは政治家ではなく個々の経営者や企業であり[※5]、政策の波及効果もマクロ指標として事後的に確認するしかない。経済に対して政治が行えることは思いの外限られている。したがって、経済運営に不満が集まる時代は、現職の大統領の属する政党の候補者には一般的に不利に働く。

しかし、セキュリティやフリーダムに関する議論は、政府や政治の専売特許であり、誰がどのようにその争点を誘導するかで大きな違いが生じる。その具体的論点が、銃規制、移民規制、ＬＧＢＴの人権などの社会的（文化的）争点であり、民主党と共和党の特徴を分かつ対立点だった。銃撃事件は、従来からある政党対立に選挙戦の矛先を引き戻した。セキュリティとフリーダムは、アメリカ社会の存立基盤に関わる重大な争点だからだ。

となると、サンダースの振る舞いによって懸念された民主党内の亀裂についても、むしろ、このような憲法に関わる最重要の争点が前面に出てきたことで、民主党と共和党との間に横たわる亀裂のほうが前景化し、党内の結束は図りやすくなったといえるのではないか。ヒラリー陣営にとっては、思いもよらず視界が開けた時であったのかもしれない。

（5）多くのビジネスマンを閣僚入りさせることでトランプのホワイトハウスは、経済に対して、より即効性のある施策の導入を想定しているようだ。

実際、ここまでの選挙戦では、革命家（サンダース）と扇動家（トランプ）の間に挟まれ実務家（ヒラリー）の影は薄くなりがちであった。だが今回の事件によって、ようやく彼女の持ち味である、不測の事態にいかに対処するのかという実務家としての本領が発揮された。

一方、革命家や扇動家は、弁舌は爽やかであるが、現実に生じた事件や紛争の速やかな処理については不安を覚えさせられる存在であることも思い起こされた。サンダースにしても、トランプにしても、ワーキングクラスの経済条件という話題を正面から扱うことで、従来の民主党や共和党の支持者とは異なる層への訴えに成功し、選挙戦を有利に進めることができた。しかしそれはあくまでも支持者を集めるゲームでなら有効な手段であったにすぎなかったのだ。

選挙活動資金にしても二人は党の財源に頼ることはなく、サンダースの場合はウェブを通じた小口献金の積み上げで、トランプの場合は自己資金でそれぞれ賄い、その分「この人は（有力な献金者におもねた言葉ではなく）本音を語っている」と理解されてきた。つまり、支持者が聞きたがっている言葉を投げかけることができた。そうした振る舞いが、予備選において「旋風」を巻き起こしたわけだが、本選では、対立党の支持者やインディペンデント層までも相手にしなければならず、それだけでは済まされない。

ディールメイカーから離れる心

結局のところ、大統領選という観点から見た時、今回のオーランド事件が浮き彫りにしたことは、政治家は決してディールメイカーではないということだった。[※6] 政治の世界では、ディールが成立しなかったからといって、その場を立ち去り別のパートナーを探しに行くわけにはいかない。特に「選出された公務家（Elected Official）」の場合は、首尾よく選出された後は、自分を選択「しなかった」人たちまで含めて包括的に扱わなければならない。そこから公務家の資質として寛容さが求められることになる。とりわけインディペンデント層まで含んで選挙戦を行う本選では、党派性の過度な主張はそのまま「頑迷な不寛容」として受け止められることになる。

トランプは今回のオーランドの一件で、この「公務家としてのライン」の多くを踏み越えてしまったようだ。ムスリムを想定した移民制限は、かねてからトランプが主張してきた不法移民の強制送還やメキシコ国境での壁の設置などと同様に、さすがに共和党の幹部諸氏にとっても看過することはできず、先日やむなく断腸の思いでトランプ支持を表明したライアン下院議長にしても、事件後の声明についてはトランプではなく、オバマ／ヒラリーの声明の方を支持している。

現職の連邦議員にしても、とりわけ上院において、この銃撃事件をきっかけに

（6）選挙後から振り返れば、ワシントンDCに新風を吹き込むために、ディールメイカーこそが選択されたことになる。従来の政治家とは異なる政治の流儀に期待がもたれた。どうやら政治家そのもののイメージや役割からして変わることをアメリカの人びとは求めたようだ。

トランプと距離を置こうとする議員が増えているという。大統領選と同日に行われる自分自身の選挙を気にかけているからであり、個々の議員の敗退は上院での多数派という現在の地位を失うことにつながりかねない。特に次の大統領の時代には、複数の最高裁判事の指名も想定されており、上院での多数派からの失墜は、共和党にとって大きな政治的打撃となる。

要するに、一旦は予備選の結果を「(党員という) 民の声」の現れとして甘受した共和党の政治のプロたちも、今回のトランプの言動から、彼が大統領になった時の姿を想像し、そこから遡って、自分たち自身も再選をかけて臨む11月の一般選挙においていかなる影響が生じるのか、あれこれ思案してしまったようなのだ。

一般に、政党による拘束が緩いアメリカの政治家は、自らを選出した選挙区民の声を重視する。それは理念の上で彼らの代弁者=代議士であるというプロ意識と、現実に選挙区の市民の支持がなければ議席を失うという極めて現実的な理由の両方からだ。したがって、自らの選挙区の人びとの多数が支持した大統領候補者(今回であればトランプ)を尊重するのが常である。逆に、人びとが支持した人物を退けるにはそれ相応の理由が必要になる。

どうやらオーランドの事件は、トランプに対して強い疑念をもつ共和党幹部にとっては、彼を拒絶する良い口実となったようだ。となると7月の共和党全国大会(RNC)では、もしかしたらもう一波乱あるのかもしれない。実際、トランプに候補者が確定して以後、AppleをはじめとしてRNCの支援を控える企業も相次いでいるという。

ここまで見てきたように、今回の銃撃事件は予備選という党員中心の祭りを一掃した。銃声は、予備選に伴う身内の高揚感から目を覚まさせた。そして、強制的に覚醒させられた人びとが次に迎える一大イベントが、副大統領候補の指名である。大統領選を一緒に走ってくれる「ランニングメイト」を得ることで、本選に向けた選挙活動は全米の広大さを意識した、より立体的なものへと転じる。民主党の場合、先に触れたウォーレン議員をはじめとして複数の候補者の名が上がっている。一方、共和党の方は、5月上旬にトランプが予備選の勝利を確定したにも関わらず、未だに主だった候補者の名前は聞かれない。それでも、選挙戦の「次」のステージは、誰がランニングメイトになるのかにかかっている。ソロの戦いからタッグの戦いへと、大統領選の景観を変貌させる大きな転換点となるからである。

（2016・6・28）

9　ブレグジットとインターネット以後の自由

ハイテク・アジェンダの発表

ヒラリー・クリントンは、２０１６年6月24日、大統領就任後の政策の要として、「テック&イノベーション・アジェンダ」を公表した。タイトルの通り、テクノロジーとイノベーションを基軸にした政策目標《アジェンダ》を記したものだが、単なる技術政策や経済政策に留まらない包括的な提言であり、アジェンダ公表後、その点を評価する声がいくつも上がっている。

簡単にその概要を紹介すると、中心的話題はインターネットとイノベーションにあり、インターネット登場以後にシリコンバレーで確立されたイノベーションモデルを全米に行き渡らせることを一つの指針とし、そのために連邦政府が着手できる政策、また着手すべき政策を掲げている。

具体的には五つの柱を想定していて、①「メインストリートでテック経済を築く」、②「世界クラスのデジタルインフラに投資する」、③「テック&イノベーションでアメリカのグローバルなリーダーシップを進める」、④「プライバシーを守りながらイノベーションを促進するための行程ルールを定める」、⑤「もっとスマートでもっとイノベイティブなガバメント」を掲げている。

たとえば提言の中では、アントレプレナーはジョブクリエイターであり、コミュニティを支えるリーダーとして位置づけられ、ミレニアル以後の若い世代がアントレプレナーとなることが奨励されている。そのために個々人の能力開発に向けた教育機会の拡充や学費の支援等が検討されている。[※1]

あるいは、インターネットを単なる世界的なコミュニケーションネットワーク、ないしは国際的なビジネスプラットフォームとして位置づけるだけでなく、「自由」や「オープン」といった政治的価値を体現し、世界に浸透させていくための媒介《メディア》として位置づけている。[※2]

自由な経済活動、とりわけ自由貿易を支持する立場を「経済的自由主義」と呼ぶのに準じれば、「情報的自由主義」ないしは「インターネット的自由主義」とでもいうべき立場であり、この考え方を外交における基本的スタンスの一つにする方針のようだ。この立場は、ヒラリーが国務長官時代に、中国やロシアを相手に主張した「インターネットの自由（Internet Freedom）」を継承するものである。

さらには、そのような外交方針を国際舞台で実際に行使するためにも、「先ず隗より始めよ」とばかりに、競争の促進やネット中立性の確保、知財マネジメン

（1）だが、アントレプレナーシップを重視する政策は、そもそも都市部だけに通用する施策であることが、トランプを選んだ田舎の人たちが示した苛立ちの一つであった。

（2）アメリカは「自由世界のリーダー」として振る舞い続けることでいわゆる覇権国としての認識を国内外で維持してきた。だがそこでいわれる「自由」の内実も時代状況に応じて変化を余儀なくされる。「インターネットの自由」もおそらくはその一つで、冷戦時代の共産主義への対抗概念としての「自由」に代わるものとして、理念的には位置づけられてきたと思われる。もっとも、だからこそその一方でスノーデンやWikiLeaksのような形で「インターネットの自由」を愚直に実践しようとする者たちも現れてしまうのだが。

トなどの諸点でアメリカの国内環境を整備する一方で、連邦政府そのものをインターネットの恩恵に即して「レスポンシブ」な存在へと更新していく、いわゆるオープンガバメント化の推進も、今後の方針として採択している。

したがって全体として、「テクノロジー支持」「インターネット支持」の姿勢が前面に打ち出された提言である。実際、アジェンダの冒頭では、テクノロジーとインターネットは社会のほぼ全域を変貌させつつあるという理解を示し、そもそも「インターネット革命」を率先して進めてきたのがアメリカであったという認識も強調している。※3

このように、技術開発や経済運営という「現在の選択」に関わる実利的な政策目標だけでなく、社会や外交、あるいは政府に関わる領域にまで踏み込んで記されているところが「包括的(comprehensive)」と呼ばれる所以であり、内容としても、リリースされたタイミングとしても、過去に例を見ないアジェンダであると評価された理由である。

(3) 「ネット中立性」など、インターネットの自由のために導入されていた政策も、トランプ政権下では再検討され、廃止される可能性は高い。今までインターネットの常識と思われていたことが、トランプ政権によって書き換えられる可能性は大である。

ヒラリー支持のビジネスパーソンたち

ところで興味深いことに、このアジェンダが公表された前日(6月23日)に、ヒラリーを支持する投資家・経営者・起業家のリストが公開されている。想像される通り、シリコンバレーの関係者が多いのだが、とはいえ、それだけには留まらないユニークな人物も名を連ねている。彼らの所属やプロフィールを知ることは、ヒラリーがどのような層の支持を得ているかを具体的に理解する上でも有益なので、以下ではリストの中から主だった人びとを紹介したい。

まず、民主党支持者の大御所としては、ウォーレン・バフェット（Berkshire Hathaway会長・CEO）、ブルック・ブライヤーズ（KPCB創業者）、ジョン・ドーア（KPCBパートナー）の三人。

いうまでもなく、バフェットは「オマハの賢人」として尊敬を集める投資家であり、ゲイツ財団に巨額の寄付を行う慈善家でもある。フィランソロピーに対するバフェットの姿勢は、たとえばマーク・ザッカーバーグのチャリティ熱にも影響を与えている。

一方、KPCB（Kleiner Perkins Caufield & Byers）は、AmazonやGoogleに起業初期から投資したことで知られ、Sequoia Capitalとともにシリコンバレーを築いた老舗ベンチャーキャピタルの一つだ。パートナーのジョン・ドーアは、長年民主党候補者へのファンドレイジングに携わり、若手起業家と経験ある政治家との間をとりなしてきた。シリコンバレーとワシントンDCをつなぐキーパーソンの一人である。※4

次いで、ウェブ企業の大手からは、エリック・シュミット（Alphabet エグゼクテ

（4） ジョン・ドーアは、90年代からシリコンバレーとワシントンDCの接点づくりに努めてきた人物。アル・ゴアと親交を深め、オバマのホワイトハウスでは経済回復顧問委員会の委員も務めた。民主党政治家に対するシリコンバレーの窓口の役割を果たしてきた。

ィブチェアマン）とシェリル・サンドバーグ（Facebook COO）。シュミットはオバマ政権との関わりが深く、それもあってGoogle社員からホワイトハウスのスタッフに転じる者が続いている。一方、サンドバーグは、ビル・クリントン政権時代に、ハーバードの恩師であるローレンス・サマーズが財務長官に就任したのに従い財務省に勤務し、アジア通貨危機の処理に携わった経験がある。

それでは、現在のシリコンバレーを牽引するスタートアップの創業者はどうかというと、マーク・ベニオフ（Salesforce創業者）、リード・ホフマン（LinkedIn創業者）、ブライアン・チェスキー（Airbnb創業者・CEO）、ドリュー・ヒューストン（Dropbox創業者）、アーロン・レヴィ（Box創業者・CEO）、デイヴィッド・カープ（Tumblr創業者・CEO）、ジェレミー・ストップルマン（Yelp創業者・CEO）、マーク・ピンカス（Zinga創業者・CEO）らが名を連ねている。※5

メディアやインフラ事業者からも

次に、ウェブ企業と深い関わりをもつコンテントや通信インフラの関係者に目を転じてみよう。

まず、コンテントと関わるメディア・エンタテインメント系としては、バリー・ディラー（IACチェアマン）、リード・ヘイスティングス（Netflix創業者）、ロバート・

（5） このうちホフマンとストップルマンは、いわゆる「ペイパルマフィア」の出身であり、となると今後、ピーター・ティールとの関わり方が気になるところだ。

ジョンソン（BET創業者）、デブラ・リー（BET会長・CEO）、モニカ・ロザーノ（U.S. Hispanic Media元CEO）、ローラ・M・リケッツ（Chicago Cubs共同オーナー）、テッド・レオンシス（Monumental Sports & Entertainment会長・CEO）、マジック・ジョンソン（元NBAプレイヤー）。

このうちBET（Black Entertainment Television）は80年代に始まった黒人向けケーブルチャンネルであり、創業者のロバート・ジョンソンは、ビル・クリントンの頃からの支援者。テッド・レオンシスは、AOL創業者スティーブ・ケースの腹心だった人物で、現在はNBAやNHL等のプロスポーツリーグのチームオーナーでもある。そしてマジック・ジョンソンは、LAレイカーズの花形ポイントガードとしてNBAの殿堂入りを果たしたスーパープレイヤー。引退後は実業家として活躍し、一時はジャック・ドーシーが創業したSquareのボードメンバーも務めていた。※6

次に、ウェブを支える通信インフラ系企業としては、アーウィン・ジェイコブズ（Qualcomm創業者）、ロブ・マーカス（Time Warner Cable元会長）、ウェンデル・P・ウィークス（Corning会長・CEO）、キャンディ・アーゲン（DISH Network創業者）、ジム・シコーニ（AT&T上級執行副社長）。

いずれの企業も通信分野における有力企業であり、Qualcommは移動体通信分野で多数のパテントを持つ世界的なリーディングカンパニーの一つ。Time

（6） ジャック・ドーシーは、むしろトランプの勝利に大いに貢献したTwitter の創業者の一人として有名だろう。にもかかわらず、彼はトランプタワーで開催されたテックリーダー・ラウンドテーブルには呼ばれなかった。それもピーター・ティールのTwitter 嫌いからなのだろうか。

Warner Cableは、ケーブルテレビ事業でComcast（現在はハリウッドメジャーの一つであるNBC Universalも有する）に次ぐ業界2位。歴史的に大都市圏でのシェアが高く、そのためブロードバンドの普及役としても重要な地位にある。Corningはブロードバンドの基幹技術である光ファイバー関連企業。DISH Networkは全米向け衛星放送サービスの提供者。ＡＴ＆Ｔはいわずもがなの全米第一の通信企業。

　ここに名のあがった通信インフラ企業は、いずれもビル・クリントン時代に導入された規制緩和策を受けて、合併や業容拡大を繰り返し、現在に至っている。その意味で、クリントン家や民主党とは縁の深い業界である。

　こうしたインターネット関連企業の他には、ＩＴに続く次世代技術であるバイオや代替エネルギーの分野から、アン・ウォジツキ（23andme創業者・ＣＥＯ）、リン・ジューリック（Sunrun創業者・ＣＥＯ）、デイヴィッド・クレン（NRG Energy元ＣＥＯ）らがヒラリー支持を表明している。ちなみに、アン・ウォジツキの元夫はGoogle創業者の一人であるセルゲイ・ブリンだ。[※7]

　最後に、シリコンバレーとは直接関わりはないがアメリカを代表する大企業経営者として、ダン・アカーソン（ＧＭ元会長）、リチャード・アンダーソン（Delta Air Lines会長）、ジェームズ・ベル（Boeing元ＣＦＯ）、エレン・クルマン（DuPont元会長）、アンドレア・ジュング（Avon元ＣＥＯ）、ロバート・バート（ビジネスラウンドテーブル元会長）、ジェフ・ブロットマン（Costco Wholesale Corporation創業者・会長）、ピーター・

（7）23andmeは個人向け遺伝子検査サービスとして始まり、創業初期にはGoogleも出資していた。ＩＴの成果の上にバイオでイノベーションを試みるという路線だが、このようなソフトな路線が、どちらかといえば重厚長大産業の復活を目指すトランプ以ロウイ（Westfield CEO）、ゲイリー・ロドキン（ConAgra Foods元CEO）、ジョージ・ヒューム（Basic American Foods会長・CEO）。

こうして主だった人物名を見ると、創業者と現場を退いた元経営者が多い。これはある程度は仕方のないことで、現職のトップ経営者は、どうしても民主党と共和党の双方に関わらざるを得ない。それは11月に実施されるのが大統領選だけではなく、連邦議員や州知事の選挙もあるからだ。さらに、アメリカの政党は州ごとの党組織の方が強い分散型組織であるため、その分企業としても地域ごとに個別対応せざるを得ない。

となると、逆に、そうした制約があるにもかかわらず、6月の時点でヒラリー支持を明確にしたという事実は重要である。その分、彼女を個人として全面的に支えるという意志の表明でもあるからだ。※8

プロフェッショナルとマイノリティ

ところで、こうして名前を列挙してしまうとわかりにくいのだが、現在の民主党の支持者らしく、リストの中には、女性やマイノリティの経営者がかなり含まれている。たとえば、デブラ・リー、エレン・クルマン、アンドレア・ジュングは女性の経営者である。一方、マイノリティの経営者としては、シェリル・サン

後の産業イメージとどう関わるのか、あるいはまったく関わらないのか。政府の介入の程度も含めて、今後気になるところである。

（8） このようにヒラリーの支持を公式に声明した企業人の所属を一通り見た後では、トランプが大統領当選後、ボーイング社に対して大統領専用機《エアフォース・ワン》の価格が高いと疑問を投げかけたりする動きにも合点がいきそうだ。その背後でビジネスと政治と経済が複雑に絡む世界が存在することをほのめかしている。

ドバーグやアーウィン・ジェイコブズはユダヤ系、ロバート・ジョンソンやマジック・ジョンソンは黒人（アフリカ系）、モニカ・ロザーノはヒスパニック、テッド・レオンシスはギリシア系だ。

クリントニズムの浸透によって民主党は、情報化時代の牽引役であるクリエイティブ産業に適した「プロフェッショナルとマイノリティの党」に変貌したといわれているが、まさにそうした民主党支持者のイメージに相応しい人びとが、早々にヒラリー支持を表明したことになる。そう考えると冒頭で紹介した「テック＆イノベーション・アジェンダ」も、こうした支持者に対する一種の応答のようにも見えてくる。シリコンバレーモデルが成功の雛形として中核に置かれたアジェンダとなっているからだ[※9]。

とはいえ、それだけであれば、ヒラリーは単にシリコンバレーという利益共同体の代弁者に過ぎなくなってしまう。だが、誰もが浮かべるその疑問に対しても、先のアジェンダは応えようとしている。

たとえば、五つの柱の一番目で「メインストリート」という言葉がさらりと使われているが、これはアメリカ社会からすれば随分と含みをもった言葉だ。

第一に、これは「ウォール街の利益を意図したものではない」という含意をもつ。「メインストリート」とは、しばしばアメリカの報道の中で「ウォールストリート」との対比で使われる言葉で、マネーゲームと化した金融経済とは異なる

（9）いわゆる「クリエイティブ都市」を求める都会のプロフェッショナル＆マイノリティが、シリコンバレーモデルの信奉者だったことになる。その分、ヒラリーは都市部で支持者を集めることには成功したが、その一方で、ＩＴによって自律的に進化する今時の都市生活インフラとは無縁の田舎《カントリー》居住者たちからは、支持を得ることがかなわなかった。

物理的製品を扱う実体経済、そしてそれに従事する「普通の人びと」を意味している。だから、「メインストリートでテック経済を築く」とは「ウォールストリートではなく、メインストリートで」という含みを持つ。

だから、ことさらにメインストリートという表現を使っているのは、クリントン家がウォール街と蜜月関係にあり、もっぱら金融機関のエグゼクティブに利するような施策を実施してきたのではないか、という（党内でもバーニー・サンダースが広めた）懸念や非難に対して、決してそんなことはないと応じ、矛先を変えようとしているわけだ。

つまり、ハイテクやイノベーションの力を単にウォール街の金融エグゼクティブのための儲けの機会にするのではなく、実体経済の諸場面で社会的・経済的利益をもたらすために活用する。そのためにはＩＴを、情報やデータを取り扱う領域に留めるのではなく、物理的製品を造ったり使ったりする場面でも積極的に利用できるように政治が先導し、社会的気運を変えていかなければならない。今回のアジェンダはこのように、デジタル時代における進歩主義《プログレッシヴィズム》を公式に宣言した政治プログラムなのである。※10

（10）デジタル時代の「プログレッシヴィズム」については拙著『〈未来〉のつくり方』（講談社）を参考にして欲しい。

ブレグジットが突きつけた決断

そう考えると、今回公開されたリストの中に、シリコンバレーだけでなく、東部エスタブリッシュメント企業の経営者の名が含まれていることは注目に値する。GM元会長のダン・アカーソンの支持などは、2008年のリーマン・ショック後に、民主党が主導して自動車ビッグ3の救済に乗り出したことが効いているのかもしれない。

いずれにしても、今後予定されているIoTの時代[※11]にアメリカ社会が適応しようと思うのならば、ベイエリアとインダストリアルステイト、シリコンバレーとデトロイトがともに手を取り合うことは不可欠だ。むしろ、ヒラリーは、そのチャンスをアメリカ製造業の復活の狼煙にしようとしている。つまりこの先には、ITの社会的浸透を踏まえた上での新たな製造業・工業の未来を構想するドイツの「インダストリー4.0」に近い構想が控えていることになる。[※12]

11月の本選でドナルド・トランプは、白人工場労働者からの支持を得ることで、長年、民主党の支持基盤であったラストベルト＝インダストリアルステイトを奪い取ろうとしている。そのことを踏まえると、今回のヒラリーのアジェンダは、後から振り返れば、本選に向けた第一の布石であったといえるのかもしれない。

(11) IoT、すなわち「モノのインターネット」は、機器に通信機能付きAIが標準搭載されることで、ハード・ソフトの両面でイノベーションを進めようとする試みだ。今までアメリカの場合、「自律分散型」の設計哲学を採用することが多く、そのためにも「インターネットの自由」が尊重されていた。

(12) このアメリカ版「インダストリー4.0」構想も、トランプのハイテクご意見番となったピーター・ティールが中心になって、トランプ政権なりの視点で取り組むことになりそうだ。こうなると他の

いずれにしても、今後も議論の続くテーマとなりそうだ。

実はGMのダン・アカーソンは長年共和党支持者だった。今回、ヒラリー支持を表明した中には、共和党の支持者も多く、アカーソンのほかにもロバート・バートもその一人だ。そもそもビジネスラウンドテーブルは長年に亘り共和党を支持してきた経営者団体だ。AT&Tのジム・シコーニにしても共和党政権のホワイトハウスで活躍してきた人だ。

このように、トランプが共和党の候補者に内定してから、ヒラリー支持を表明する共和党の重鎮は増えてきた。その点で、6月23日に行われたBrexitに関するイギリス国民投票の結果は、トランプが大統領になったらどうなるのか、という懸念を漠然と抱いていた共和党支持者にとっては、明確な決断を迫られる事件となったようだ。[※13]

たとえば、ゴールドマン・サックスCEOを経て、ジョージ・W・ブッシュ政権で財務長官を務めたヘンリー・ポールソンは、Brexit投票の翌日、(トランプが取材陣を締めだした)ワシントン・ポストに寄稿し、優先すべきは党(party)の利益よりも国(country)の利益であり、そのためにはトランプではなくヒラリーに投票すると表明している。

ポールソンに続いて、同じくジョージ・W・ブッシュ時代に国務副長官であったリチャード・アーミテージが、さらには、フォード政権ならびにジョージ・H・

シリコンバレー企業がどの程度あるいはどのように関わるのかが気になってくる。互いに様子見があるとしたら、株式市場の期待とは裏腹に、実際の取り組みは遅れがちになることもあり得る。

(13) イギリスのEU離脱を決めたBrexitの投票結果は、トランプの当選とあわせて、2016年を《ポスト・トゥルース》の時代の始まりとして位置づけることになった。各種調査結果に反して想定外の結果が生じてしまった点で、現行の政治やメディアのシステムに対して人びとが不信を募らせてもおかしくない状況を生み出してしまった。

W・ブッシュ政権において国家安全保障担当大統領補佐官を務めた重鎮ブレント・スコウクロフトも、ヒラリー支持を表明した。91歳のスコウクロフトは現在、共和党系の有力シンクタンクであるCSIS（戦略国際問題研究所）の顧問である。※14

アジェンダの真意

こう見てくると、ヒラリーがアジェンダを公表したのも、主眼はイノベーションやハイテクの奨励の方にあるのではなく、トランプが主張する保護主義、孤立主義、排外主義、そして白人主義、といった政策スタンスに対して、包括的に対抗することに狙いがあったことがわかる。その意味でBrexitの投票結果は、11月の本選を控えたアメリカ社会にとって、本選後の世界を想像させる一種のシミュレーションとして機能した。アジェンダを公表するタイミングとしても適していたのである。

確かにBrexitの結果が出て以後、イギリス（正確にはUK＝連合王国）からは、EU残留を希望していたミレニアル以後の若い世代の声として、年配者（＝戦後生まれのベビーブーマー）のノスタルジアによって未来を奪われた、という報道が相次いだ。

実際、Brexitの投票結果には地域的偏りがかなりあり、都市部では残留が、地

（14） しかし、ワシントンDCの有力者・実力者が党派を越えてこれだけヒラリーを支持したにもかかわらず、結果はトランプの勝利であったことの意味は大きい。ワシントンDCの影響力がこと選挙については ほとんど効かない時代がやってきてしまったといえそうだからだ。

方では脱退が多数を占めた。それだけでなく、連合王国の中でも辺境扱いされるスコットランドや北アイルランドではEU残留の希望が多く、投票結果を受けてスコットランドでは再び連合王国からの独立熱が高まっている[※15]。

こうした保護主義、孤立主義に対する意向の偏りは、アメリカでも見られることであり、トランプを支持した層は、グローバル化の恩恵に預かっているという意識の薄い年配の白人ブルーワーカー層が多く、彼らは中西部や、アジアの製造業に負かされたインダストリアルステイト、そして南部に分布している。

さらにイギリスでは、地域差に加えて、世代間の差異が明らかになってきた。出口調査によって若者の多くがEU残留を希望していたことがBBC等イギリスの主要メディアによって伝えられている。インターネットとEUがともにすでにあった世界に生まれた若者たちからすれば、EU脱退とは、EU域内を今までのように自由に行き来することができなくなることを意味する。いわば、ある日突然、スマフォもインターネットも使えない状況が生じるようなものだ。そうした打ちひしがれた状況を見るにつけ、情報化やグローバル化の意義はどこにあるのか、ということをあらためて問いただしたのが、ヒラリーがアジェンダの中で「インターネットの自由」を強調している部分なのだろう[※16]。

となると、「テック&イノベーション・アジェンダ」の射程は、ひとりアメリカ社会に留まるものではないことになる。インターネットが体現した自由を再び

(15) 大統領就任直前にトランプは、EUを「ドイツのための器（乗り物）」であると発言し、EUからの離脱を選んだイギリス国民の判断を高く評価した。

(16) 「インターネットの自由」の実践には、アメリカ社会に根付いた「リパブリカン・マインド（共和精神）」が大きく関わっている。詳しくは拙論「ウェブ文明のエートス—自在、公開、伝承」（岩波講座 現代 第9巻「デジタル情報社会の未来」）を参考にして欲しい。

広く世界に問うこと、それがアジェンダの本来の狙いと考えられる。果たしてこの方針は、単にクリントニズムの焼き直しといわれるだけなのか、それともビルを超えたヒラリー独自の「ヒラリズム」とでも呼ばれることになるのか。秋以降、本選を迎えてのディベートにおける大きな論点の一つとして期待されるところである。

（2016・7・12）

Ⅲ　全国大会　本選への転回点

10　シリコンバレーの異端児　P・ティール

ティール参戦！

大統領候補者の指名が正式に行われる共和党全国大会（Republican National Convention：RNC）は2016年7月18日から4日間、オハイオ州クリーブランドで開催される。だが、直前になって驚くべきニュースが入ってきた。RNCでの講演者の一人としてシリコンバレー随一の天邪鬼（contrarian）であるピーター・ティールが選ばれたからだ。

例年ならばRNCでのスピーチは、全米に名前を売る絶好の機会であるため、多くの政治家が名乗りを上げる。ところが今回は主役がドナルド・トランプであるせいか、RNCを欠席する政治家が多く、スピーカー探しは難航した。もちろん表向きの理由は、多忙であるからということなのだが、現職の政治家の場合、本音のところは、大統領選と同日に行われる自分の選挙とは無関係であることを自身の選挙区の有権者に明確に示すためであったりする。

念のため確認しておくと、2016年11月8日の「一般選挙(General Election)」当日には、連邦議会議員のうち、下院は435の全議席、上院は約3分の1の34議席(総数は100議席)の選挙が実施される。[※1] 加えて、デラウェア、インディアナ、ミズーリ、モンタナ、ニューハンプシャー、ノースカロライナ、ノースダコタ、オレゴン、ユタ、ヴァーモント、ワシントン、ウエストヴァージニアの12州で州知事選も行われる。[※2] 党よりも選挙区が優先されるアメリカでは、実力者であればあるほど独断専行が許される(その極みが大統領選への立候補だ)。したがって地元の意向には大きく左右される。

加えて、引退した政治家や保守系オピニオンリーダーの場合は、自らの政治信条が許さないからでもある。前回記したように、共和党の大物でも、特に外交関係筋でヒラリー・クリントンを公式に支持する人たちが続いている。それくらい今回の大統領選は、従来の敵・味方が入れ替わるボードゲームのような様相を呈してきている。

そんな共和党を巡る錯綜した状況の中で、ティールはスピーカーの大役を引き受けたのである。

それにしても、ティールは、一体何を語るのだろうか。

(1) 2016年11月8日の投票の結果、上院では、共和党が52議席、民主党が46議席、民主党寄りのインディペンデントが2議席となった。下院では、共和党が241議席、民主党が194議席となった。民主党は、上院で2議席、下院で6議席、それぞれ議席数を増やしたものの、いずれも過半数に達することはできなかった。

(2) 12州で実施された知事選の結果は、共和党が6州(ミズーリ、ニューハンプシャー、ヴァーモント、インディアナ、ノースダコタ、ユタ)、民主党が6州(デラウェア、モンタナ、オレゴン、ワシントン、ウエストヴァージニア、ノースカロライナ)でそれぞれ勝利した。共和党は改選前よりも2州、知事の数を増やし、全米50州のうち33州を共和党の州知事が治めることになった。

アンドリーセンの四つの基準

シリコンバレーにはWWWブラウザの開発者としてインターネット時代を切り拓いたパイオニアであるマーク・アンドリーセン※3のように、エンジニアらしく、その都度の社会状況に応じて合理的に政治的立場を変える人もいる。一見するとコウモリのようであるが、しかし熱心な党員でもないかぎり、ある程度の見識を備えた人であればむしろそれが自由で民主的な社会では普通のことだろう。彼は2008年には民主党のバラク・オバマを支持したが、12年には、共和党のミット・ロムニーの支持へと切り替えた。ロムニーの方がビジネスの事情をよくわかっているから、というのが理由だった。しかし、16年の今回は再び民主党のヒラリーの支持を表明している。

その理由は明確で、彼には政党や政治家を選択する四つの基準がある。それは「科学」「自由市場」「貿易」「移民」だ。この四つの項目に対して肯定的であればあるほど彼のお眼鏡に適う。アントレプレナーからベンチャーキャピタリストに転じたアンドリーセンからすれば、四つの基準のいずれも、イノベーションを継続し加速させ、ただの妄想を現実に変えるために必要な要素である。次世代のイノベーションに向けて自由に（＝タブーを設けず）科学の探究に取り組む環境を維

（3）マーク・アンドリーセンは90年代にNetscapeの創業者の一人としてインターネットブームのきっかけをつくった伝説の人物。現在はアンドリーセン・ホロヴィッツというベンチャーキャピタルの経営者・投資家としてシリコンバレーの未来に多大な影響を及ぼすビジョナリの一人である。

持し、その成果を市場を通じて確かめる。そうした起業的行為は国内外をシームレスにつなぐ貿易体制の下で試みられ、同時に創業者となる人びとの国籍も基本的には問わない。そのような状況がアンドリーセンにとっての理想であり、その理想に少しでも近い方の政党／政治家を支持する。

そうすると同じビジネスマン出身といっても、Bain Capitalで投資やコンサル業務に従事した（話のわかる）ロムニーと違って、不動産王トランプが訴える政策は、アンドリーセンの四つの基準をいずれも締め上げるものであり、要するにイノベーションを窒息させる。だから、トランプではなくヒラリーを支持することになる。

そう思うと、前回紹介したヒラリーの「テック＆イノベーション・アジェンダ」は、アンドリーセンの意向にも沿ったもののように思えてくる。バーニー・サンダースによって、ヒラリーの立ち位置は中道から左寄りになったといわれるものの――実際、サンダースの主張の多くは民主党の選挙綱領に取り入れられた――その多くは国内施策に限られ、国外が関わる施策は、基本的には自由貿易体制を維持するものにとどまった。

アンドリーセンは、本人のプレゼンテーションを耳にすればすぐわかるが、異様なまでの早口で、とにかく饒舌だ。次から次へと話題を広げていく。Twitterでの連投もしばしばで、彼は現代のシリコンバレーの代弁者であるだけでなく拡声器でもある。そのことを証明するように、ティールがRNCのスピーカーを務めると公表された直後の7月14日、シリコンバレーの起業家・経営者・エンジニアら145名が連名で「トランプはイノベーションを破壊する」と訴えるオープンレターをウェブに公開した。

連名者の中には、Apple創業者の一人であるスティーブ・ウォズニアック、TCP／IPプロトコルを開発し「インターネットの父」と呼ばれるヴィント・サーフ、ネット中立性を提唱した法学者のティム・ウー、eBay創業者で著者な慈善事業家《フィランソロピスト》のピエール・オミダイア、TwitterやMediumの創業者のエヴァン・ウィリアムズの名も見られる。トップ経営者だけでなく現場のマネージャーも多く、日ごろ業務管理を任されている人たちの意見としても受け止められる。その分、このレターはスタートアップの営業やプログラマーたちにも訴えるところがある。

海賊リバタリアンは民主党が嫌い？

しかし、このようなレターまで公開されると、ますます気になるのは、いくらひねくれ者とはいえ、これほどまでの逆風の中で、わざわざトランプを支持するティールは一体何を考えているのか？という疑問である。それも、ティールの場合、ゲイであることを公表しているわけだが、トランプの共和党は、基本的にゲイマリッジに反対の立場を取ってもいるからだ。

実は、ティールがトランプ支持者であることは、カリフォルニア予備選の前の5月に、トランプの代理人候補者リストの中に彼の名が記載されていることから明らかになった。だがティールの口から直接トランプの支持やその理由が語られたわけではない。少なくとも公の場面で、その話題が触れられたことはない。

ところで、ティールが筋金入りのリバタリアンであることはよく知られている。[※4]「筋金入り」というのは、彼が自由のためには小さな政府を望むどころか、そもそも政府はいらないとまで考えるアナーキストであるからだ。自由と社会秩序とどちらが大事かといえば、まぁ自由の方かな、というような生ぬるい立場ではない。彼の夢が、公海上に洋上都市をつくり、どこの国の法にも支配されない、いわば海賊としての生き方にあることは、彼自身の口から語られている。

なによりティールは、今でこそシリコンバレーの支配者たるテック・タイタン（テクノロジーの巨人）の一人であるが、もともとは哲学徒であり法律家であった。スタンフォード・ロースクールでＪＤ（法学博士）を取得し、ウォール街を経て金融取引に通じたヘッジファンドの経営者であった。つまり、エンジニアでもプログラマーでもなく、バリバリの文系エリートとして、社会にあるルールを操作することでイノベーションに貢献した側の人間だ。その分、思弁的でビッグシンカーでもある。

（4）　リバタリアンは自由至上主義者と呼ばれるように、個人の自由を何よりも尊ぶ立場。政治信条としてのリバタリアニズムの教典はアイン・ラントの小説『肩をすくめるアトラス』といわれる。共産主義・全体主義の脅威が蔓延《はびこ》る時代にその精神的カウンターとして当時の人びとの手に取られた。政治家よりもビジネスに携わる市井の人たちによって、個々のシーンやエピソードの背後にある教えは何か、というように聖書的に読まれることでロングセラーになった。

そこから考えるならば、まずなぜ彼が共和党を支持するかといえば、もともと民主党が嫌いだったから、という信条的な理由以外には想像しにくい。先のアンドリーセンも認めるように、シリコンバレーの興隆は90年代のクリントン＝ゴアの政策（＝クリントニズム）に大きく支えられたものだったからだ。だとすればクリントニズム以前の段階で、信条として反リベラルから保守の立場をとったことが、ティールの中でいまだに尾を引いていると考える方が自然だろう。

実際、ティールが哲学徒であったスタンフォードの学部時代（80年代後半）に、同級生の一人だったのがLinkedIn創業者のリード・ホフマンであり、ホフマンはリバタリアンの対となるソーシャリストの立場をとっていた（その二人が友人であったのだから、ティール自身は知的寛容さも伴う人物と解釈すべきだろう）。そういえば、前回のヒラリー支持者のリストにはホフマンの名も挙がっていた。

それでも一つわからないのは、ティールが本当に頑強なリバタリアンであるならば、トランプではなくそれこそリバタリアン党を選んでもいいのではないかと思えるところだ。というのも、先のアンドリーセンの四つの基準でいえば、トランプは、科学、自由市場、貿易、移民のすべてに反対である（科学については曖昧だが）。この点は、先の145名のオープンレターでもトランプがイノベーションの阻害者である理由として指摘されている。その上、トランプはゲイマリッジに賛成していない。ティールのアイデンティティをことごとく否定するトランプを、どうして支持するのか。ここまでくると、二人の接点はともにドイツ系だから、ということぐらいしか思いつかない。

　トランプがニューヨーク出身であることから、もしかしたら共和党の中でも中道寄りの穏健派である「ロックフェラー・リパブリカン」[※5]が連想されているのか？とも思うのだが、だからといってそれがティールの立場に近いとも思われない。そもそもトランプは中道ではないし、ティール自身、生まれはドイツのフランクフルトであり、そこまで伝統的なアメリカの政治流儀に拘泥する理由もない。

　となると、ティールがトランプ支持を通じて一体何を考えているのか、その片鱗に触れることができるかもしれないわけで、ＲＮＣでの注目点が一つ増えたことになる。コントラリアンの彼が一体何を求めているのか、あるいは何に対して否を唱えるのか。シリコンバレーの起業家の多くが反トランプの立場を明確にした後であるだけに、どんな反論をティールから聞けるのか。インターネットの民間開放から20年を過ぎた現在、ＩＴ後のシリコンバレーの姿を見通す上での一里塚になるのかもしれない。

（5）ロックフェラー・リパブリカンとは、ニューヨーク州知事やフォード政権の副大統領を務めたネルソン・ロックフェラー（いわゆる石油で巨額の富を築いたロックフェラー一族の一人）にちなんだ呼称で、今でもニューイングランドなど北東部に見られる、財政的には保守、文化・社会的にはリベラルな立場の穏健な共和党員を指す表現として使われる。なおロックフェラーもドイツ系だ。

ビッグ4、それぞれの選挙戦

だがそれにしてもトランプとシリコンバレーの相性はあまりよくない。トランプが主張する保護主義や排外主義の観点からすれば、グローバル化による経済的恩恵を最大に享受しているウェブ企業大手は、いずれもアメリカの製造業の衰退に加担したものとして、糾弾の対象になりかねない。それは、当該企業の経営者からすれば、相当の緊張感を強いられる関係だ。それもあってか、たとえばAppleはＲＮＣへの参加を取りやめた。もっともAppleも今やアメリカを代表する企業の一つであるため、ＲＮＣに参加しないからといって共和党と没交渉で済ますわけにもいかない。そこでポール・ライアン下院議長のファンドレイジングへの協力にティム・クックが応じていたりする。

Amazonとトランプの関係はより険悪であり、トランプはAmazonの圧倒的優位性を独占問題として非難した。それだけでなく、ジェフ・ベゾスがオーナーであるワシントン・ポストに対しては取材陣の出入りを禁じるといった手段にも出ている。どうにも反りが合わない。

Facebookに至っては、ユーザーが利用するニュースフィードが民主党寄りの記事に偏向していると共和党の幹部に公式に非難され、マーク・ザッカーバーグら経営トップ陣が共和党本部に説明に出向くという一幕もあった。[※6] ちなみにティールはFacebook創業初期からのボードメンバーの一人である。

そうなるとビッグ４の中ではGoogleはうまく立ちまわっている方で、ＲＮＣにもきちんとコミットしている。では民主党との関わりはどうかというと、こちら

（６）選挙後、Facebookはフェイクニュースを流布させたという理由で、今度は民主党やメディアの追及を受けることになる。

はエリック・シュミットによる別働隊と呼んでもよい会社が、ヒラリー陣営のキャンペーン活動を当初から支えている。

というのも、ヒラリー陣営のＩＴキャンペーンを取り仕切るチームの一つにGroundworkという企業があり、この会社のバックにはシュミットが控えているからだ。Groundworkは、２０１２年の大統領選でオバマの再選に貢献したＩＴチームをそのまま解散させるのは惜しいという判断から、シュミットの主導で組織された。

政治とＩＴをつなぐ特殊部隊

ではなぜ法人化したのかというと、ＩＴキャンペーンの成功の鍵は、有能なエンジニアをいかに確保するのか、ということにあるからで、この点は一般のＩＴスタートアップと変わらない。２００８年のオバマの躍進が、当時普及しつつあったFacebookなどのソーシャルウェブの活用にあったことを踏まえて、12年の「バラク・オバマvsミット・ロムニー」の選挙戦では、ロムニー陣営もＩＴに力を入れた。

だが、結局ＩＴ戦の勝敗を分けたのは、どれだけ有能なエンジニアを事前にリクルートできたかにあった。シュミットが、オバマの支持者の一人であり、ホワイトハウスのIT部門やIT政策のアドバイザーでもあったことから、オバマ陣営とシリコンバレーとの関係は良好だった。実際、当時のシリコンバレーのギークの多くはオバマ支持者だった。そうした関係性が、結局のところ、現場スタッフの質の差を生み出すことにつながった。

とはいえ、「オバマ支持」という属人的でエモーショナルな部分に頼っているだけでは、せっかく築いたウェブ選挙戦での優位を維持することはできない。そこで考案されたのが、Googleなど出身企業の労働環境や待遇と大きく変わらない組織としてGroundworkを設立することだった。有能な人材にとって、一過性のプロジェクトである選挙キャンペーンに参加するのを尻込みさせてしまう住宅ローンや子どもの教育費などの不安要素を減らす。それがGroundwork設立の背景であり、その推進者がシュミットだった。単にオバマという一人の政治家だけでなく、民主党として永続的にITでの優位性を維持しようと思えば、自発的に参集するボランティアの意欲だけに頼るのではなく、適切な「器」を用意することは、戦略的にも理に適っていた。

また、選挙戦という限られた時間の制約の中で実施される、極めてインテンシブな開発状況は、結果として開発されたアプリケーションだけでなく、その開発過程で得られた経験が有形無形の財産になる。なにしろ大統領選とは、1年弱という短期間の間に全米を北から南、東から西へと縦横無尽に飛び回り、出自も生活習慣も異なる一人ひとりの有権者にアプローチしようとする一大プロジェクトだからだ。しかも、一般の商品であれば押し売りにしか見えないような個々の有権者への訪問行為が、むしろ社会的に望ましい行為として推奨されてしまう稀有な機会でもある。そこでの雑多な経験を、一つのＩＴシステムとして練り上げることができれば、それだけですでに一つの資産である。

つまりGroundworkとは、政治とテクノロジーの間で生まれた新業態であり、政党とＩＴ企業の間でウィン・ウィンの関係を築くものでもある。こうしたウィン・ウィンの関係が、ヒラリーとシュミットの間で先んじて築かれていた。GoogleのＣＥＯという大役を２０１１年に創業者の一人であるラリー・ペイジに譲って以後のシュミットは、政治とＩＴの間をつなぎ、新しい可能性を見出すことに注力している。[※7] それが今回のヒラリーのキャンペーン支援でより鮮明になったのである。

シリコンバレーの時代の終わり？

このように、シリコンバレーとワシントンＤＣとの関係は今や緊密なものとなった。21世紀に入ってアメリカ経済を牽引した最大の立役者がシリコンバレーの企業群であるのだから当然のことなのだが、今年の大統領選は、今までのものと

（7）シュミットは、GoogleのＣＥＯを退いた後は、会長職としてもっぱら公共的・政治的活躍が目立っている。社会問題の解決を目指すJigsaw（２０１０年に設立したGoogle Ideasを16年に改組）をニューヨークに開設し、外交問題評議会（ＣＦＲ）等での活動にも力を入れている。

は違って、シリコンバレーをイノベーションの都としてもてはやすだけのものではなくなった。トランプにしても、そして最終的にヒラリーに敗れたサンダースにしても、シリコンバレーの成功を支えたグローバルで自由な交易関係そのものに疑問の眼差しを向けている。そして、彼らに一定数の支持者がついたことも、予備選が示した新たな事実であった。シリコンバレー自身も、今後の立ち位置を自ら見直すことが求められる段階に至ってしまったわけだ。[※8]

その意味でも、特殊な状況が生み出した結果とはいえ、ＲＮＣでスピーカーを務めるティールの発言内容は気になるところである。シリコンバレーがアメリカ社会といかなる関係を築くことになるのか、あるいは、アメリカ社会の今後の変貌にどのように関わるのか。一定の成熟段階に達したＩＴに代わって登場が待たれるバイオ、宇宙、エネルギー、大規模輸送、などの公共インフラとも関連するようなプロジェクトにどう関わるのか。その推進者は政府なのか民間なのか、あるいはそれに代わる組織形態を新たに生み出すのか。そういえばUberに代表されるGig Economyに関する議論もこれからである。いずれにしても、ティールの登壇でＲＮＣは思わぬ関心を集める場へと変わった。

果たしてティールはアメリカの人びとに向けて、何を語りかけるのだろうか。

（２０１６・７・17）

（8）選挙後は、アメリカをGreatにするというトランプの選挙公約から、インフラ投資やエネルギー事業に注目が集まってきている。地球温暖化への対策から代替エネルギーに力を入れてきたオバマ政権から、トランプ政権下でどれくらい方針が変わるかで、今後の重点開発領域も変わってくるはずだ。

11　クリーブランドのトランプ劇場

トランプ劇場の開幕

去る2016年7月18日からオハイオ州クリーブランドで開催された共和党全国大会（RNC）は、予定通り4日間の日程を終え、最後はドナルド・トランプによる候補者受諾演説で幕を閉じた。予定時間を大幅に越え75分あまり続いたトランプのスピーチは、過去40年間で最長であった。

このスピーチの長さが象徴しているように、今回のRNCはトランプの独壇場だった。ブッシュ家やミット・ロムニーなど反トランプのエスタブリッシュメントの多くが欠席したことをいいことに、ほとんど「トランプ劇場」といってもよいほどやりたい放題だった。

アーティスト本人が勝手に使うなと再三再四警告しているにもかかわらず、相変わらずクィーンの“We are the Champion!”が大音響で流れる中、従来の共和党の慣例を破って初日から指名予定者であるトランプ自身が登壇し、スピーカーである妻のメラニア・トランプを紹介するホスト役を務めていた。その夫人のスピーチがまた、2008年のミシェル・オバマのスピーチとそっくりのフレーズを使っていたため、剽窃(plagiarize)の疑いから即座にジャーナリズムが食いつき、その夜のコメディショーでは早速ネタとして取り上げられていた。最終日には娘のイヴァンカ・トランプもスピーチを行い、こちらはそのファッションが注目を集めていた。[※1]いいようにメディアは踊らされ、トランプからすればお得意のフリーメディアの広報機会をしっかり確保していた。終わってみれば、トランプ・ファミリーが話題をさらった4日間だった。

もちろん、共和党の重鎮の多くが持ち上げてくれないのだから、全力で自薦するしかないのだが、その結果「俺ならできる、いや俺しかできない、ほかでもない俺が言うんだ、信じてくれ」というトーンが終始漂っていた。"Believe me!(信じてくれ)"というフレーズが[※2]幾度となく繰り返され、ディールメイカーというよりもセールスマンなのでは?と思わせられるほどの、売り込みぶりだった。

そのセールスマンぶりに感化されたのか、登壇したルドルフ・ジュリアーニ(元ニューヨーク市長)、ニュート・ギングリッチ(元連邦下院議長)、クリス・クリスティ(ニュージャージー州知事)の「トランプ三人衆」も、彼の売り込みに必死になっていた。すでに多くの反トランプ派が欠席しているため、それでも参加した人びとは、党の結束を図るために"Unite!"と叫ぶしかなく、その分従来のRNCよ

(1) RNCにおけるメラニアとイヴァンカの扱われ方の違いが、トランプ当選後の二人の振る舞い方をある程度方向づけたのかもしれない。「ファースト・レディ」として(メラニアではなく)イヴァンカを期待する声は絶えない。

(2) 以後、"Believe me!"は、コメディアンを中心にトランプのモノマネをする際の常套句となった。だが選挙後、「(事実かどうか、理屈が立つかどうか等には関係なく)信じる」ことが前景化する《ポスト・トゥルース(post-truth)》の時代という時代認

りも「熱狂的」であるようにすらみえた。もしかしたらトランプを選んだ人たちも単に、２００４年の民主党大会でオバマの演説が巻き起こしたような高揚感に浸りたかっただけなのではないか、と勘ぐりたくなったくらいだ。そんな見えない飢餓感を埋めたのがトランプであった。

ともあれ、こうしてトランプ劇場として大会の４日間が終わり、開催直前に発表された副大統領候補《ランニングメイト》である、マイク・ペンス（インディアナ州知事）とともに、トランプは11月の本選に向けて本格的に稼働を始めた。大会直後の支持率調査では、ヒラリー・クリントンとの差を巻き返し、トランプ劇場におけるショーマンシップが有効であったことを証明した。

挑発するピーター・ティール

そんなトランプ劇場の中で、異彩を放ったスピーカーが二人いた。その一人が、前回紹介したピーター・ティールだ。若い頃から共和党支持者であったとはいえ、ゲイでリバタリアンのティールは、ＲＮＣの会場に集まる熱心な一般の共和党員からすれば、トランプ同様、異質なアウトサイダーであった。そのため、ＲＮＣの参加者からは好奇の目で迎えられていた。

一方、これまでのティールの言動を知る者からすれば、彼がトランプを支持す

識が広まるにつれ、冗談で済まされなくなりつつある。"Believe me!" は「（根拠はないが）信じてくれ」という意味で、一転して時代のキーワードになってしまった。

ることは納得しにくいことだった。リバタリアンとして、自由貿易に代表される経済的自由を尊ぶ「小さな政府」の信奉者であるティールが、どうしてメキシコ国境に壁をつくり保護貿易を行い、公共インフラ投資への財政出動を辞さない、その意味では「大きな政府」を実現しようとするドナルド・トランプを支持するのか。その謎に対して、ティール自身が何らかの回答を与えてくれるのではないか。そして、もしかしたら多くの人間が見過ごしている何かを、ティールは指し示してくれるのではないか。こうした点から、彼のRNCスピーチには、ハイテク関係者からの注目も集まっていた。

そんな彼への期待が渦巻く中、大会最終日の7月21日、ティールはRNCのステージに上った。5分あまりと短いものの、その分簡潔にシリコンバレーのゲイの投資家が、なぜトランプを支持するのか、熱く語った。

冒頭でいきなり強調されたのは、自分もトランプもともに「政治家ではない」が、しかしゼロからビジネスを始める「ビルダー（builder）」であるということだった。そして、今こそアメリカを「再建設（rebuild）する」時であると訴え、自らの愛国心も強調してみせた。アメリカの再建設のためには、ともかく死に体の経済と、壊れた連邦政府を建て直さないことにはどうにもならないと告げ、その難題に取り組むリーダーは、ビルダーであるトランプにおいて他にないと力説した。

ティールの頭の中には、アポロ計画に取り組んでいた頃の60年代のアメリカがあり、当時はアメリカの都市は皆、今日のシリコンバレーのようなハイテクシティであって、それはRNC開催地であるクリーブランドも変わらなかった。だが政府の役人があまりに蒙昧であるため、いつの間にか政府内のテクノロジーの活用は見るも無残なものへと変わった。ティールによれば、いまだにフロッピーディスクを用いる核施設まであるという。このような惨憺たる状況は、何がなんでも変えなければならない。

そのために不可欠なのが、ティールの得意とする「ビッグ・シンキング」だ。ティールといえば、「空飛ぶ自動車が欲しかったのに、手にしたのは140文字だった」という辛辣な言葉で知られる。Twitterを俎上に載せることでソーシャル以後の起業のスケールが著しく小さくなったことを嘆いたこの表現とまったく同じように、連邦政府の無能さを叩くためにティールが述べたのが、火星に行かずに中東で必要のない戦争を繰り返しているという非難であった。※3

どうやらティールがトランプに見出す共通点とは、「ビルダー」として、なんであれ既存のやり方に異を唱え、真っ当なやり方でつくり直そうとするだけの気概をもっているところにあるようだ。二人の共通点は、そうした「異を唱えた上で代替案を実行する意志」、すなわち「コントラリアン」のところにある。そう捉えればリバタリアンのティールが、経済政策的には保守というよりもむしろリベラルと呼ばれるべきトランプを支持することも、何とか理解できるのではない

（3）同じシリコンバレーの投資家でも、インターネットやITの可能性を素直に追求しようとするマーク・アンドリーセンとは対照的に、ティールはITに縛られないデカイ話を好むところがある。その意味でもトランプのGreatというキーワードはティールの志向と合っていたようだ。リバタリアンとして自分の自由にできるフロンティアを求めた結果、技術的フロンティアに「約束の地」を見出したからなのかもしれない。「中東よりも火星」という判断に、彼のフロンティアへの渇望が如実に現れている。

か。既存の政治家や政府を端から当てにしない彼らの姿勢は、ポピュリズムそのものでもある。となると、予備選での勝利の確定後、共和党の要人とのやり取りから少しぼやけてきたトランプの本質／原点を、あらためて口にしたのがティールであったことになる。

目眩ましでしかない文化戦争

実際、ティールの非難は、政府がかまける「文化戦争の愚かしさ」にまで至る。彼は続ける。かつては偉大な議論（grand debate）といえば、どうやってソ連を打ち負かすのか、という国家の帰趨を巡るデカイことについてであった。ところが今は、どうやってトイレを使うのか、という極めて矮小なものになりさがっている。そんな瑣末なことに囚われるのは単に無意味なだけでなく公的議論にとっては有害で、なぜならその結果、もっと重要な課題から人びとの目をそらせてしまうからだ。※4

ちなみにこのトイレ利用論争とは、南部ノースカロライナの州議会で検討された、トランスジェンダーの人は出生時の性別に沿って公衆トイレを使わなければならないとする法を巡る論争のことだ。この法が連邦のレベルで違憲か合憲かを問う争いで、２０１６年に入って年初から激しい議論が全米で繰り広げられてき

（4）ティールは「自由《フリーダム》と民主政《デモクラシー》は両立しない」という趣旨のエッセイ（“The Education of a Libertarian”）を２００９年に公開している。リバタリアン（=自由主義者）の彼からすれば、優先

ていた。

だがティールからすれば、このような文化戦争にかまけるのはまったくナンセンスなことで、もっとデカイこと、アメリカをどう建てなおすのか、という課題にこそ、人びとの時間とエネルギーを費やすべきだ、ということになる。

とはいえ、それで本当にいいのかという疑問も生じる。というのも、ティール自身ゲイであり、普通に考えればＬＧＢＴの権利問題は、彼にとっては些事などではなく一大事であるように思えるからだ。裏返すと、彼はそれほどまでにリバタリアンであるということなのだろう。基本的に個人の自由を最大限に（原則的には無制限に）尊重するリバタリアンの立場からすれば、誰がどのトイレを使おうがそれはあくまでも個人の自由であって、そもそもそんなことに政府が立法行為を通じて介入することこそが無意味なことである。確かに個人にとっては大事なことだが、それはあくまでも個人の間で解決すればよいことにすぎない。法の内容が違憲か合憲かということ以前に、そんな立法を行うこと自体、ティールにとってはナンセンスなのだ。

このあたりには、学部の専攻が哲学で、そのままロースクールに進学し、ＪＤ（法学博士）を取得したガチガチの文系エリートらしい原理主義者ぶりを発揮している。[※5] 共和党を支持するのも、民主党と共和党を比べてどちらが政府の介入をより認めるのかといえば、それは民主党である、だから対立する共和党を支持する、

すべきは「自由」であり、つまり「民主政」は脱落することになる。ここから実力・能力主義による（官僚的）専制を排除しない「反動・復古主義《リアクショナリー》」のAlt-Rightへはそう遠くないのかもしれない。

（5）弁護士資格取得後は、ニューヨークのウォール街で法務やディーリングの実務を経験した。起業家／投資家としてウォール街の動きに通じているところもトランプと共通するところだ。

というのが彼のロジックなのだろう。

実際、ティールは学生時代から共和党支持者であり、学部時代に“Stanford Review”という保守系批評誌を創刊し、その編集活動を通じて知り合った保守系人脈の中には、のちにティールが設立したヘッジファンドへの出資者となった人もいた。[※6] つまり、学生時代以来ずっと、共和党支持者を続けているわけだ。そして、ソ連の打倒という反共主義を明言できてしまうあたりから、80年代にレーガンが主張した「強いアメリカ」を支持した一人であったことがわかる。ティール世代にとって、保守といえばレーガンなのである。

ニクソンを師と仰ぐトランプ

そんなティールに比べれば、トランプはレーガンというよりもニクソン派である。とりわけ今回のRNCをきっかけにして、意識的にニクソンの側へ大きく舵を切ったように見える。

トランプは、大会初日のテーマが“Make America Safe Again”であったこともあり、68年の大統領選で“Law & Order（法と秩序）”を訴えたリチャード・ニクソンに自らを重ねるようなスピーチを行った。だが、トランプとニクソンの類似はそれだけに留まらない。ニクソンは、共和党から選出されたにもかかわらず、

（6）ティールの人物像の詳細については、拙著『〈未来〉のつくり方』（講談社）を参照してほしい。

実行した政策はリベラルであったと評価される大統領だからだ。

たとえば、環境問題が激しくなった時代背景から、ニクソンは環境保護局（EPA）を70年に設置しているが、環境保護規制は一般的に、企業活動にも制約を及ぼす。親・企業（pro-business）の共和党からすれば、当然党内からの反発があったはずだが、それでも設立にこぎつけたのは、ニクソンが自分に投票した有権者の信任を損なわないことを優先したためであった。

一つ補足しておくと、ニクソンはアメリカ政治の転換点を体現した人物で、彼のとった「南部戦略（Southern Strategy）」によって、共和党と民主党はそれまでの支持基盤を入れ替えてしまい、それは今日まで続いている。68年のニクソンを境にして、それまで民主党の票田だった南部を共和党が奪い取り、逆に、民主党は北部に支持基盤を移し、今でいう“Red States（赤い州＝共和党支持州）”と“Blue States（青い州＝民主党支持州）”を生み出した。

この南部戦略を実行する際にニクソン陣営が用意した言葉が「サイレント・マジョリティ」だった。これは、左右ともに政治的に高揚した60年代の中で、そのような政治的にアクティブな人たちを尻目に黙々と無言で生活していた普通の人びとの意向こそを汲み取るべきだという姿勢——同時に彼らこそが多数派であることの宣言——であり、その時にニクソンが使った言葉が、今回トランプが引用した“Law & Order”だった。

つまり、党派を越えて、あるいは政治信条の有無や程度によらず、普通の人びとにとっては、暴力にまで高じる過激な政治的活動こそが忌避の対象であり、安寧な日常を回復することこそが普通の人びと＝サイレント・マジョリティの願いであるとニクソンは捉えていた。大統領当選後もその姿勢を維持し、企業よりも人びとを優先する施策を取った。ニクソンが、ポピュリストと呼ばれる所以だ。

そして、このニクソンと同じ道を歩もうとしているのがトランプだ。白人ブルーワーカーたちを、今回の「サイレント・マジョリティ」の中核に定め、彼らを経済的困窮から救済することを最大の売りにしている。

そのために、従来共和党が墨守してきた経済的自由の発現である自由貿易を取り下げ、保護貿易へと退く。同時に、賃金の上昇どころか下降を招く不法移民の流入を取り締まり、そのためにメキシコとの国境に長大な壁を建設する。壁の設置は一大公共事業になるため（ケインジアン的な意味でも）雇用を生み出す。こうして白人ブルーカラーの生活に安定をもたらそうとする。「生存条件の確保」という、政治信条を越えた生活基盤の整備に集中することで、あわよくば従来は民主党の票田であった五大湖周辺の産業州（industrial states）を奪取しようとする。[※7] 11月の本選でトランプが狙うのは、ニクソンの南部戦略にならえば「北部戦略」とでもいうべき支持基盤の再度の逆転である。

今「あわよくば」と書いたが、しかしトランプ陣営としては至って真剣で、そ

（7）この作戦は見事に成功し、産業州＝ラストベルトでの勝利は、トランプの当選に大きく貢献した。

れは副大統領候補にラストベルトの一つであるインディアナ州からマイク・ペンス州知事を起用したところにも表れている。従来の支持基盤に亀裂を入れ、抜本的に支持層の組み換えを図ることで政治的地平を変えてしまう、すなわちゲーム盤を作り変えてしまうのが、アウトサイダーたるポピュリストの常套手段だ。ニクソンが試したその手法をトランプは再演しようとする。

このようにトランプの姿勢は、今回のRNCを通じてニクソンに準じたものへと旋回した。対してティールの理想はレーガンである。そのような齟齬があっても、今の壊れた連邦政府を「再建《リビルド》」できるのはアウトサイダーの俺たちだけだ、というのが、ティールとトランプが共有する発想なのだろう。その意味で、ティールはトランプに賭けている。

クルーズが打った大博打

ところでこのようにトランプ同様、政府も共和党も壊して再生すればよいと考えるティールと対照的な言動を行い、あえて悪目立《ワル》ちしてみせたのが、前日（7月20日）に登壇し、結局、トランプの支持を表明せずにブーイングの嵐にあったテッド・クルーズだ。RNC中に異彩を放ったもう一人のスピーカーである。

予備選の最中に、トランプによって妻や実父を中傷されたことを忘れなかったクルーズは、RNC会場に集まった人びとに対して「良心に従って投票してほしい」と訴えて去っていった。ブーイングをものともせずに、党の分裂を助長したこのクルーズの蛮勇は、2020年の大統領選に再出馬するつもりの彼にとっては一種の博打だった。なにしろ、共和党のエスタブリッシュメントがその政治信条からRNCを欠席し、いわばトランプという神輿の担ぎ手だけが集まったRNCのどまん中で、そんな爆弾を放ったからだ。

ティールはスピーチの中で「(トイレ利用論争のような) 文化戦争の些事」にかまけているのはナンセンスだ、と主張したわけだが、まさに、その「文化戦争」にかまけている人びとこそが、クルーズの中核的な支持母体の一つだった。宗教右派 (Religious Right) と呼ばれる南部プロテスタントの一団だ。進化論、中絶、同性婚などについて、宗教的信条から反論を繰り返してきた彼らは、文化戦争の火付け役だった。そのような議論を「知ったことか！ (Who cares!)」と一蹴したのがティールであり、その彼が支持するのがトランプなわけである。

それでも宗教右派がトランプの下に集まるのは、トランプが勝たねば、保守派のスカリア判事の急逝により現在一つ空席ができている連邦最高裁判事を、ヒラリーが指名するリベラル寄りの人物で占められる可能性が高いからだ。[※8] そうなれば最高裁判事は終身職であるため、今後長きに亘って司法の場では、リベラル寄りの判決が続くことになる。そのような悪夢を避けるためには、大統領だけでな

（8） 最高裁判事は首席判事 (Chief Justice) 1名と他の判事8名からなる。連邦最高裁 (Supreme Court) で扱う

く、上院の多数派も死守しなければならない、だからトランプを支持しないわけにはいかない。そうして、いつの間にか宗教右派はトランプ陣営に首根っこを抑えられてしまった。

となると、そもそもティールがＲＮＣでスピーチをしたこと自体、トランプが予備選を勝ち抜いたことの一番の証左であった。実際、スピーチ後の報道で彼は、宗教右派の人びとも列席するコンベンションホールで、ゲイであることを初めて主張した共和党員であると紹介されていた。それくらい従来ならばありえない取り合わせだった。シリコンバレーのテックタイタンでしかもゲイの人物が、自分はすべての共和党綱領に賛成するわけではない——むしろあからさまに非難していた——が、しかし年来の共和党支持者でありアメリカを愛する者だと主張し、クルーズのいう共和党の良心に一撃を与えたのだから。

ティールとクルーズ。異彩を放ったスピーカー二人は、トランプを挟んでまさに対照的だった。もちろん、このコントラストはトランプが仕込んだものではないだろう。だが、そんな好都合なコントラストが自然に発生してしまうくらい大統領選を劇場化させているのが、ポピュリストたるトランプの怖いところだ。そのトランプに対して、ヒラリー率いる民主党は、翌週のフィラデルフィアで一体どんな巻き返しを図ってくるのだろうか。

（２０１６・７・25）

ことを決めた訴訟事件について審議を行い、結果は9名の多数決で決める。２０１６年2月にスカリア判事が死去して以来、２０１７年1月現在まで、1名欠員したままの8名で審議を行うという異常事態が続いている。

12　ハリウッドセレブ総出のフィリー

大女優、フィリーに立つ

２０１６年の民主党全国大会（Democratic National Convention：ＤＮＣ）は、７月25日から４日間、ペンシルヴァニア州フィラデルフィア（愛称フィリー）で開催された。フィリーは、アメリカ建国当時、最も栄えていた都市であり、それゆえ憲法制定会議もここで開かれた。つまりアメリカ建国の原点である。そんな古都フィリーで今年のＤＮＣが開かれたのは偶然だったのか、それとも運命だったのか。そんなことを思わずにはいられない４日間であった。

今回のＤＮＣを最も象徴する存在といえば、２日目に登場した大女優のメリル・ストリープだろう。いきなり奇声を上げて始まった彼女のスピーチは、ヒラリー・クリントンへの期待にあふれていた。オバマ時代の国務長官とビル・クリントン時代のファーストレディ。そのどちらもがヒラリーであり、そんな勇気（Grit）と優美（Grace）を兼ね備えた彼女こそが、アメリカ史上初の女性大統領となるに相応しいと最大限の賛辞を送った。

そのメリルが身にまとったのが、アメリカ国旗である星条旗をあしらったドレスであった。延々と妻ヒラリーへのラブレターのごときスピーチを語り続けたビル・クリントン[※1]の後を受けて登壇したのがメリルであったのだから、彼女が一足早く大統領となるヒラリーの姿を演じてみせたのは間違いないだろう。なにしろオスカーを3回も受賞した大女優なのだから。そうでなければ、いきなりあのような咆哮を上げる必要もなかった。星条旗というアメリカの象徴を身につけた勇気と優美にあふれた大統領、それがメリルが待望してやまない女性初の大統領、ヒラリー・クリントンなのである。

実際、これは大会2日目の締めのスピーチとしてはまたとないものであった。DNCの4日間は、初日がバーニー・サンダース、2日目がヒラリー・クリントンに関わる人びとがそれぞれ登壇し、3日目にワンクッションおいて、オバマ大統領をはじめとした党の大物がスピーチし、最終日の4日目は、それまで会場に現れることのなかったヒラリーが登壇し、大統領候補者指名受諾演説を行うことで大会を締めくくる。そのような構成であった。

終わってみれば今回のDNCでは、神と愛国心、家族愛と郷土愛、信念と信仰といった、人が生きていく上で必要となる価値観が随分話題として取り上げられていた。いずれも従来ならば共和党全国大会（RNC）でこそ強調されてしかる

（1） 選挙戦が終わってみればビル・クリントンの存在も、ヒラリーにとってプラスだったのかマイナスだったのか判断が難しい。オバマ同様、彼のスピーチ（というよりもトーク）は秀逸であり聴く者を魅了するのは確かだ。その一方で、大統領時代を含めた彼の振る舞いは、トランプに格好のネタを与えた続けたのも確かであった。なによりサンダースを含めてNAFTAの評判が悪かったのもマイナスに働いた。

べきアメリカ社会の伝統的価値であり、それを高らかに讃えたのが今年の民主党大会だった。共和党からその魂を奪いとったかのような4日間であった。

その意味でメリルが使った“Grit & Grace”という表現ほど、今年のDNCの雰囲気を伝えるものはなかった。勇気（Grit）に満ちた軍人と、優美（Grace）をまとったハリウッド女優。要所要所で現れた彼らの存在が、大会を熱狂的に盛り上げていた。

クリエイターたちの競演

長年に亘ってハリウッドは、民主党の支持母体であり続けてきた。ハリウッドをつくりだしたのがマイノリティのユダヤ系であったからというのがよく聞かれる理由の一つであるが、それにしても今回の大会は、メリルの登壇に象徴されるように、いつにも増してハリウッドの影が、それも女性のハリウッドセレブの姿が目立つ大会だった。

民主党は、ビル・クリントンの大統領時代以来、「プロフェッショナルとマイノリティの党」へと変貌したといわれてきた。女優やプロデューサーは、クリエイターというプロの仕事に就く女性であり、まさに「プロフェッショナルとマイノリティ」の代表である。そして、その「プロの仕事に従事する女性」の最高峰たる大統領職に、あと一歩まで迫ったのがヒラリーだ。6月上旬の予備選勝利の段階で「女性初の大統領候補として二大政党の一つから指名を受けることが内定した」ことが大々的に報道されたのも、ヒラリーが偉業の達成にあと一歩まで迫ったことを賞賛したい人びとが全米に多数存在していたからであった。

それにしてもGrit & Graceという言葉の選択は、いかにもハリウッドらしい。Gritは映画『トゥルー・グリット』で示されたような開拓時代を扱った西部劇を思い起こさせる。あの映画では主人公の一人である女の子が最後に最大級のGritを示してみせた。[※2] 一方、Graceといえば往年のハリウッドにおいてクールビューティーの名をほしいままにしたグレース・ケリーだ。モナコ王妃としてハリウッドを去った彼女はその名の通りGraceな貴婦人として振る舞った。こうした若干芝居がかった色合いが"Grit & Grace"という言葉の背後に見え隠れする。いかにもハリウッドらしい鷹揚さではないか。

メリル・ストリープのほかにも、女優のアメリカ・フェレーラ（ドラマ『アグリー・ベティ』主演）やレナ・ダナム（ドラマ『ガールズ』の製作・監督・脚本・主演）、今年初めて選挙登録を行った19歳のクロエ・グレース・モレッツ（映画『キック・アス』主演）も登壇した。『エイリアン』で戦う女性の代名詞となったシガニー・ウィーバーも登場し、今年は争点として少し影が薄い地球温暖化問題に対して毅然と戦う姿勢を示した。

（2）Gritは、マネジメントの世界では「やり抜く力」と訳されており、「ねばり強さ」や「根性」といった言葉で説明されている。

ハリウッドの関わりの極め付けは、最終日に流れたヒラリーを紹介するビデオのナレーションが、もはや黒人の良心の代表となった感のある名優モーガン・フリーマンによってなされていたことであった。[※3] さらには、そのビデオをプロデュースしたのが、ホワイトハウスを舞台にしたポリティカルスリラードラマ『スキャンダル』を製作した黒人女性プロデューサーのションダ・ライムズだった。現代のハリウッドで活躍する才女たちがヒラリーのバックアップに回ったのである。

異質で多様なハリウッド

これほどまでにハリウッドセレブがヒラリーを支持するのは、ヒラリーがマイノリティとしてカテゴライズされる「女性」初の大統領となるから、という期待があるのはもちろんのことだが、しかし、それだけではない。ドナルド・トランプが主張する「ＰＣ（political correctness：政治的正しさ）などくそくらえ」という姿勢と、その姿勢に呼応して彼の支持者が公然と示す数々の「ヘイト」に満ちた言動に対する抗議の意味合いもあるからだ。

今まで多くの映像表現を生み出してきた映画／ドラマの聖地として、ハリウッドはその時々のアメリカ社会の潮流に敏感に反応してきた。特に近年では、製作の際、マイノリティに配慮し、時には従来の伝統的な価値観とは異なる価値やモ

（3）モーガン・フリーマンのナレーションはもはや完全に一つの芸である。YouTubeの登場で長尺のビデオが選挙戦でも利用されるようになって以後、彼のナレーションが与える安定感は見逃せなくなった。

ラルを示すことも試みてきた。たとえば、王子が姫を助けるという定番の展開から逸脱し、姫＝女性自身が自立し自らの足で歩く展開を描いた『アナと雪の女王』や『マレフィセント』などのディズニー映画の新機軸がその代表例だ。[※4]「スタートレック」のUSSエンタープライズ号の艦橋には、ミスタースポックという異星人（ヴァルカン星人）がいるのは当然として、地球人にしても、白人、黒人、ヒスパック、アジア系、ロシア系と多様な人種（race）が登場する。「スターウォーズ」シリーズ最新作であれば、主人公の二人は女性と黒人であった。

このように異質（heterogeneous）で多様（diverse）な状況を設定し、さまざまな表現の可能性について挑戦しているのが現代のハリウッドなのである。もちろんすべての映画がそうであるわけではないし、ハリウッドの内部にも問題がないわけでもない。たとえばアカデミー賞の選考者が白人男性ばかりであるのはフェアではない、という論争が近年繰り返されてきている。それでも異質性や多様性といった言葉は、21世紀のハリウッドでキーワードとなってきた。なによりハリウッド自身、グローバル展開を経験していることが大きい。制作陣も観客もアメリカ国内の白人であった時代はもはや遠い昔だ。IT以後の世界で主流になるといわれてきた「クリエイティブ産業」の拠点として、シリコンバレーと双璧をなすのがハリウッドなのである。

そのハリウッドから見れば、PCを端から無視し偏見を撒き散らすことを辞さ

（4）　ディズニーの「ダイバーシティ志向」は、ハリウッドの中でも一際目立つ。創業者のウォルト・ディズニー以来、子ども向け、家族向けの映画の第一人者であるという自負があったところで、21世紀に入ってからのハリウッド映画の世界娯楽化を通じて磨きがかかっている。進歩的（プログレッシヴ）でユートピア的メッセージが強い作品を、実写であるかCGアニメであるかに関係なく世界に届け続けている。

ない、むしろ助長しているのがトランプと彼の支持者である。だから本選におけるトランプとの戦いとは、ハリウッドからすれば「文化のあり方」を巡る戦いなのである。

奇しくもピーター・ティールがRNCで一蹴した「文化戦争」は、共和党のみならず民主党でも活動の原動力となっている。自分の外に生起するものに対する何らかの強い感情、すなわち「情念」は人びとを具体的な活動へと駆り立てる火種なのである。

その様子が最もよく観察されたのが、大会中にサンダース支持者が連呼した“Bernie or Bust!”を巡る動きだ。サンダース自身は、大会に先立つ7月12日にヒラリーの支持を公式に表明したが、しかし、彼の支持者たちは納得せず、大会当日になってもヒラリーを称えるスピーチにブーイングを浴びせ続けていた。そのあまりの大人気なさに、もともとはサンダース支持者であるが、打倒トランプのためにヒラリーの下で結束しようと呼びかけるために登壇した女性コメディアンのサラ・シルヴァーマンが呆れはて、思わず「あなたたち、バカなの？（'Bernie or bust' people, you are being ridiculous.）」とこぼす一幕もあった。

もっともサンダース支持者の暴走が収まらないのも故なきことではなく、それは大会直前になって、予備選を仕切ってきた民主党全国委員会（Democratic National Committee）の19000通もの電子メールがリークされ、そこに反サンダースの姿勢が記されており、その結果、委員長のデビー・ワッサーマンが辞任するに至ったからだ。[※5] 共和党が、トランプのリアリティショー的志向でいまだにテレビ選挙をしているとしたら、民主党はサイバー選挙の只中にあることを示したことにもなる。ハッキングが大会の行方を左右する話題になってしまったのだから。[※6]

だが、その怒りの収まらないサンダース支持者を含めて、会場の雰囲気をガラッと変えたのが、初日の中盤に登壇したファーストレディのミシェル・オバマだった。8年前にホワイトハウスに移った直後の二人の娘の姿を振り返りながら、大統領を選ぶとは、今後4年ないし8年に亘る間、幼い子どもたちの人格形成に最も影響を与える人物を選択することなのだと述べ、争点を子どもの未来をどのようなものにするか、という問いに変えた。そうして、打倒トランプという目的のもとで民主党の結束を固めることが大事であると示した。ミシェルの後にはエリザベス・ウォーレンやサンダースが続き、初日は予備選を通じて左寄りになった民主党の「今」を確認するところで終わった。

現代アメリカのダディ、ティム・ケイン

このように今回のDNCは、反トランプ陣営の欠席でトランプの一人舞台となったRNCとは対照的に、民主党のオールスターがこぞって登場する場となった。

（5） 7月25日、FBIは、このメールのハッキング事件が、ロシアによってトランプのために工作されたものであったと公表した。CIAも同種の分析を公表し、ロシアのハッキング問題は一気に選挙後のアメリカ政治の中心的案件になってしまった。

（6） この後、民主党は選挙当日まで（主にはWikiLeaksによる）ハッキングに悩まされ続けた。選挙後、それらハッキングがロシアの諜報部による介入であったとCIAが公表したことで、文字通りナショナルセキュリティに関わる問題として連邦議会を中心に調査活動が開始される状勢にある。2016年末にはとうとうオバマ大統領がロシア政府に対する報復措置を取るに至った。

そのクライマックスは「ダディ・ナイト」と呼ばれた、男性スピーカーが揃い踏みした3日目だった。現職の副大統領であるジョー・バイデン、ヒラリーの副大統領候補《ランニングメイト》で上院議員のティム・ケイン、前ニューヨーク市長のマイケル・ブルームバーグ、そして最後には大統領であるバラク・オバマと大物が続々と登壇した。

このうち最も今時の「ダディ（お父さん）」らしかったのがティム・ケインだ。73歳のバイデンはサンダースと同じサイレント世代らしい信念をもった「怒れる親父」としてトランプを罵倒するスピーチを行ったのだが、それとは対照的に、オバマと同世代の58歳のケインは、まるで子どもをあやすかのようにトランプのモノマネ（“Believe me!”）で茶化すタイプのスピーチを行い、「ダディ」のイメージがバイデンの世代とでは大きく異なっていることを象徴していた。

子どもを怒鳴りつけて指導する父ではなく、あくまでも子どもに好かれる親を目指す。その姿は、離婚も一般化し、親権の争いや、再婚による配偶者の連れ子とも家族となる「難しい」時代の父の姿でもある。ドラマの中で、強い女性である妻の傍らで、子どもに嫌われることを極端に怖れ、できれば子どもに好かれたいと思う存在として描かれるのが、アメリカ社会の今時の父親なのである。

だからケインの位置づけは、Grit & Graceの影、文字通り「強い女性」の大統領が登場する時代の陰画《ネガ》のような存在といえる。女性やマイノリティの台頭に対して、怒りを表明し暴れるのをためらわない白人男性がトランプ支持者のイメージであるとすれば、その真逆の、物わかりがよく、女性の上司やマイノリティの同僚や部下とも何の抵抗もなくおおらかに仕事をすることができる白人男性、そんな民主党の理想を地で行っているような人物がケインなのだ。※7

実際、ケインに限らず、共和党の副大統領候補のマイク・ペンスもそうだが、今年の場合、ヒラリーにしてもトランプにしても大統領候補者の二人がともにエキセントリックであることを反映してか、副大統領候補はともに、両党のステレオタイプなイメージをまとった二人となった。その意味では、今から副大統領候補によるテレビ・ディベートが楽しみだ。かたやPTA会長のようなケイン、かたや警察署長のようなペンス。忠犬対番犬、ゴールデンレトリバーとドーベルマンのマッチアップはどんな争いになるのか。

ただ一つケインについて補っておくと、彼は、2007年にバラク・オバマが大統領選に立候補した際、それまで互いに特に見知った仲でもなかったにもかかわらず、真っ先にオバマ支持を表明した一人であり、それ以来、オバマとのつながりが浅からぬ人物であることだ。オバマが大統領に就任して以後は、彼の当選に大きく貢献したキャンペーン組織であるObama for Americaを母体にしてつくられたOrganizing for Americaの運営を任され、同時に2009年から2011年まで民主党全国委員会委員長として選挙対策を担い、オバマ政権を背後から支えた。

(7) それでもケインが副大統領候補として公表された際には、民主党支持者の中でもサンダースやウォーレンを推すリベラル寄りの人たちからため息が漏れていた。ケインは中道寄りの政治家として理解されていたからだ。とはいえ、投票結果を見るとヒラリーが勝利した数少ない接戦州の一つがケインの地元であるヴァージニアであったことを思うと、選挙対策の一環として副大統領候補が選ばれることを一概に否定できない。

いわばオバマの盟友の一人である。

その人物が、オバマに続く大統領候補であるヒラリーのランニングメイトになった意図は、この先、おいおい明らかになっていくのだろう。オバマ自身もヒラリーの当選を、自分の8年間の成果がきちんとアメリカ社会に根付き「遺産《レガシー》」として語り継がれるためにも不可欠なことだと考えているからだ。その意味でケインは、白人ではあるもののオバマ・レガシーの継承者の一人といえる。

ちなみにオバマ・レガシーのもう一人の継承者といえるのが、黒人でニュージャージー州選出の上院議員であるコーリー・ブッカーだ。スタンフォード時代にアメフト選手として活躍し、ローズ奨学生としてオックスフォードで修士号を得、イェール・ロースクールでJD（法学博士）を取得した俊英のブッカーは、大会初日に登壇した際、オバマ同様、エネルギッシュなスピーチを披露し、情熱的にUSAの理想を語っていた。アメリカの素晴らしさを、マイノリティだからこそ衒いなく高らかに主張できてしまうあたりは、間違いなくブッカーもオバマの継承者の一人である。

一般にマイノリティ（特に黒人）が高らかにアメリカの普遍性やコスモポリタン性を賞賛する分には、社会的には肯定的に受け止められるのに対して、マジョリティたる白人がアメリカを賞賛すると、ともすれば白人主義やナショナリズムとして否定的に受け止められかねない。こうした言説レベルの微妙な非対称性が、文化的に多様なアメリカを日常それほど意識することのない、内陸部の田舎に住む白人に対して疑問を与え、不満の種になる。窮屈な言葉遣いを強いられているように感じさせてしまう。

今回の選挙で「トランプ・ネイション」として紹介された内陸のアメリカ社会の現状を伝える報道からは、そのような白人層の捻れた心理が指摘されていた。もちろん、白人と一括りにしたところで民族／文化的には一枚岩ではないので、そうした不満を直接行動に移す人はそれほど多くはないのだが、しかし、誰もが投票することを求められる選挙の場合、むしろそのような鬱屈した心理を表明するための機会として捉えられたところもあるようだ。デリケートな話題である。

コンゲームを知るブルームバーグ

大会中、こうしたオバマとヒラリーを讃える空気が漂う中で、まったく異なるアングルから、いわばトランプ叩きのためだけに登壇したのがマイケル・ブルームバーグだった。一時は第三党からの本選参戦も噂されていたブルームバーグは、民主党員ではないにもかかわらずＤＮＣに参加し、インディペンデントの立場から、共和党支持者も含めて今回の選挙ではヒラリーに投票すべきだと熱弁を振るった。

トランプとの間にどのような確執があるのかはわからないが、同じニューヨーカーとして目の前で「詐欺《コン》」が行われればすぐにわかると話し、トランプが詐欺師《コンマン》であるとほのめかし、ニューヨーカーのようにスレていない人びとはその手口にころっとだまされるから気をつけろとおどけながらも諭していた。もともとは民主党支持者であったが、ニューヨーク市長選に出馬する際に共和党に乗り換え、その後、共和党からも脱退しインディペンデントとなったブルームバーグは、その理由を、民主党と共和党だけが社会を変える力を占有できるわけではないからと述べ、自らの社会改革の意志を示した。

このように両党の内情を知った上でインディペンデントの立場を取った者からしても、トランプではなくヒラリーを支持すると強調した。ブルームバーグの言葉は、予備選を通じて中道から左寄りになり、トランプ支持者とは異なる意味でサンダース支持者が教条的に振舞っている現状で、ヒラリー支持に二の足を踏んでいるインディペンデントに対してよい緩衝材となることを狙っていた。

キズル・カーンの衝撃

こうしたブルームバーグの中道的立場の強調に対して、さらに右寄りに踏み込んだのが、最終日に集中した米軍関係者のスピーチであった。退役した四つ星将軍であるジョン・アレンのスピーチは、退役軍人から見た時、どのような人物がアメリカ軍の最高司令官（Commander-in-Chief）たる大統領に相応しいのか、熟慮した結果、ヒラリーを支持するというものであった。彼の背後には白人だけでなく様々な民族からなる老若男女の退役軍人《ヴェテラン》が数十名も控えており、あたかも兵士に訓話を垂れるような威圧感のあるスピーチだった。

だが、その将軍のスピーチ以上に爆発力を帯びていたのが、その直前になされたパキスタン系移民のキズル・カーンのスピーチだった。軍人であった息子を2004年にイラクで失ったカーンは、ムスリムでもアメリカ兵として祖国の為に尽くし犠牲を払った、ではあなたはアメリカのために何か犠牲にしたものがあるのか？とトランプに尋ね、さらにそうした移民をも同胞として迎え入れるアメリカ憲法をあなたは読んだことがあるのか？と問いただした。

ハーバードでLLM（法学修士）を修め、弁護士として活躍している彼の言葉は、会場にいた聴衆だけでなく、テレビやウェブを通じて全米に波紋を与えた。DNC後も続いたトランプとカーンの応酬を見て、Gold Star family（兵士の戦死者を含む家族のこと）に対するトランプの礼を失した態度に憤慨した退役軍人《ヴェテラン》を中心に、遂にはトランプに見切りをつけヒラリーを支持すると公表する共和党支持者も続出してきた。大会終了後、最もホットな大統領選の話題となっている。論者によっては、本選の大転換点となったと早々とみなす人も出てきている。なにしろ、本来ならば共和党の大票田であるはずの軍関係者が、大挙して反旗を翻すかもしれないのだから。

実際、以前にも触れたように、大会前からNational Security（国家安全保障）の分野では、共和党の重鎮がヒラリー支持に傾いていた。National Securityとは軍事だけでなく外交や諜報も含むもので、さらにいえば国際経済もその盤上に乗る。第二次世界大戦前のドイツのハイパーインフレではないが、ある国の経済破綻は内政に混乱をもたらし、潜在的に軍事的脅威を引き起こしかねない。その意味で経済も含めたトータルプランがNational Securityには欠かせない。軍を管轄する国防長官（Secretary of Defense）ではなく、外交をリードする国務長官（Secretary of State）を務めたヒラリーに軍関係者が賛同するのも、National Securityという観点からそれらは一体のものだからだ。

現代の「リンカーンの党」はどちらなのか

それにしても本選を迎えるにあたって、ここまで国務長官としてのヒラリーの経歴に焦点が当たるようになるとは思わなかった。もちろん相手がトランプだから、ということもあるのだろうが、メリル・ストリープの言葉にならえば、完全にGritがGraceを凌駕した印象だ。それはまたヒラリーを忌避する層が確実に存在する理由でもあるのだが。
これはティム・ケインのスピーチの中でさり気なく触れられたことであるが、「リンカーンの党（Party of Lincoln）」を求める人は、共和党ではなく民主党に来なさい、という誘いの言葉が様々な意味でリアリティをもったDNCであった。共和党は、もともと南北戦争の前に、奴隷制に反対する北部を中心に創設された。リンカーンはそのリーダーの一人であり、それゆえ「リンカーンの党」とは共和党の別名であった。※8

アメリカで共和主義というと、共和党の保守化から、ともすれば保守主義の代名詞のように思われがちだが、リンカーンが共和党を設立した19世紀半ばの共和主義といえば、むしろ革命の代名詞だった。フランス革命によって近代的な共和国が打ち立てられたように、共和主義は、旧体制の軛から人びとを解放し自由な個人にし、「皆のもの（res publica）」としての「共和国（republic）」をつくり出すことを掲げた思想だった。リンカーンが創設に携わった共和党も、解放と自由を第一にしていた。奴隷解放宣言がゲティスバーグでなされたのも、当時の共和主義の思想に即したものだった。

しかしケインによれば、トランプの下で今や共和党は、解放も自由も語る場ではなくなった。それだけでなく、長らく共和党が語るテーマであった家族愛や愛郷心、あるいは信念・信仰といった身近な共同体を支える社会的価値観も、いつ

（8）投票日を目前に控えた10月22日に、トランプがゲティスバーグで行った演説は、就任後100日間で行う計画を発表するものだったが、もちろんそれだけではなく「リンカーンの党」としての共和党のアイデンティティを思い出させるためのものでもあった。巧妙だが十分効果的だった。

の間にか、民主党で語られるものとなった。こうした家族の価値を取り上げるのは、92年の大統領選のビル・クリントン以来のことなのだが、その意味でも2016年は、ビル・クリントンの始めたプログラムが完成した年であった。どうやらDNCの開催地が建国の古都フィリーであったことは、偶然ではなく運命であったようだ。

共和党のお株を奪いつつある民主党が、この後の本選でどのような振る舞いを見せるのか。本選当日まで残り90日を切った今、夏休みを終えた9月からのラストスパートに注目したい。果たして「リンカーンの党」としての栄誉はどちらに輝くのだろうか。

（2016・8・10）

13　バノン降臨の8月

冴えないダッドを囲む

２０１６年8月25日の夜、アメリカ三大ネットワークの一つであるＣＢＳの看板番組“The Late Show with Stephen Colbert”に、民主党の副大統領候補であるティム・ケインが出演した。この番組はその名の通り、著名なコメディアンの一人であるスティーヴン・コルベアがホストを務めるコメディタッチのトークショーで、政治家だけでなく、俳優、作家、アーティスト、時には起業家まで、毎晩、多くの有名人が登場することで知られる。[※1]

この日も単にケインがコルベアとおしゃべりをするだけでなく、それこそコメディショーらしく、ケインのそっくりさんが街頭に配備され、道行く人に「ケインって知ってる？」と聞いて回るシーンや、ケイン本人が得意のハーモニカの演奏を披露する場面があった。

ケインといえば民主党全国大会（ＤＮＣ）以来、「冴えないアメリカのダッド（お

（1）　コルベアは、選挙期間中から変わらず反トランプの姿勢を明確にしており、選挙後、最も気を吐いているコメディアンの一人だ。トランプに対して徹底抗戦（＝徹底的に茶化す）姿勢だ。

父さん)」という印象が広まっているのだが、そうした世間の印象について問われても、ケイン自身は特に何かを正そうとするのではなく、むしろ、いやー、三人の子どもが生まれてからこのかたずっと「ダサいパパ」の役割を果たしてきたから問題ないし、むしろ歓迎するよ、という感じで、鷹揚に受け応えていた。自分がアメリカの「ステップダッド(継父)」であるという風評もあっさり受け入れていた。そうして現代の"Daddism(パパ道)"についてひとしきり和やかに語り合うことで番組を終えた。夏休みらしく、終始ゆるい空気の漂う対談だった。

このイージーゴーイングな雰囲気は、通常の大統領選の年であれば、9月からの選挙戦本格化の前の、いわば「嵐の前の静けさ」として理解されるものだろう。あるいは、まだあまりキャラクターがよくわからないケインの人となりを伝えるための仕込みなのだとも解釈することもできただろう。

だが今年に限っては、どうもそれだけではないように思えてしまう。むしろ、足下の混沌とした選挙戦をどう扱っていいか困ったメディアの人びとが、意図して当り障りのない、無難で他愛のない話題としてケインを選んだのではないかと勘ぐりたくなる。「フツーなダッド」であるケインの登場は、むしろ願ったりかなったりだったのではないか、と。

というのも、8月中旬のオリンピック真っ盛りの折に、ドナルド・トランプがまたやらかしてくれたからだ。

バノン、登場

大統領選の年は、同時に夏季五輪の年でもある。そのため通常、全国大会《コンベンション》を終えた8月は、選挙活動も小休止し、その代わりに、オリンピック選手の数々の妙技に唸り、メディアも人びともひとしきり、"USA! USA! USA!"と快哉を上げて過ごす。気晴らしであり息抜きであり、そうした休息期間を経て、9月からの選挙戦を迎えるのが常であった。

もちろん選挙戦に臨むのは大統領候補だけでなく、上院・下院の連邦議会議員や州知事も含まれる。彼らは夏の間、地元選挙区に戻り、そこで地元支援者や有権者と交流を持つことで本戦に向けた英気を養う。中には挑戦者と予備選を争う人もいる。そうした「溜め」の夏を過ごして、9月からの選挙戦のキックオフに臨む。通常、そのXデイはレイバーデー、すなわち9月の第一月曜日であり、今年であれば9月5日である。

概ねこうした流れが、大統領選のある年のアメリカの夏の風景だった。メディアにしても政治家にしても、夏季五輪の間は一休みする、というのがお約束だったのである。

ところが今年は様子が違った。メディア・アテンションを集めていないと死んでしまうとばかりに、トランプがオリンピックの開催さなかであるにもかかわらず、選挙スタッフを刷新したのだ。しかも今回の場合はただの入れ替えではなく、メディアが無視できるような人選でもなかった。選挙スタッフのトップに、白人優越的な記事や陰謀論で知られる"Breitbart"というサイトからスティーヴン・バノンという人物を起用したからだ。

バノンはハーバードのMBAホルダーであり前職はウォール街のバンカーだった。つまり論客ではあるかもしれないが選挙については素人だ。[※2]ということは、本選に向けた選挙戦を目前に控えて、トランプは再び不確定要素を仕込んできたことになる。

選挙戦の常識からの逸脱によって何が起こるかわからない以上、メディアは終始トランプ陣営の挙動に目を凝らし、小さな動きであっても憶測を含めて報じないわけにはいかない。しかし、そうした小さいが頻繁になされる報道によって生み出されるイメージは、バズとしてウェブを通じて拡散されていく。そうして人びとのアテンションを引き続き自らに向け続けることで、選挙戦を優位に展開していくようなイメージを醸成していく。ウェブ以後の「アテンション・エコノミー」のセオリーを忠実に実践している。少なくともそのようなトランプの狙いがあるとでも考えないかぎり、理解できない人選であった。

実際、この動きは、本来はトランプと歩調を合わせて選挙戦に臨まなければな

(2) だが2016年の大統領選の場合、むしろ選挙戦のセオリーに縛られない素人の方が、自由な発想から(メディアの評価ではなく)ひたすら有権者の支持を得ることだけに集中することができてしまった。勝利を収めることができてしまった。勝利の意欲のある人たちがゲーム・チェインジャーになれた年だったのである。

らない共和党の関係者にとっても見過ごすことができないことだった。というのも"Breitbart"の論調は、保守の側の人間からしても行き過ぎであり、その意味で"far-right"（極右）といわれてもおかしくはないものであるからだ。

遂には共和党の選挙対策委員会（Republican National Committee：RNC）のスタッフの中から離反する人たちも現れた。しかも単にRNCを去るだけでなく、120名あまりの連名からなるオープンレターを公開し、RNCに対してトランプへの資金援助や選挙協力を即刻取りやめ、人材や資金など貴重な選挙資源を、現在多数派を占めている連邦議会の上院・下院の議席維持にこそ振り向けるべきだと主張した。※3

大統領選は捨ててかかれというのだから、本選を2カ月後に控えて、共和党は「ユナイト！」どころか、もはやバラバラであるということだ。

この分裂状態を引き起こした最大のきっかけは、前回紹介した民主党全国大会におけるカーン氏の演説に対する一連のトランプの発言だった。イスラム系であるかどうか以前の問題として、戦地で落命した兵士の家族に対する礼を失したトランプの言動は数々の批判を引き起こした。先のオープンレターでも、トランプの蛮行として筆頭に挙げられている。その結果、退役軍人《ヴェテラン》を中心に、安全保障分野の共和党支持者からトランプに見切りをつける人びとが続出している。

（3） 選挙後、このような良識ある共和党員は一体どこに行ってしまったのかと不思議に思える。

Alt-Rightの浮上

こうした共和党の分裂状況を好機と捉え、トランプに見切りをつけた共和党支持者を取り込もうと追い込みをかけているのがヒラリー・クリントンだ。ケインがコルベアのショーに登場したまさにその日の8月25日に、ネヴァダ州レノで開催された支持者向け集会で、ヒラリーはトランプに対する攻撃的スピーチを行った。far-rightな傾向をもつトランプ陣営を共和党内で「周縁化」させ、その一方で良識ある共和党員をあわよくば支持者として招き入れようとすることを企図したスピーチであった。そこで使われたのが“Alt-Right”というキーワードだ。

このAlt-Rightという言葉は、“Alternative Right”、すなわち「もう一つの（代替的な）右派」という意味で、要するに従来の共和党に集まった保守派とは異なる右派という意味だ。では、従来からある右派とはどのようなものかというと、それは「小さな政府」、「州権重視」、「自由経済」、「財政均衡」、「中絶反対」、「自衛手段（銃など）の容認」などの、レーガン以後の共和党政治家が口を揃えて主張してきていたものだ。一方、Alt-Rightの主張の核は、より白人優位的なものであり、端的に欧州の白人がつくったアメリカを守れ、ということにある。

ちなみにAlt-Rightの“Alt-”とは、パソコンのキーボードにある「Altキー」からとったものであり、これはAlt-Rightの支持者が、主には4chanやRedditなどのスレッド系のフォーラムに集まる若いインターネットユーザーのクラスターからなるところから来ている。4chanに集うせいか、彼らのアイコンには日本のアニメキャラのものが多く、明らかに育った文化状況が、年配のベビーブーマーとは異なっている。この年齢層が若いことも従来の右派／保守と異なるところだ。

ここでクラスターと言ったのは、彼らの言動が主にネットの中に限られて（留まって）おり、ティーパーティやウォール街占拠《オキュパイ・ウォールストリート》のような「活動《ムーブメント》」とは言いがたいからでもある。この点はデモや集会が大好きなベビーブーマーとは異なるところだ。とはいえ、政治的活動の多くが「言葉」に根ざしたものであることを考えると、ネットの中に活動が限られるからといって軽んじて済むものではない。ネットの上で言説が流布する速度は今までとは段違いであり、言説の真偽にかかわらず容易に信念を形成することができるからだ。

Alt-Right的言説は時に“neo-reactionary”すなわち「新反動」ないしは「新復古」と呼ばれるが、それは彼らの視線の向かう先が、ブーマーの老人たちが回顧する、栄華を極めた1950年代のアメリカなどはるかに超えて、啓蒙主義以前の、近代以前の中世であったりするからだ。中世なのだから、いつの間にか大西洋を飛び越えて専制時代のヨーロッパに飛んでいる。その想像力の非現実的な飛躍ぶりも今時の世代なのである（しばしば中世をモチーフにしたダンジョンもののゲームの影響が取り沙汰される）。無条件の平等よりも、能力に応じた階層を肯定するのが、Alt-Right的な社会観の特徴といわれる。その意味で民主政《デモクラシー》には固執しない。フラワーチルドレンであったブーマーとはまったく異なる世界の捉え方なのだ。

　Alt-Rightという言葉は、トランプが登場する以前の2008年あたりから使われていた。そのため、予備選の段階でも、時折、トランプの主張がAlt-Right的であるとか、トランプの支持者はAlt-Rightだ、という見方も囁かれていた。実際、従来の共和党の政策方針をことごとく覆す主張をするトランプは、確かに「もう一つ」の右派である。さらに、トランプの孤立主義的で排外主義的な言動もAlt-Rightの主張と通じるところがあった。※4

　とはいえ、トランプ陣営としては予備選の際には終始、Alt-Rightとのつながりを否定していた。実は、今でも公式にはそうなのだが、しかしAlt-Rightの中核サイトである“Breitbart”から人を登用したとなると、そのような否定も意味をなさなくなる。

　というか、今ここに書いたようなAlt-Rightを巡る「トリビアなネタを伝える」ような反応が随所で生じることもすでに織り込み済みの人選のはずであり、それゆえ、先行きはますます見えにくくなる。また一つ、トランプを取り巻く「煙幕」が増えてしまった。

（4）保護主義と孤立主義を標榜するトランプの思想はしばしば、湾岸戦争に反対し92年の共和党大統領予備選に立候補したパット・ブキャナンとの類似性が指摘される。そのブキャナンの思想は時にOld-Rightと呼ばれる。このOld-RightをもじったものがAlt-Rightだという説もある（「オールド」と「オルト」の音の類似性）。この“Old”は、ウィリアム・バックレーが保

ヒラリーの呪い？

だが、そうしたトランプの直近の言動を額面通り受け止め、共和党を分断する方向に踏み出したのがヒラリーの取った行動だった。彼女は件のスピーチの中で、ボブ・ドール、ジョージ・W・ブッシュ、ジョン・マッケイン、ポール・ライアンなど、過去20年間における共和党のリーダーたちに言及し、政治家としての彼らの言動を、いわば「好敵手」として讃えた。※5

移民からなるアメリカにとって、人種や宗教の多様性は欠くべからざるものであり、その重要性は彼ら共和党のリーダーたちも強く認識していた。つまり、アメリカ社会を根底で支える政治的価値観を共有したうえでの政敵であったという理解をヒラリーは示した。そうすることで、トランプは、共和党の本義からも外れた逸脱者であることを強調した。

そして、そのようにトランプを周縁化することで、マッケインやライアンらに対して、トランプの不支持を表明することは何ら恥じることではない、アメリカの政治家として当然のことであることを強調し、彼らの翻意を促している。とはいえ、これは同時に、ここでトランプ不支持に回らなければ、長年培った政治家としての経歴に泥を塗ることになり、その汚点は生涯ついてまわりますよと、や

守論壇誌"National Review"を刊行した55年以前に存在した保守思想のことを指すという。バックレーは第二次大戦後に乱立した（反リベラルという意味での）保守思想群の中から政治活動として使えるものを選別し、レーガン以降に主流派となる保守思想を編み出したといわれる。そう考えると、トランプ陣営がブッシュ家やネオコン論客と反りが合わないことも理解できる。

（5）　マッケインは公正な「好敵手」らしく、大統領選後、ロシアによるハッキング疑惑――ロシア諜報部が先導したハッキングによって、民主党ヒラリー陣営の情報が遺漏され、結果としてトランプに優位な選挙状況を演出したというCIAの報告――に対して調査委員会を組織し真相解明に力を入れようとしている。

んわりと最後通告を与えたようにも見える。一種の「呪い（curse）」である。[※6] 言及された共和党政治家たちは、今後、その呪いに囚われたものとして、難しい立場に置かれてしまう。

その一方で、ヒラリーがスピーチでAlt-Rightについて言及したことで、今まで日陰者だとばかり思っていた当のAlt-Rightクラスターを調子づけてしまったところもある。ヒラリーによって、よくも悪くも、Alt-Rightが、今後の大統領選における公式の話題の一つになってしまったわけだ。[※7] つまり、アメリカを中世欧州の専制時代に戻すという反動的・復古的想像力は、アメリカ社会とは何か、何であったのか、ということを振り返るうえでの、限界事例にされてしまった。いうまでもなく、アメリカは18世紀の啓蒙主義時代の欧州の思潮が産んだ近代の申し子だからだ。欧州と違って、おいそれと封建制の時代に戻るわけにはいかない。アメリカという存在そのものの否定につながるからだ。

ちなみに、白人優越主義や移民排斥主義などの主張は、60年代からあるものだが、そうした「極端な（今でいうヘイト的な）」保守的言動は、民主党から政権奪還を目指す共和党にはふさわしくないということで、ウィリアム・バックレーを中心に巧妙に取り除かれてきた。50年代に論壇デビューしたバックレーは、のちにレーガン大統領の誕生をもたらす保守論壇の立役者だ。彼を中心に練り上げられた保守の言説が、現在、共和党の「エスタブリッシュメント」の認める政治信条

（6）選挙後の様子を見ると、このような政治家どうしの間で共有された古典的プロトコルから一切離れたところで政治をしようとしているのがトランプ政権であると思える。となると、このヒラリーのスピーチのあり方そのものがワシントンDCに生息する政治エスタブリッシュメントたちの内輪の流儀として疎まれていた可能性もある。今後は伝統的なアメリカの政治文化そのものが疑問に付されるのかもしれない。

（7）選挙後公表された、スティーヴン・バノンのホワイトハウス入りによってAlt-Rightは、実際の政治の世界でも影響を及ぼし得る足場を得たことになる。大躍進である。今後は、既存の共和党諸派がどのように彼らと距離を取るかが注目される。……と書いたそばからバノンの国家

の核となっている。バックレーは２００８年に亡くなったが、彼の死去が、最近の共和党の混迷を招いたといわれていたが、今年の共和党の様子を見る限り、うなづかざるを得ない。予備選前に「17人いる！」という異常事態が生じたのも、共和党内部で極端に求心力がなくなったことの現れだと解釈するのが妥当だろう。

したがって、トランプのように共和党エスタブリッシュメントとは早々に袂を分かち、彼らがかつて排斥したような言説を扱う"Breitbart"のようなサイトの関係者をスタッフに迎えれば、従来から――ということはバックレーらが長年かけてつくりあげてきた保守主義の伝統に則って――共和党の運営にあたっていたプロの党員スタッフたちが離反するのも当然の成り行きであった。すでに（バックレー的な意味で）共和党の良識ある人びとは、今年の選挙をいかに最小限の被害でやり過ごすか、というモードに入っているというのが実情なのだろう。

アメリカとは何か？

こうした共和党の状勢もおそらくはあってか、８月に入ってからヒラリーの支持は高まっている。たとえばニューヨーク・タイムズでは、ヒラリーが勝利する確率は８月に入ってから８割を維持し、時には９割を超えることすらある。もちろん11月までの間に何かしら異変が起こるかもしれないが、しかし、現在のヒラ

安全保障会議のメンバー入りが公表された。Alt-Right はアメリカ外交の現場にも影を落とすことになった。

リーの勢《モメンタム》いだけを見ていれば、もはや単に勝つだけでなく、どれだけ圧倒的に勝つか、「地滑り的（landslide）勝利」を得られるのか、ということに焦点が移っているように思われる。※8

つまり、トランプに仮託された、ヒラリーたち経験のある政治家たちから見たらおよそ容認しがたい異端的で破壊的で「反動的」な見方をどれだけ完膚なきまでに粉砕できるかが、賭けられてきているといってもおかしくはない。8月半ばにトランプが「やらかした」と冒頭で書いたのはそういう意味でだ。バノンの登用とそれに伴うAlt-Rightの浮上は、予備選の頃からトランプ周辺に漠然とあった反動的雰囲気に明確な形象を与えてしまった。封印されていたものをわざわざ解き放ってしまったのである。

その意味で今回の大統領選は、「アメリカとは何か、いかにあるべきか」という根本的な問いを巡る、それゆえ大仰で時代がかったものへと変貌しつつあるのかもしれない。つまり、もはや個々の政策がどうこうというレベルを超えて、アメリカの本来あるべき姿とは何かという「想像的次元」での争いになりつつある。言葉の意味通りアメリカという観念《イデア》を巡るイデオロギー上の争いになってきているといえそうだ。

もとより、政治家としては素人であるトランプが、来たるべき3回のテレビ・ディベートにおいて、従来型の政治家のように真っ当に個別の政策論争を行うよ

（8）どうやらこの頃からメディアの多くは「見たいところしか見ない」という隘路に陥ってしまっていたようだ。選挙後から振り返ればこのあたりから、ヒラリーが勝って当然、という理解が大前提にされた報道がなされていたように思われる。

うにも思われない。個別の政策論争が、大味の理念の言い争いに転じてしまった時、トランプの対抗者として立つのが、アメリカ史上初の「女性」の大統領候補であるヒラリーというのもできすぎのように思える。それとも、反動的な若者はエカテリーナよろしく「女帝」として彼女を迎えるのだろうか。

同じくマイノリティに属するバラク・オバマが、ジョン・マッケインと争った2008年が、どれだけ優雅であったことか、と思わずにはいられない。一般に、マイノリティに属する方がアメリカの理想を高らかに語りやすい。それは、マイノリティという社会的劣位に置かれたところから社会の最上層を目指す上で、飛翔のためのエネルギーを要するからだ。むしろ、その飛翔の力に対して、羨望と蔑視がないまぜになった感情を抱いているのが、今のアメリカの白人なのかもしれない。その「オバマvsマッケイン」を経た後での、今年の「トランプvsヒラリー」なのである。

尊ばれるフッーさ

ともあれ、こうした醜い《アグリーな》状況が、レイバーデーのキックオフの前から繰り広げられているのであれば、CBSという最も社会の安定を望む地上波のトークショーに、ケインが呼ばれることにも納得できるのはないだろうか。彼の「フッーさ」

は、この状況下では、むしろ宝なのである。

ヒラリーとトランプという、エキセントリックな二人ではなく、「フッー」のお父さんとして、コルベアがケインを扱おうとするのもわかろうというものだ。大統領候補の二人は、あまりにもキャラが濃すぎるのだ。だから一種の箸休め的な話題として、ケインのような「フッー」の政治家と、そのものずばり、今時のアメリカの「お父さん」の話を求めるのもわかる。ケインはいわば一服の清涼剤であったのだ。そうしたフッーさを求める動きもまた、今年の大統領選がもたらした一つの帰結なのかもしれない。もっともそれはただの気休めであり、混沌とした状況から目をそらすだけの逃避でしかないのかもしれないが。

はたして、レイバーデーのキックオフ以後、混迷する大統領戦はどこに向かうのだろうか。

（2016・9・3）

Ⅳ　決戦前夜

14　二人の新星コメディアン

キックオフ直後のオウンゴール

大方の予想通り、レイバーデー（9月5日）のキックオフから大統領選のラストスパートが始まった。11月8日の投票日当日まで、接戦州（スイング・ステイト）を中心に、候補者による遊説、テレビCMの大量投下、有権者への戸別訪問ならびに投票への呼びかけ、などの選挙戦が繰り広げられていく。基本的にはこのままノンストップで駆け抜けることになるのだが、投票日までの二カ月あまりの間で最大のヤマ場となるのがテレビ・ディベートだ。[※1] 大統領候補者には3回（9月26日、10月9日、10月19日）、副大統領候補者には1回（10月4日）が予定されている。ディベートの成果は、その都度支持率に反映され、時に大きく情勢を変えることもある。[※2] そのため9月26日の第1回ディベートには、いやがうえにも注目が集まる。

…といったところから今回は書き始めようと思っていたのだが、現実はなかな

（1）ディベート会場には伝統的に各地の大学が選定されてきた。現代的な遠視化《テレヴァイズ》されたタウンミーティングが、大学とテレビ局の協力によって実現されること自体、すでにリベラルに傾斜したデモクラシーの形であった。その常識

かそうはさせてくれない。むしろレイバーデー後のラストスパートでは、想定外の出来事が生じるものとどうやら運命づけられているようだ。２００８年の大統領選では9月15日にリーマン・ショックがアメリカ社会を襲い、２０１２年には投票日直前の10月30日にハリケーン・サンディがニュージャージー州に上陸した。いずれも候補者のリーダーとしての資質が試される出来事であった。

　では今年はどうかというと、いきなり候補者自身の自責点《オウンゴール》から始まった。9月11日にマンハッタンで開催された9・11追悼セレモニーで、その場に参列していたヒラリー・クリントンが突然倒れてしまったのだ。直後には熱中症かと噂されたが、その後肺炎に罹っていたことが公表された。これをきっかけに、最近ではメディアの話題として取り上げられることがなかった、候補者二人の健康状態に再び関心が集まることになった。

　11月8日の投票日の時点で、ヒラリーは69歳、ドナルド・トランプは70歳であり、二人とも、過去に最高齢で大統領に就任したロナルド・レーガンの69歳に並ぶ。つまり、候補者がともに高齢者であるという事実を人びとに気づかせてしまい、そもそもこんな年寄りに大統領を任せていいのか?という素朴な疑問を広めてしまった。ちなみにバラク・オバマは47歳、ジョージ・W・ブッシュは55歳で、大統領に就任していた。

　特に、実際に倒れた映像が何度も報道されたヒラリーへの影響は大きく、事件

を覆したのが、トランプのソーシャルメディアによる本選の戦い方だった。そのため既存メディアにとって完全にブラインドサイドの動きとなった。

（2）　ディベートにそのような役割を求めることを大前提にすること自体、疑ってかかる必要があるのが、どうやら《ポスト・トゥルース》の時代の基本姿勢となるのかもしれない。

後、彼女の支持率は下降の一途を辿り、たとえば前回も記したニューヨーク・タイムズの推計では、ヒラリーが勝つ見込みは8月下旬では9割を超えるまで伸びていたものが、9月中旬には7割を切る目前にまで落ちている。もちろん、いまだに彼女が優勢であることは間違いないが、それでもトランプが急速に巻き返しを図っている。その上でニューヨーク・タイムズがそもそも民主党寄りのリベラル紙であることを踏まえると、この低下傾向は侮れない。

というのも、この健康問題は、単に年寄りだから健康が不安だという事実に関わる疑問だけでなく、健康状態についてきちんと情報を公開してこなかった説明責任の方に論点が移り、そこからヒラリーへの信頼／信用に関わる疑念へと転じているようだからだ。この疑念は、むしろ彼女の支持者であるほど当惑させてしまったようで、どう彼女を弁護すればよいのか悩ませている。先ほどオウンゴールと記したのは、こうした余波を含めてのことだ。一部には、ヒラリーの肺炎発覚が、今回の選挙戦のターニングポイントだったと早々に論じる人まで出てきたくらいだ。

その後、ヒラリーについては、彼女の医師から引き続き肺炎に関する情報が伝えられるだけで、彼女の健康状態がそもそもどうなのか、という発表はない。ちなみにトランプからもフルディスクロージャーはない。もちろん、政府要人の健康状態は外交等への影響を考えれば秘匿されて当然のものといえなくもない。だからヒラリー支持者からすれば、なぜこのタイミングで体調を崩すのか？とため息をつくしかない。それもあって、トランプともども、この問題についてはやり過ごそうとしているという声もあがっている。

そんな健康問題に焦点が当たりつつあったところで、9月17日にニューヨークで爆破事件が起こった。ニューヨークは、ヒラリーとトランプの双方にとって本拠地であるだけに、こうした事件への対処の巧拙も、もちろん今後の展開に影響を与える。トランプ陣営からすれば、この間、怒れるブルーカラーの動員を再び図るため、減税策の発表など国内経済の立て直しに焦点を当てようとしていたところで、再びセキュリティの問題に関心が戻る状況に陥っている。なかなか候補者の思惑通りには世の中は動いてくれない。

選挙ツールとしてのディベート

このように本選を目前に控えると、日々生じる新たな事件が、たとえそれが比較的小さなものであったとしても、選挙キャンペーンの戦局を変えていく。それはある意味で現実の政治の舵取りと似たものになり、一つひとつの対応を通じて大統領としての資質が試されていくことになる。メディアの反応も敏感になっていく。

ともあれ、すでにそれぞれが複雑にもつれた状況を抱えながら、二人の候補者はテレビ・ディベートに臨むわけだ。候補者からすれば、これから開催される3回のディベートをいかにして有利に運び、戦局を優位なものにするかが最大の関心事になる。彼らにとってディベートとは、情報戦が繰り広げられる場であり、なによりも投票日までの間、日々流動的に推移する戦局を一定方向に統御するための最大のツールなのである。※3

もちろん、その様子を伝えるメディアの側も候補者の好きにされるがままというわけではない。テレビ・ディベートを迎えるにあたって、当然、各種ニュースメディアが報道合戦を繰り返す。ホスト役のテレビネットワークが力を入れるのは当然として、今日の二極化した政治状況では、共和党についてはFox Newsが、民主党についてはMSNBCが、それぞれ保守とリベラルの応援団として、政策を売り込むための拡声器と化す。

そうした二極化した報道が当たり前になった今日、ユニークなポジションにあるのが、前回も少し触れたコメディショーだ。ディベートの要点をわかりやすく効果的に人びとに伝えるという点で、コメディショーが本選の最終局面で果たす役割は大きい。そこでディベートが本格的に始まる前に、一度コメディショーについて見ておこう。

（3）選挙戦を終えてみれば、ディベートよりも（トランプによる）Twitterの方が戦局を日々生み出していたと解釈せざるを得ないようだ。

コメディショーの新時代

現代のコメディショーのブームをつくった立役者は、コメディアンのジョン・スチュアートであり、彼が1999年からホストを務めた『ザ・デイリー・ショー（The Daily Show）』がその先駆けだ。この番組は、ニューヨークに拠点をおくコメディ専門のケーブルチャンネルであるコメディ・セントラル（Comedy Central）で放送されている。

スチュアートの成功は、彼が「フェイクニュース」というフォーマットを広めたことから始まった。フェイクニュース、すなわち偽物のニュースとは、すでに報道されたニュースの内容に関するパロディ（揶揄・あてこすり）のことだが、それだけでなく、時に報道姿勢そのもののパロディをも意味する。この報道姿勢のパロディについては、報道が二極化した時代の反映であり要請でもあった。

もちろんコメディショー自体は、それこそテレビ放送の黎明期から存在し、すでに数十年の歴史をもつ。たとえば、現在、上院議員を務める元コメディアンのアル・フランケンも活躍した『サタデー・ナイト・ライブ（Saturday Night Live：SNL）』[※4]は、第1回の放送が1975年に始まり、この秋で42シーズン目を迎える。ザ・デイリー・ショーは、こうした伝統的コメディショーよりもさらに一歩踏み込んだ風刺性をフェイクニュースを通じて確立した。

（4）SNLは、アレック・ボールドウィンが「フェイク・トランプ」を、ケイト・マッキノンが「フェイク・ヒラリー」を演じ、ディベートのモノマネで大いに盛り上がっていた。

フェイクニュースは、そのフォーマット上、「フェイクレポーター（偽物のなんちゃってレポーター）」が必要だったわけだが、そこから新たに人気コメディアンが誕生していった。前回触れたスティーヴン・コルベアもその一人だ。そのため、『ザ・デイリー・ショー』は今日のコメディショーを支えるコメディアンの養成所としても機能した。あとで紹介するジョン・オリヴァーやトレヴァー・ノアもこの番組の出身者だ。

『ザ・デイリー・ショー』は、スチュアートの司会のもとで、２００３年から２０１２年までの間、10年連続で、エミー賞[※5]のコメディ部門で受賞を続けるという快挙を成し遂げている。つまり21世紀に入ってから、コメディショーといえば誰もがまず『ザ・デイリー・ショー』を思い浮かべるようになったということだ。それほど時代を画した番組なのである。

念のため確認しておくと、コメディといっても、日本でよく見られる単なる「お笑い」ではない。欧米のコメディには、程度の差こそあれ必ず何らかの「風刺」が込められる。一見するとただの罵詈雑言のようであっても、その背後には、皮肉やあてこすりが込められている。ジョークもこの範疇に入る。

異なる文化的背景の人びとが集まるアメリカのような社会で、互いに相手を嘲笑の対象にしつつ、その笑いから、笑われる側だけでなく笑っている側も客体化して眺める視線を与える。その意味でコメディは極めて高度で反省的な知的表現

（5）エミー賞は、いわばアカデミー賞のテレビ版であり、成功したテレビ番組はドラマも含めて5年は続く長寿番組となる傾向があるため、受賞番組はある時代を映した鏡として記録され、後日、時代の記憶として呼び起こされることになる。アカデミー賞同様、エミー賞の存在は、良質のテレビ番組批評が継続して書かれることにも貢献している。

（6）コレスポンデンツ・ディナーは、ホワイトハウス詰めのジャーナリストたち（＝コレスポンデンツ）で作られたＷＨＣＡ（White House Correspondents' Association）によって毎年4月最後の土曜日にワシントン・ヒルトンで開催される親睦ディナー。ジャーナリストやコメディアンが出席するだ

活動なのである。

もっとも、前回も触れたスティーヴン・コルベアのショー "The Late Show with Stephen Colbert" は、放送しているのがCBSという地上波ネットワークであるため、ほとんどトークショーのようなものである。これは番組コードと視聴者層の縛りから来ている。対して、そのような制約が薄いケーブルチャンネルでは、一歩も二歩も踏み込んで「サーカスティック（風刺的）」な表現を連発する。

そしてその容赦のなさゆえ、選挙の際には、候補者を徹底的にこき下ろす場面も見られる。そうして、健全な批評精神が現実社会に向けられた際の出口を引き受ける。その一方で、当の辛口批評を行うコメディアンはコメディアンで、時には政治やメディアの力によって社会的に潰されるリスクも背負うことになる。和やかな「笑い」の背後で、表現を巡る真剣な戦いが繰り広げられる場、それがコメディショーなのである。

コメディアンの中には、毎年ホワイトハウスで開催される「コレスポンデンツ・ディナー（特派員の夕食会）」に招待される者もいるが、そうして政治家やジャーナリストとの間で微妙な関係を保っている。[※6] この事実が示すように、アメリカ社会ではコメディアンもジャーナリズムを構成する一要素とみなされている。


けでなく、大統領と副大統領も招待される。むしろ最近では大統領と副大統領が自らをネタにしてジョーク満載のスピーチを行ったり、流行のドラマのパロディ・ビデオをわざわざ製作したりと、どちらがホスト役かわからないくらい和やかな親睦会になっている。だがその歴史は古く、WHCAの発足は1914年であり、第1回のディナーは1920年に開催されている。大統領の出席は1924年のクーリッジ大統領からだった。当初は男性のみが参加するボーイズクラブだったが、ケネディ大統領が反発し1962年から女性のジャーナリストも参加するようになった。現在のコメディアンがメインスピーカーを務める慣習は1983年来のことだという。アメリカにおけるメディアと政治の関係を歴史に刻んできた会合なのである。

ケーブルがもたらした二極化

ところで今見たように、コメディショーが変貌する上でケーブルチャンネルが果たした役割は大きい。ケーブルが登場してから、文字通り、繁華街のコメディハウスに通うような形で、家庭での視聴に向けた「舞台」が用意されたからだ。その上でケーブルは、アメリカの政治や報道においても重要な役割を果たしている。

コメディショーが現在のようになった背景には、Fox Newsが、あからさまに共和党寄りの、党派的な保守のニュースチャンネルとして1996年に登場したことがある。その報道姿勢を受けて、同じ96年に始まったMSNBCも徐々にリベラル色を強め、民主党支持のニュース専門チャンネルへと変わっていった。そのためMSNBCも、リベラルの政策を推す点でFox News同様、党派的でその分偏向したメディアであることには変わりはない。

そこで、もともとリベラル側にあった「健全な批評／批判精神」を体現するものとして浮上したのが、ジョン・スチュアート率いる『ザ・デイリー・ショー』だった。99年に彼がホストを務めるようになって以後、視聴率を急速に伸ばしていった。

『ザ・デイリー・ショー』が生み出したフェイクニュースのフォーマットは、ケーブル以後、報道がともすれば二極化している状況そのものを、むしろ批評的に捉えるものとしても人気を博していった。その意味で、一段高い視点からの「メタ報道」ないしは「メタニュース」といえる。裏返すと、そのような「メタ報道」が普通に番組として成立してしまうくらい、政治だけでなく報道もまた、気がつけば二極化してしまっていたということだ。

昔のように、ニューヨークから放送される東部的な価値観に基づくリベラルに傾斜した報道が、権威ある正統な報道として、つまり「正しい」報道として無条件に受け止められる時代は、Fox Newsの登場とともに終わってしまった。さらにケーブルに続いたインターネットによって、二極化だけでなく多極化が押し進められてしまった。そのような混沌とした状況において、徐々に時流を俯瞰するメタなポジションを取っていったのが、コメディ・セントラルの『ザ・デイリー・ショー』だったのである。

二人の異郷人

こうしたコメディショーの変遷を受けて、近年、急速に注目を集めているコメディアンが、ジョン・オリヴァーとトレヴァー・ノアだ。それぞれ自分のコメディショーをもち人気を集めているが、ともに『ザ・デイリー・ショー』の出身であり、そして面白いことに偶然にも二人ともアメリカ人ではないのである。

ジョン・オリヴァーは1977年生まれのイギリス出身であり、現在、HBOで“Last Week Tonight with John Oliver”のホストを務める。HBOはアメリカ随一のケーブルチャンネルで、近年は『ゲーム・オブ・スローンズ』などのドラマシリーズでエミー賞を立て続けに受賞し、現代のアメリカ映像文化の中心の一角を占めるまでになっている。オリヴァーのショーも、コメディ部門のエミー賞を、今年、受賞している。

一方、トレヴァー・ノアは1984年生まれの南アフリカ共和国（南ア）出身であり、2015年にジョン・スチュアートが降板したのち、『ザ・デイリー・ショー』を引き継いだ。ノアの名を冠した“The Daily Show with Trevor Noah”として、引き続きコメディ・セントラルで放送されている。二人とも、フェイクニュースのフォーマットを踏襲しながら、それぞれの個性を反映した番組を生み出している。

ジョン・オリヴァーは、イギリス訛りの強い英語で、イギリス人特有のあてこすりを伴う、もったいぶった口調で大仰に語る。しかしその多くが、真っ当な正論なのである。一昔前の弁士のような印象だ。

たとえばオリヴァーの番組では最近、今年のアカデミー賞受賞作である映画『スポットライト』を引き合いに出しながら、地方紙《ローカル》による報道が、一次ソースとしてどれだけ重要かを示すパロディを放送した。そうしてインターネット時代に入り、経営的に劣勢に立たされている地方紙の擁護に回っている。ちなみにアメリカでは全ての新聞が地方紙である。

『スポットライト』では、ボストンのカトリック教会で長らく隠蔽されてきた、神父による児童への性的いたずらが告発されるが、その告発は、地元紙であるボストン・グローブの調査報道チーム（「スポットライト」欄チーム）の執拗なまでの、息の長い調査報道の取材姿勢があればこそ実現したものだった。オリヴァーはこの点を強調する。

ジャーナリズムは、インターネット時代になり、「キュレーション」や「ソーシャル」という名で読者の情報ニーズに応えることでマネタイズを図るサイトばかりが登場したが、※7 彼らは基本的にデリバリー業に過ぎず、彼らが見繕うニュースは依然として地方紙が足で集め検証したものである。つまり、ニュースという生態系《エコシステム》の中で地方紙の取材機能は一次情報源として不可欠のものである。

こうした内容を、まさに『スポットライト』を模した状況で、彼らが報道姿勢を放棄して、人びとのニーズに応えるだけのただの情報収集業になったらどうなってしまうのかについて、コメディショーらしく、面白おかしく、しかし風刺的に描いている。そうした内容を、時代がかった口調で大真面目に力説するオリヴ

（7）まさにソーシャルメディア上でフェイクニュースが蔓延る理由の一つである。アメリカのメディアもBrexitの結果に危機意識を覚え、その頃からすでに直感的にソーシャルメディアのpost-truth的なあり方——事実や真理かどうかには関係なく、ユーザーが信じたいものをひたすら信じさせることをサポートする傾向——に疑念を抱いていたわけである。

ァーの姿がまた笑いを誘う。イギリス的なユーモアが漂っている。

一方、トレヴァー・ノアは、南アでの生活経験をうまく活かしている。今年の場合であれば、たとえばトランプによって独裁が始まるのでは?という社会的不安に対して、いやこんなことは序の口で、なぜなら世界では軍事独裁政権は当たり前でアフリカを見てみなよ、という言い方で、ブラックジョークとして切り返している。

ノアはしばしば、自分の生い立ちについて語るのだが、その話がまた民族的に複雑な陰影を帯びている。父はスイス人、母は南アの黒人であり、彼はその二人の間で混血児として生を受けた。しかし彼が生まれ育った当時の南アには人種隔離政策《アパルトヘイト》が存在し、白人と黒人は社会的に分断され、婚姻も認められていなかった。そのため幼少時の彼は、人の目を避け、極力隠れて暮らしていたという。そんなノアにとって、アパルトヘイトを撤廃させたネルソン・マンデラは文字通りの英雄であった。ノアはしばしば、彼にとってコメディアンの師はマンデラであったと語っている。マンデラのユーモアには何度も心を救われたからだという。

そんな経歴をもつ人物が、アフリカでの体験を引き合いに出しながらトランプについて語るのだから面白い。彼の話を聞いていると、「笑う」ことの意味そのものまで問いただされているように思えてくる。

ウェブ時代のコメディショー

ここまで見たように、フェイクニュースによってコメディショーの新時代を築いたジョン・スチュアートの代表的後継者は、オリヴァーにせよ、ノアにせよ、いずれもアメリカ人ではない。この事実は、もっと注目されてよいだろう。何だかよくわからないうちに煮詰まってしまった今年の大統領選に対して、文字通り「笑い」飛ばして正気に戻る役割を担うのが、彼らのようにアメリカの外からやって来た、異郷者のコメディアンなのだから。アメリカの他者である彼らが、混沌とした大統領選の意味や意義を容赦なく切り取ることになる。

その上で、彼らのようなアメリカの他者による風刺を、当のアメリカ人たちが見て笑う、という構図自体、情報や報道が簡単に越境する、インターネット以後のジャーナリズムのあり方を示唆しているようには見えないだろうか。[※8]

その意味では、今後彼らが、前回言及したようなAlt-Rightに対してどのような語りを披露するのかは興味深いところだ。Alt-Rightを巡る話は、民主党全国委員会のハッキングとあわせて、2016年大統領選において、ITが選挙戦を活性化させる道具であるだけでなく、選挙キャンペーンそのものを脅かす存在となりうることを明らかにした。ITが「希望」だけでなく「脅威」にもなりうることを広く世の中に知らしめた。

（8）情報や言説の越境性が当たり前になったことの表れである。その意味でウェブの世界は、地理的なものよりも文化的なもの、とりわけ言語的なものが「境」を構成する。もちろん、そうした言語の壁すら自動翻訳によって徐々に無効化されつつあるわけだが。

少なくとも光と影の二面性があることが、アメリカ大統領選を通じて、アメリカのみならず世界に対して明らかにされたといえる。今年の大統領選はそのような転回点として記憶されるのかもしれない。そして、それが実際にどのように記憶されるのか、その記憶の中身の鍵を握るのが、目の前にある時流を一歩引いて批判的に切り取るコメディショーなのである。そう思うと、アメリカの他者であるオリヴァーとノアが、この先行われる3回のディベートを一体どのように斬ってくるのか、楽しみでならない。

（2016・9・25）

追記

同じ言葉を使っているため誤解があるといけないので、念のため記しておくと、ここで取り上げた『ザ・デイリー・ショー』の演目としての「フェイクニュース」は、もちろん選挙後話題になったFacebookなどソーシャルメディア上で広範に流布されていた事実無根の偽報道という意味での「フェイクニュース」とはまったく異なる。『ザ・デイリー・ショー』における「フェイクニュース」はそれがコメディショーの一部であることが明示されているため、「フェイク」であることはすでに視聴者の了解事項である。つまり「フィクション」であることがあらかじめわかっている。

一方、ソーシャルメディア上の「フェイクニュース」の問題点は、意図的にそれが「フェイクではない」装いを施され、かつ、誰かがそれはフェイクだと指摘してくれない限り、そもそもフェイクかどうかの確証を得ることができないところにある。Facebookが執拗にフェイクニュースを放置したことで責任を追及されたのも、まさにこの「真贋の判断」という審級の役割を放棄していたからである。ただの「垂れ流し」であった。この点は今後、ソーシャルプラットフォームをソーシャルメディアとしてカテゴライズした上で、メディア特性を加味しつつ「メディアのもつ社会性・公共性」の観点から規制の是非が検討されることになるのだろう。

15 泥仕合のセレブリティ

VPディベートの意外な盛り上がり

2016年10月4日に開催された副大統領候補者のディベート（Vice Presidential debate：VPディベート）は、従来ならば刺身のツマ的な扱いなのだが、今年はそんな常識を覆す興味深いものだった。VPディベートは一回しかないからという事情もあるからかもしれないが、最初から最後まで緊張感のある舌戦が繰り広げられた。

ドナルド・トランプとヒラリー・クリントンによって9月26日に実施された第1回大統領候補者ディベートが、期待に反して随分とお粗末なものだったのに比べて、こちらは正しい意味で「ディベート」していた。プロテニスの観戦のようなもので、長い間ラリーが続いた果てに、要所要所でポイントが決まるベストゲームであった。コート上のルールを最低限守ったうえで、オフェンスとディフェンスが繰り広げられた。それに比べれば、第1回大統領ディベートはルール無用の単なる口喧嘩だった。「お粗末」というのは、一部始終、そのような場面が繰り広げられていたからだ。

下馬評ではティム・ケイン（民主党）とマイク・ペンス（共和党）のマッチアップは、二人の風貌から「PTA会長vs警察署長」のようであり、「忠犬vs番犬」の争いになると思われていた。

ところが蓋を開けてみれば忠犬も間違いなく犬であり、思わぬほどに牙をむくことがわかった。むしろ、ケインの方が攻撃的な番犬、いや狩猟犬であるように思えるほどだった。「ケイン、怖っ！」というのが率直な印象であった。

VPディベートの進行は、モデレーターの仕切りが甘かったせいか、開始早々ケインとペンスの直接的な応酬に変わり、終わってみればあたかもトランプの公開裁判のようだった。ペンスが弁護人、ケインが検事、そして両者の答弁を聞いたうえで判断を下す陪審員が、このディベートを見ている視聴者全員であるという構図だ。

そんな擬似的な裁判で問われた最大の罪状が、トランプによって、過去数十年に亘って継続的に取り組まれてきた核拡散防止という国際的努力が反故にされ、世界各地に核兵器の配備がもたらされかねないことの是非についてであった。世界に業火をもたらす類いの悪が問われていた。※1
この問いは、ディベートの終盤、ケインからペンスに対して何度か問われたも

（1）トランプは当選後、アメリカの核兵器増強の方針を示唆しており、就任前からすでに核兵器を巡る国際的取り決めへの影響が懸念され始めている。

のであり、実際、そのあたりからディベートというよりも、裁判における答弁という印象が強まっていった。

トランプが核武装を勧める国として、サウジアラビア、韓国に続いて日本も挙げていることを踏まえると、日本人にとってもこのディベートをアメリカの内政に関わるだけのものとして突き放すことはできないと再認させられた。彼らが今、目の前で話している内容は、アメリカの外にいる人びとにも直接影響を与えるものだからだ。※2

ケインはこれに限らず、不法移民の強制送還の行使(deportation force)など、まるで「七つの大罪」のように複数の論点=罪状をトランプに突きつけ、隣に座るペンスに向かって、ではあなたはそれら罪状を擁護できるのか、と再三再四詰め寄っていた。

それでもトランプvsヒラリーの第1回ディベートのように、ルール無用の中傷合戦になってしまうことがなかったのは、ケインもペンスもともに州知事と連邦議員を経験した、生粋の政治家だったからなのかもしれない。

どれだけ発言がエスカレートしたように見えても、双方ともに引き際を心得ていた。トランプやヒラリーのように癇癪を起こすこともなければ、相手を睨んで恫喝することもなかった。その様子を見て、ディベートとはこういうものだったよな、とむしろ安堵したくらいだ。この点、ヒラリーもトランプも、彼らのディ

(2) ある国の国内問題が容易に他国を巻き込む国際問題に転じる時代が現代であることがよくわかる。とりわけグローバリゼーションを先導していたはずのアメリカが突然そのゲームから降りる(いわゆる「Gゼロ時代」)となるとどのような断続的変化が世界に生じるのか。影響は計り知れない。

ベートでは、最後はクチではなく、結局はカネあるいはチカラだろ、というのが透けて見えすぎていた。

そしてあらためて、トランプとヒラリーの二人が、どれだけエキセントリックであるかが、思い知らされた。選挙戦のリアリティショー化については、トランプは確信犯であるため、もはや指摘するまでもないことなのだが。

自作自演のスピン

たとえば、トランプは大統領ディベートの慣習をいきなり破って、第1回ディベートの終了後、自ら「スピンルーム」に姿を現しメディアの取材に答えていた。スピンルームの「スピン＝捻り」とは、記者が記事を書くうえで参考にする「切り口」のことであり、アメリカのジャーナリズムの世界では、あるイベントが終わった後、スピンルームに詰め寄せた記者たちが、関係者（多くは広報担当者）からコメントを取り合うことになる。

よくいわれることだが、アメリカでは日本の記者クラブのようには、取材機会が制度化されていないので、たいていの場合は、中継や取材にあたっていた報道関係者の詰め所にこれみよがしに広報担当者が顔を出し、その周りにスピンを求める記者が殺到し、矢継ぎ早に記者からの質問が投げかけられていく。中には「スピン・ドクター」といわれるツワモノの広報担当者もいて、彼／彼女のスピンによって、白いものも黒くなるような印象操作が平然と行われることすらある。

ともあれスピンルームとは、そのようなスピンが広報担当者と記者の間で繰り広げられる場であり、その要諦は、当事者以外の人間が、「書いてほしいこと／ほしくないこと」（広報担当者）と「書きたいこと／暴きたいこと」（記者）の間で、それぞれの思惑＝腹積もりを忖度し合うところにある。

つまり第三者どうしのやりとりだからこそ、よくも悪くも「あること、ないこと」が囁かれ、その後の報道で根も葉もない憶測が飛び交うことになる。意地悪くいえば、そうしてジャーナリストや評論家に仕事の機会を与えるわけだ。

加えて、そうやって記者と候補者の間に意図的に距離や溝がつくられるからこそ、特定のメディアによる「独占インタビュー」の価値が上がることになる。特に大統領選のような息の長いキャンペーンでは、候補者にとってもメディアにとっても独占インタビューの意味は大きい。だから、そのカードをどこで切るかは戦略上の大きな決断の一つとなる。

ところがトランプは、そのような慣習を一切無視し、第1回ディベート終了後、自らスピンルームに姿を現し、自分の手で「スピン」を投げていた。つい先ほど自分が発言した内容に対して、その解釈を自らスピンするのであるから、それはもう自作自演であり、自画絶賛になってもおかしくはない。けれども、そのようなフレームが見えていても、記者は彼を無視できない。他社が取材するなら自分たちもしないわけにはいかない。

そもそも今ここに書いたように、トランプが慣習を破ってスピンルームにやって来た、という事実そのものがニュースになってしまう。そうやって、人びとの限りある認知資源たる時間が占拠されていく。情報の煙幕がはられノイズばかりが増えていく。

トランプは、VPディベートの時にもリアルタイムでTwitterの投稿に興じ、ペンスの示した鉄壁のディフェンス力に対して、彼を讃えることよりも、そんな「有能で忠実なペンス」をVPに選んだ俺って人を見る目があるだろ?、と自画自賛してしまう。Twitterの利用もここに極まれり、といった感じだ。

セルフィ時代のセレブリティ

とはいえトランプからしてみれば、こうした取材対応は、セレブリティビジネスの世界ではむしろ当然のことで、そこではパパラッチも含めて取材する側とされる側の共生関係がすでにできあがっている。自薦は当然の振る舞いだ。その論理を、曲がりなりにも今まで公明正大を掲げてきた選挙戦の現場に遅ればせながら持ち込んだにすぎない。

さらにスマフォ以後の時代は、普通の人たちもパパラッチ予備軍であり、今やどこにでもカメラはあり、誰もがカメラマンである。[※3] たとえば今年のキャンペーンでは、支持者との集会において、簡単な柵が設置されることが増えてきた。イメージとしては、美術館に高価な絵画が展示された時に、必要以上に近づけないように設けられる柵と思ってもらえればよい。

このような会場設営がなされるのも、支持者が皆スマフォをもっており、候補者の写真を撮影しアップすることが普通のことになったからだ。候補者とともに写真に収まる「セルフィ」を多くの人が望んでいるため、候補者の姿が群衆の中でも一段際立って写るように、大きな舞台まで用意される。そうしてソーシャルメディアでの露出機会が確保され、即座にミームがばらまかれていく。

トランプはこうした「メディア環境のパーソナル化／ソーシャル化」に素直に対応しているだけともいえる。そしてこの点に関しては、上院議員になる以前から、トランプ同様、ファーストレディというセレブリティの一人として、まずはアメリカ人に認知されてしまったヒラリーも変わらない。

おそらくはそれもあって、第1回のディベートは散々なものになってしまったようだ。基本的にはヒラリーは抑制のとれた弁論を行っていたのであるが、それでも時折首をかしげざるを得なかったのは、トランプのルール無用の振る舞いに引きずられて、ヒラリー自身も興奮してムキになってしまうところが散見された

（3）この誰もがスマフォで撮る写真を広める上で役立っているのがInstagramだ。トランプが当選後、選挙戦に貢献したソーシャルメディアとしてTwitterとFacebookとともに讃えたのがInstagramだった。選挙後、多くのメディアがこのトランプの発言も踏まえて彼のTwitterでの発言もニュースソースとして扱うようになってきたが、しかし、Instagramについてはほとんど触れられていない。おそらくは写真が中心でコメントがしにくいからなのだろうが、一枚の写真が伝える情報量は思いの外多く、時に雄弁ですらある。コメントを任意につけられる点でもTwitterやFacebook同様、今後は真剣に取り扱われるべきメディアの一つであろう。ちなみに2017年1月上旬現在、トランプのフォロ

ことだった。
ケインvsペンスのディベートが互いに球を打ち返すテニスであったとすれば、トランプvsヒラリーのディベートは、まったくテニスなどではなかった。気分的には、トランプはゴルフをしていて、いきなりショットをラフに落としたため、そこまで勝手にずんずん歩き出した、という感じであり、対してヒラリーは、一人でクレー射撃に興じており、飛んできた的をとにかくすべて撃ち落として悦に入っていた、という感じだった。全然噛み合っていないのだ。
その最たるものが、ヒラリーが延々と続くトランプの中傷に対して「ハァ！」と奇声を上げて応じたあたりだ。何処かで見たことがあるなと思ったら、民主党全国大会でメリル・ストリープが上げた奇声とそっくりであることに気がついた。このように、ヒラリーもまたある条件が揃えば、トランプのように興奮して、彼の本拠地であるリアリティショーの世界に踏み出してしまう。政治家ではなくセレブリティの世界に舞い戻ってしまう。事実よりも噂やイメージが先行する世界に引きずり込まれてしまう。※4
それでも彼女が許されているのは、トランプという彼女の上を行く事例が横に控えているからであり、同時にトランプの言うように、端的に彼女が女性だからということもあるのだろう。いうまでもなく、セレブリティの世界では男女の報道はまったく公平でもなければ公正でもない。ある意味でPC（政治的正しさ）の

ワーは460万、イヴァンカは210万である。

（4）セレブリティの世界とは、"post-truth"と呼ばれる、浮遊する言葉で溢れる世界が先行して現実になった世界であった。

対極にある世界だ。伝統的に男女が置かれた社会的関係の方が前景化する。片足がすでにイエロージャーナリズムに浸かっており、愛憎、美醜、セックス、血脈、欲望、スキャンダルといった話題の中にセレブリティは自動的に配置され、男女の扱いは当然、非対称である。

そのため、奇行を見咎められることがない理由も女性だから、といわれても仕方がないところはある。非難の有無や程度によって見咎める側の資質も問われてしまうからだ。ゴシップの世界では、そのようなゴシップを消費する側の人びとの内面で蠢く抑制や欲望も報道内容に関わってくる。

同じ嘲りでも、男性がするのと女性がするのとでは受け手の印象も反応も異なるものだ。とするとヒラリーの場合、政治家である以前にすでにセレブリティであったことが彼女の好感度に影響を与えていることは否めない。トランプが父親から小切手をもらってビジネスを始めたというのと同じくらい、ヒラリーは夫のビルからファーストレディという配役をもらって政治を始めたといえてしまうからだ。

政治劇ドラマが象る政治のイメージ

ちなみにそうしたファーストレディが抱く野望については、ドラマ "House of

Cards”（『ハウス・オブ・カード』）の第4シーズンで描かれている。セレブリティとメディアの取り合わせという点では、このドラマも少なからず関心を集めているので、ここで簡単に触れておこう。[※5]

この政治ドラマは、ケヴィン・スペイシー扮するフランク・アンダーウッドが、民主党所属の南部選出の下院議員から、謀略を通じて下院のナンバー2、そして副大統領へと権力の階段をのし上がった挙句、大統領の辞任を画策し、全米50州の市民による直接選挙の洗礼を一切受けずに、いわばシステムの穴を突いたかたちで大統領に就任し、その権力を手に入れるという、忌まわしいまでに謀略に満ちたドラマだ。

それゆえ今回の大統領選では、予備選の時点から折りに触れ、その内容が今年の選挙戦に与える影響について取沙汰されてきた。民主党の南部政治家のイメージを下げただけでなく、このドラマによって流布された政治家全般への悪印象、すなわちワシントンDCへの嫌悪感が、トランプの台頭を促したのではないか、といういささかトンデモな非難も飛び交ったドラマだ。そうした非難に対してドラマのプロデューサーでもあるケヴィン・スペイシー本人が報道番組に登場し、弁明することもあった。

政治劇ドラマというと、過去には、ビル・クリントン時代をモチーフにして、ベテラン脚本家のアーロン・ソーキンが創作した“The West Wing”（『ザ・ホワイ

（5）“House of Cards”は、ストリーミングサービスであるNetflixのオリジナル・ドラマとして2013年にエミー賞を受賞し注目を集めた。それだけでなく一括視聴《ビンジ・ビューイング》という視聴形態も広め、10年代の映像文化のあり方を方向づけた作品としても重要である。

トハウス』）が大ヒットし、その宮廷劇ばりの、ホワイトハウス・スタッフの八面六臂の活躍ぶりは大いに話題を集めた。今でも大統領を演じたマーティン・シーンがあたかも本物の大統領であったかのようにテレビ画面に登場することすらある。このドラマに見事にあてられてしまった若者が、実際に政治の世界を志し、遂にはオバマのホワイトハウスのスタッフとして採用され“West Wing Kids”と呼ばれたという逸話もあるくらいだ。そんな生きた伝説を知れば、“House of Cards”が真逆の効果、すなわち悪影響を与えるのではないかという心配が生じるのも一理あることになる。

実際、この手のドラマを馬鹿にできないのは、その影響が10年後くらいに現れてくるためだ。ケヴィン・スペイシーが演じる大統領が、あれほどまで腹黒い存在だったとしたら、一体誰が政治家を志すというのだろうか。そう考えると確かに10年後が少し怖くなる。

ちなみに“House of Cards”は、もともとイギリスのドラマであったものを、舞台をアメリカに変えてリメイクしたものだ。アンダーウッドが大統領選の洗礼を受けずにのし上がったというプロットも、直接にはイギリスとアメリカでの統治機構の違いから生じた展開だ。

立憲君主制をとるイギリスは、議会の多数党から議会での指名を受けて首相を選出する議院内閣制を採用している。だから、ひとたび自分の選挙区で議員として選出されれば、あとは党内政治、議会政治にかまけることで、政治家のトップとしての首相の地位を狙うことができる。

対してアメリカの場合は、元首たる大統領は直接公選されるため、党内政治にどれだけ長けていても、一般の人びとからの人気がなければ当選できない。良くも悪くも全米レベルのポピュラリティが必要条件になる。[※6]そのような大統領制下のアメリカで、イギリスのような地元からのし上がるタイプの政治劇を展開したため、必要以上に“House of Cards”がダーティな印象を与えてしまった感は否めない。

実際、ヒラリーも含めて多分に劇場化、リアリティショー化してしまった本選の様子を見ると、このような大統領のイメージをかたちづくる土台となるフィクションも、存外馬鹿にできない。

逆に大統領候補の二人がもともとセレブリティとして劇場的認識をされていたため、なおのこと、ケインとペンスによるディベートが、彼ら二人の職業政治家としての特徴を際出たせてしまい、さらには、政治家とはこういうものだったはずだ、という安心感を与えてしまったようにも思える。なんとも難儀な本選だ。

ちなみに第1回ディベートの直後には、さっそく伝統あるコメディショーである“Saturday Night Live”（SNL）で、アレック・ボールドウィンがトランプ役を、ケイト・マッキノンがヒラリー役をそれぞれ演じて、間抜けでアホらしいディベ

（6）選挙後、ロシアによるサイバー介入が明らかにされた今となっては、たった一人の人物を大統領として全国民によって選ぶという仕組みそのものが孕む脆弱性が、今後議論の対象として浮上することになるのだろう。

ートの再演をしていた。[7] とはいえ今回の場合は、そうしたパロディの元ネタであるディベート自体が、そもそもリアリティショーのパロディのようなものなので、パロディの上にパロディを重ねたようで単なるバカ騒ぎでしかないように見えてしまうのが怖ろしい。パロディそのものが端から無効化されてしまう。

ではそんな状況下で2回目以降のディベートには何を期待すればよいのか。

忘れ去られた経済問題

今回の大統領選は、もともとはトランプの台頭だけでなく、予備選の時のサンダースの善戦も含めて、「経済が問題、つまり内政が問題だ!」[8] が争点であり、それゆえのポピュリズム旋風であったはずなのだが、しかし肝心な本選ディベートでは、トランプが具体的な経済振興策を提示しないこともあり、期待されていたほど経済が焦点になってはいない。

どうやら経済の問題は表面的な話題でしかなく、結局のところ今回の大統領選は、経済政策をも含む政治的判断を支える考え方、もっといえば倫理観を巡る選択なのではないか。そのことが、トランプとヒラリーの後援者であり代弁者である副大統領候補者のディベートによって鮮明にされたように思えてくる。

というのも経済の話題に触れても、いつの間にかセキュリティの話にすり替わ

(7) 選挙後、アレック・ボールドウィンの演じる「フェイク・トランプ」の存在感はいや増すばかりだ。

(8) "It's the economy, stupid!" と1992年の大統領選で触れ回っていたビル・クリントンと同じ問題を抱えていたはずだった。

ることが多いからだ。それはトランプの経済政策が、基本的には保護貿易への傾斜であり、その一環として移民制限や不法移民の強制送還へと主題がスライドしてしまうためである。

そもそもトランプのいう経済や政治というのは、ほとんど不動産開発ないしは都市開発と同義で、発想のあり方として、ビルを建てたらあとはそこにテナントを入れればいい、だめなら他のテナントに替えればいいくらいのアバウトなアイデアでしかない。第1回のディベートでもそのような説明しかされなかった。土地に縛られる不動産業ゆえの発想からなのか、トランプの頭の中には経済が交易のネットワークからなることがすっかり抜けている。一方ヒラリーはヒラリーで、あたかも企業弁護士のように、経済の中身には触れず、取引のルールばかりに言及する。

ということで、どちらも経済が問題と言いながら、実は経済をどうしたいのかという話にまで踏み込まない。夢を語らない。かわりに二人とも、ベビーブーマーらしく政治体制の話に終始する。それもアメリカの国際的立ち位置というマクロの話に偏りがちだ。

相変わらずミレニアル世代の若者からのヒラリーの支持が伸びていないのも、おそらくは、彼らが熱狂的に支持したサンダースのように、若者の視点に立って具体的に何をしたいのか、つまりミクロなことからボトムアップに積み上げていくプランのイメージが与えられていないからなのかもしれない。残念ながらVPディベートでもミクロな具体案は話題にならなかった。むしろ、若者からの支持という点では、Alt-Rightの取り込みを図ったトランプの方がもしかしたら一歩先を進んでいるのかもしれない。

となると、2回目以降のディベートでは、そうした具体策がどの程度まで提示されるのかが鍵を握るのではないか。なぜなら、そろそろそうした提案なしでは、背後にチラチラ見え隠れする第三党候補者の動きによって足元を掬われかねないようにも思われるからだ。

ともあれ、投票日まで残り一カ月である。

（2016・10・9）

16　内戦・聖戦・諜報戦

遠のく選挙戦

ヒラリー・クリントンとドナルド・トランプの戦いは、２０１６年10月19日の第３回ディベートを目前に控えながら――ということは選挙戦の最終コーナーを今まさに回ろうとしているところであるにもかかわらず――、むしろますます選挙戦から遠のいていているように見える。一体全体、ここはどこの第三世界かと思うくらい、ただの醜聞合戦になってきた。とてもアメリカの選挙とは思えない酷い争いと化している。

実際、投票日まで一カ月を切ったのに、いまだにまともな政策論争一つもなされていない。ただただ人びとの好悪の感情を操作するための醜聞だけが流布されている。もはや選挙戦の体をなしていない。いやむしろ、選挙の当事者だけでなく、本来はそれを観察し伝える役であったはずの報道機関や協力機関までを巻き込んで、全面的な紛争になりつつある。それが、タイトルに掲げたとおり、内戦であり、聖戦であり、諜報戦である。もはや選挙戦の外野の方が遥かに賑やかだ。それほどまで今のアメリカは、追い詰められ、焦燥感に駆られているように見える。余裕がまったくない。

どういうことか。何が起こっているのか。

直接のきっかけは、第2回ディベート直前の10月7日に、トランプの10年前の「プッシートーク」をワシントン・ポストが暴露したことだった。[※1] “Access Hollywood” という番組の収録の際、移動に使ったバスの中でのトランプの発言は、女性を弄ぶ意図を込めた表現で溢れていた。そのため彼の女性遍歴も含めてさまざまな憶測を呼び、そのビデオの公開直後から大騒動となった。今までの常識で考えたら、大統領どころか政治家失格の内容である。

当然、リベラルな政治家や活動家からは非難が相次ぎ、その中でも話題をさらったのが、問題のビデオが暴露されてほとんど時間をおかずにウェブにアップされた、ベテラン俳優のロバート・デ・ニーロによるビデオだった。どうやらデ・ニーロの逆鱗に触れたようで「ヤツのツラに一発おみまいしてやりたい！（I'd like to punch him in the face.）」と睨まれていた。『タクシードライバー』でのデビュー以来、世の中の不正に拳を上げる役が多く、いわば「俺が正義だ」を体現するクリント・イーストウッドの民主党版であるデ・ニーロ親分の発言だけに、この数カ月の間アメリカ人が暮らせてきたトランプに対する憤懣やるかたない気分を代

（1）同じ10月7日には、まるでプッシートークの暴露に対抗するかのように、ヒラリー選対のトップであるジョン・ポデスタのメールアドレスがハッキングされ、メールの内容が公開されていた。

弁していた。[※2]

そうしたストレートな反応は、民主党だけでなく共和党にも見られ、共和党のリーダーの一人で2008年にオバマと大統領選を競った上院議員のジョン・マッケインは、即座にトランプの支持を取り下げると公表した。ほかにも、上院、下院の連邦議員や州知事からトランプを支持しないという表明が続々となされた。

もともと呉越同舟なのは間違いなかったのだが、そんな危ういトランプとの同盟関係を放棄するには十分なスキャンダルだった。なにしろ投票日を一カ月後に控えた時期だ。中にはトランプを共和党公認の大統領候補からとりさげ、副大統領候補のマイク・ペンスを繰り上げて大統領候補にすべきだという声もあったが、すでに地域によっては先行投票（early voting）も始まっており、今さらトランプを候補者から引きずり下ろすこともできないという事情もあった。むしろ、そのタイミングでこのテープを公開したワシントン・ポストに一本取られたということかもしれない。同紙はすでにヒラリーの支持（endorse）を表明済みだ。こうしてトランプは孤立を余儀なくされた。

こんな状態で第2回のディベートを迎えるのだから、始まる前から暗雲が立ち込めたのもやむを得ない。さすがにこれではまずいと思ったトランプは、ディベート前に、件のテープに収録された発言内容について公式に謝罪したが、それで一旦点いたスキャンダルの火が消えるわけもなく、第2回ディベートでもプッシ

（2）トランプの当選後、このビデオ発言についてデ・ニーロも謝罪していた。威勢のよい非難であった分、ヒラリー敗戦に忸怩たる思いであることが伝わるものであった。

ートークは避けて通れないものとなった。

ちなみに、今では一連の事件を、選挙戦に与えた影響の大きさからニクソン大統領を辞任に追いやった「ウォーターゲート」事件になぞらえて「プッシーゲート」と揶揄する向きも出てきている。

いずれにせよ、トランプのプッシートークは、第1回ディベート直前に、ニューヨーク・タイムズがトランプの税金逃れの事実をすっぱ抜いたことに続くスキャンダルとなった。95年に巨額の損失を計上することで以後継続して納税を免れてきたという同紙の報道とあわせて、トランプには「エロジジイの脱税オヤジ」というレッテルが貼られたことになる。[※3]

ちなみにニューヨーク・タイムズもヒラリー支持を表明している。アメリカの報道機関は、大統領選を間近に控えたところで、自らの報道姿勢を鮮明にするために「支持(endorse)」する候補者を公表する習慣があり、それなりにその表明はニュースバリューをもつものとみなされてきた。しかし、今回についてはトランプ支持でもない限りさして注目されることもない。

支持を公表して以後も、もちろんジャーナリズムの矜持として公正な報道姿勢は貫くものの、Op-Ed欄のような意見表明が許される場面ではエンドースした候補を支える発言が増えていく。つまり、報道機関からすれば、エンドースの表明は、選挙戦への積極介入の解禁を示す狼煙といえる。ニューヨーク・タイムズに

(3) だが、そのようなレッテル貼りも結局、意味をなさなかった。本選に入って報道メディアがトランプの扱いに窮しているうちに時間切れになり、戸惑ったまま本選が終わってしまったというのが実情であった。

しても、ワシントン・ポストにしても、そうした解禁を経てすでに戦闘モードに入っているということだ。[※4]

最悪のディベート

ともあれ、このような醜聞にまみれた状況で第2回ディベートが開催された。すでに多くの報道がなされているように、このディベートは、アメリカ史上最悪の「醜悪極まるディベート」という烙印が押される類いのものであった。

ディベートも2回目というのに政策議論に焦点が合うわけでもなかった。論者によっては、後半はよいディベートだったという評価もあるようだが、それでも基本的にはトランプとヒラリーの間の醜聞合戦に終始していた。泥仕合だった。

しかしそれもやむなきことで、なぜなら女性問題という話題は、返す刀でヒラリー陣営も痛いところを突かれるからだ。いうまでもなく、ビル・クリントンに取り憑くモニカ・ルインスキーとのスキャンダルだ。連邦議会による弾劾裁判にまで発展したビルのスキャンダルへの言及は避けがたい。

当然、トランプもその点をついてくるだろうと思っていたら、案の定、ビルからセクハラを受けたと訴える女性たちをわざわざ会場に引き連れて登場した。ディベートの最中でも、プッシートークについてモデレーターから質問を受けると、

（4）だが、ニューヨーク・タイムズやワシントン・ポストが戦闘モードに入ったことで、トランプの記事を求める支持者たちを中心に、ウェブ上でフェイクニュースに飛びつくという現象が、ディベート報道真っ盛りのこの時期、実は裏で起きていたわけだ。

即座にビルの件を引き合いに出して反撃していた。予想されたこととはいえ、この話題（とヒラリーの電子メール疑惑）をトランプは適宜折り込み、同様の説明責任をヒラリーにも負わせることによって、明確な回答を避けていた。

このような醜聞合戦の空気に加えて、第2回のディベートがタウンミーティングタイプであったことも、論点がはぐらかされる理由の一つであった。※5 二人の候補者の脇には、一般の有権者が数人ずつ着席しており、適宜モデレーターから質問を許されていた。基本的にはQ＆Aセッション方式で進められた。

一つ新しい動きだと思われたことは、候補者への質問として、Facebookなどのソーシャルネットワークで話題になっているものも取り上げるということだった。その質問はモデレーターが読み上げるわけだが、ということは、モデレーターといっても、あくまでも代弁者でしかないことになる。いや、そういう形式は今までもあったのではないか、と思われるかもしれないが、かつては「噂」や「風聞」として済まされていたのに対して、現在は、そのような疑念を表明している人たちをソーシャルネットワーク上でカウントすることも可能である。つまり、実数把握のできる噂／風聞が質問として投げかけられる。そうすることで、ディベート開催者であるCommission on Presidential Debatesは、リアルなタウンミーティングのイメージから「バーチャル・アリーナ」へとランクアップしようとしているようにも見える。

（5）タウンミーティングは、アメリカのデモクラシーの原点であり同時に理想像としていまだにことあるたびに各地で（特にニューイングランドで）開催されている。会場とのインタラクティブなやり取りが、政治はもとより公共生活に必要な対話の意義を再確認する場となることが、本来は一対一の舌戦であるはずの（テレビ）ディベートにも組み込まれている理由だ。もっとも候補者からすると、会場から何が質問されるかわからず、にもかかわらず、当意即妙な対応が求められるため、事前の準備が困難と思われているイベントでもある。

テレビ・ディベートが、あくまでも「テレビ中心のマスメディア時代」の産物であったことを踏まえれば、この先、ソーシャルメディアを取り込むことでディベートの形態も変わっていくに違いない。いずれにしても、噂や風聞といった「空気」を計量化できることが孕む可能性は大きいように思われた。

実際、今回の場合、質問者を含めて「ディベート」であったため、第1回のように、壇上には候補者とモデレーターの三人しかいない裁判形式とは、緊張感のあり様がまったく異なっていた。一つの質問には一つのイシューが割り当てられており、その質問をはぐらかすことは質問者である有権者の人格そのものを無視することにつながる。そこがモデレーターのように、仮にディベート中はぞんざいに扱ったとしても、あとで何とでも言える相手とは違う。そのため第1回に比べれば、候補者二人は質問にきちんと答えるしかない。それもあって、会場からの質問が相次いだ後半の評価がそれなりに高くなったようなのだ。

とはいえ、そこで政策論争らしきものが繰り広げられたわけでもなく、個別の応対がなされるだけだった。確かに最後の質問者から、「これほどまで真っ向対立している二人だが、それでもここはすばらしいと思う相手の一点を挙げてほしい」と問われた時は、ヒラリーにしてもトランプにしてもそれまでと違って柔和な面立ちになり、締めの質問としては秀逸だった。ヒラリーはトランプの「家族」を讃え、トランプはヒラリーの「ファイター」としてのガッツを賞賛していた。

だが、それもあくまでも「締め」の一言として優雅であっただけのことだった。

実際、その後、ネットで話題になったのはこの最後の質問者ではなく、途中で質問した、眼鏡をかけて赤いセーターを着たちょび髭のいかにも中西部（セントルイス）にいそうな小太りの白人男性で、彼は何だか「アドラボー（かわいい）！」ということで人気を博していた。ネットで人気を得るということがどういうことかをよく伝えるエピソードといえる。

共和党シヴィル・ウォー[※6]

こうして第2回のディベートは終了した。振り返れば4年前の「オバマvsロムニー」の第2回ディベートは、第1回で信じられないほど精彩を欠いたオバマが本来の姿を取り戻し支持率を大きく上げ、選挙戦の様相を変えたものだった。それに比べれば、ディベートの出来とはほとんど関係なく、ただプッシーゲート事件という醜聞によってヒラリーの支持率が上がっただけのものだった。

この惨憺たる第2回のディベートの結果を受けて、再び下院議長のポール・ライアンが、トランプに対してノーを突きつけた。マッケインたちのように不支持を表明するまでには至らなかったものの、以後のトランプへの助力を拒むものだった。大統領選とそれ以外の選挙を完全に別物とし、トランプを孤立させる。ラ

（6）　シヴィル・ウォー（civil war）とは、civil＝市民による街の中の争いということで、国どうしによる戦争ではない、いわゆる内乱や内戦のことを指す。だがアメリカの場合、The Civil Warと大文字で書かれると19世紀半ばに南部と北部で争われた「あの甚大な被害をもたらした内戦」、すなわち「南北戦争」のことを指す。実際、建国以来、北米大陸での本土決戦を経験していないアメリカでは、本土における悲惨な戦争というと「ザ・シヴィル・

イアンからすれば、何があっても下院の過半数は死守し、引き続き下院議長の地位を維持したい。そうして来年以降、仮にヒラリーが大統領になったとしても対決できる余地を残すことを最優先にする。

共和党の議員たちからすれば、ムスリムやヒスパニックなどマイノリティへの中傷ならば、自分たちの選挙区には影響はない、あるいはあっても軽微だと考え、まだトランプに従うことができる余地があった。しかし、女性への不当な発言となると話が違う。それは全選挙区に関わることだからだ。

こうした理由から、ディベート後、トランプの支持を取り下げる議員が続いている。トランプを支持しても、自分の選挙にまったく役立つことがないばかりか、むしろマイナスである。悪いことに、ディベート後も、トランプからセクハラだけでなく、身体接触を伴う「性的襲撃（Sexual Assault）」の被害を受けたと訴える女性が続出している。確かにプッシートークだけならば会話の話題にすぎないと強弁することもできたかもしれないが、実際に被害を受けた女性が声を上げるとなるとその効果はまったく異なる。少なくとも投票日までの間に、ことの真偽がはっきりするとは思われない。そもそもそんなことにかまけている時間もない。だから、ライアンが下院の議席数だけでも維持しようと、トランプを隔離することは理に適っている。ライアンに同調して、共和党の大口献金者の中には、トランプ陣営に予算を振り向けないよう共和党全国委員会に訴える者も出てきている。

ウォー（南北戦争）」が思い出され、同時に国の分裂ないしは決裂の危機が想起される。そのようなニュアンス持つ言葉が「シヴィル・ウォー」なのである。

このように共和党はシヴィル・ウォー（内戦／内乱）に突入してしまった。トランプはもはやただの無法者でしかない。もちろん根強い支持者もいるが、しかし彼の支持者も含めて厄介者とみなされつつある。むしろそこまでトランプを追い詰めると、窮鼠猫を噛むのごとく、投票日当日まで、あることないこと暴言を吐きまくるのではないかと心配する声まで上がっている。本当にただの災厄だ。けれども、これが投票日まで一カ月を切った現在の状況なのである。[※7]

アメリカの母、ミシェル

一方、女性をはじめとしてマイノリティ全般の権利の確保に努めてきた民主党からすれば、今回のプッシーゲートはあまりにも目に余るお粗末なものと映ったようだ。大統領候補の適性どころか、トランプの人間性そのものを疑う動きまで出始めている。その先頭に立つのが、ファーストレディのミシェル・オバマだ。[※8]ディベート後の10月13日にニューハンプシャーで行った彼女のスピーチは、いつものミシェルらしく、「子どものための未来」という視点に立ち、果たしてトランプの言動は子どもたちに見せることができる類いのものなのかと問いかけ、真っ向からノーと答えてみせた。子どもの手本にならないような人物を大統領に推すなど言語道断だとばかりに、トランプに対して徹底的に戦おうと呼びかけた。

（7）　このような報道ならびにその報道内容に同調する共和党の要人がいたにもかかわらず、トランプも共和党も勝利を収めた。単に「ポピュリズム」という説明で納得するのでは足りない何かがここには隠れているように思える。共和党エスタブリッシュメントの思惑の裏側ないし外側に、今回の選挙を決めた隠れた事実があるようなのだが、しかし共和党が大勝してしまったため、その何かは不問にされたまま終わってしまいそうだ。

（8）　黒人初の大統領といわれながら、実は白人と黒人の混血であるバラク・オバマ大統領（しかも父はケニアからの留学生であったため、いわゆるアメリカ黒人の苦難の歴

女性の尊厳をかけた、ミシェルの聖戦だ。

　これは第2回ディベートでヒラリーがトランプの中傷をかわすために引用した表現でもあるのだが、ミシェルは民主党全国大会におけるスピーチでも「相手（＝トランプ）がロー（Low＝下品な手段）で来るなら、わたしたちはハイ（High＝高潔な態度）で行こう」と訴えていた、その姿勢を前面に出して、トランプを、単に大統領候補として非難するのではなく、アメリカ社会そのものを腐らせる存在として位置づける。そうすることで、プッシーゲートの話が、ともすれば「女性vs男性」という対立の隘路に陥ることを回避する。男性の中にもきちんと理解ある人もいることを指摘し、トランプを男性とか女性とかいう以前に、人間未満の存在として扱おうとする。

　こうした姿勢は、この一年あまりの社会的混乱の結果アメリカ社会に漂いつつある「もううんざりだ！（Enough is enough!）」と訴える厭世感への対応ともいえる。トランプの言動は、近代的な「基本的人権」やアメリカ建国の源である「自由」をも損ねるものであり、近代性の否定につながるものだからだ。だからここにあるのは「啓蒙vs野蛮」とでもいうべき古《いにしえ》の対立なのだ。そしてこのように、選挙どころか政治以前の、アメリカ人としてのモラルが問題となるのであれば、それは政治家の領分ではなく、まさに「アメリカの母」の位置を占めるファーストレディの領分となる。

史を直接背負っているわけではない）に対して、ミシェルはアメリカの黒人社会と黒人文化の中で育ちながらプリンストンで学びハーバードで法学博士を取得した俊英だ。それもあってか、バラクよりも素直に黒人文化《ブラックカルチャー》をホワイトハウスにもたらした。もちろんファーストレディとして公共的な課題にも関心は高く、特に彼女が気にかけているのが子どもの糖尿病であり、そのために食育やエクササイズを奨励してきた。ヒップホップのようなクールな文化を健康維持のためのエクササイズの文脈で紹介している。しかも自ら歌い踊ることを通じてだ。2014年に大ヒットした〝Uptown Funk〟をホワイトハウスに集まった子どもたちの前で見事に踊りきったこともある。ファーストレディはクールな黒人文化の伝道者でもあったのだ。

今回の一件で、ミシェルは時に“Mom-in-Chief”と呼ばれることがあるが、それも冗談ではないということだ。選挙でもなく、政治でもなく、モラルの問題。それゆえ、先の彼女のスピーチが、よりにもよって保守系批評家グレン・ベックから、ロナルド・レーガンに続く名スピーチであると絶賛されたりする。本来、保守の共和党が語るべき問をミシェルが投げかけているからだ。ティーパーティ寄りの共和党支持者であるベックは、それこそ過去に散々オバマをけなしてきた。その人物がオバマ夫人を絶賛する。今回の大統領選が、どれほどの混乱や捻れをアメリカ社会にもたらしているか、わかろうというものだ。※9

アサンジの参戦

このように、共和党が内戦に陥り、ミシェルが聖戦を呼びかけている時に、何故かトランプを支えるような動きを見せているのがジュリアン・アサンジだ。ワシントン・ポストのプッシートークビデオの暴露に対抗するかのように、WikiLeaksがヒラリーとウォール街との癒着を示唆する電子メールをハックし公開している。

民主党やヒラリー陣営へのハッキングは、予備選の頃から頻繁に起こっており、しばしばその首謀者はロシアのハッカーで背後にはロシア政府がいるのではない

(9) その捻れは選挙後増している。グレン・ベックだけでなく共和党支持の評論家諸氏も、選挙後、自らの立ち位置を見直さざるをえないようだ。共和党として何が正しいのか、その基準も変わりそうである。バノンの登用により、Alt-Right的な価値観が、正統な保守主義とは何かまで、書き換え始めている。

(10) 選挙後、このロシアに対する疑惑はCIAが公認

かという疑念が報道されてきた。それが今回はWikiLeaksによる暴露に転じている。[※10]

ハッキングによる大統領選の妨害というのは、今年の選挙戦で大々的に行われるようになった。ある国の首脳の選挙に何らかのかたちで介入することは、いわゆる「傀儡政権」の設立という形で、第三世界においてしばしば噂されてきたことだが、まさかその対象にアメリカが選ばれることになるとは思わなかった。[※11]

こうしたハッキングによる暴露やリークは、アメリカの場合、大統領戦が予備選も含めて2年あまりかかる長丁場であるというアメリカ特有の事情によって、想像以上に、ボディブローのごとくジワジワと効いてきている。次から次へと続く醜聞の暴露に対しては、多くのアメリカ人の間で、ヒラリーであるかトランプであるかにはかかわりなく、嫌気がさしてきているからだ。[※12]

プッシートークの暴露によってトランプの支持率は再び下降基調になり、選挙はもうヒラリーの勝利で確定だろうと見る専門家やメディアは増えている。そういう見通しの中で語られ始めていることが、仮にヒラリーの勝利で大統領選が終わったとしても、果たしてアメリカ社会は、今回の選挙戦で生じた政治全般に対する不信から立ち直ることができるのかという懸念だ。

つまり、すでに「戦後処理」の方に関心が移り始めている。共和党が、党の立て直しから始めなければならないのは当然として、しかし党首もおらず、選挙の

し、アサンジもそうしたロシア・ネットワークを構成した一人と目されている。

(11) 国連派遣のPKOが第三世界の選挙において投票所周辺を警護するあのイメージが、アメリカにおいてサイバーの世界で繰り広げられているようなものである。

(12) 選挙以前から、政治そのものに対する嫌悪感を一般市民に抱かせるためにも、ハッキングによる醜聞の常時リークという手段は有効であるようだ。政治に対する虚無《ニヒ》主義《リズム》や冷笑《シニ》主義《シズム》を横行させるからだ。そのせいか選挙後、アメリカでは第二次大戦前後の政治的プロパガンダ手法全般についての分析報道も見かけるようになってきた。アメリカは世界大戦期の欧州大陸のようになりつつあるようだ。

ための互助会でしかない現状で、では誰がその牽引役たりえるのか。まずはリーダーの選択から始めなければならない。

民主党にしても、ヒラリーの根深い「人気の無さ」に加え、肺炎という健康問題がすでに発覚しているため、端的にいって２０２０年に再選を目指せるのかどうかという疑問がある。その時ヒラリーも73歳だからだ。民主党は民主党でヒラリーやオバマに続く次世代のリーダーが待たれるわけで、こちらも向こう数年の間で大きな課題となる。

となると、こうした戦後処理の状況まで含めて気勢を上げているのがミシェルの聖戦であり、それゆえグレン・ベックのように、民主党か共和党かといった立場を越えて、賛同者を増やしているのかもしれない。裏返すと、それほどまでにアメリカ社会が受けた傷も大きいということなのだろう。

釘を刺すコメディアン

ともあれ、間近に迫った投票日を見据えるならば、トランプの自滅を受けてヒラリーが支持を増やしているのが実情だ。接戦州の支持も概ねヒラリー側に傾いているという。そのため、現在、ヒラリー選対を悩ませていることは、このまま接戦州に選挙資源を集めたままでいいのか、それとも大統領選勝利後の情勢も見据えて、今まで共和党支持だった州にまで出向き、そこで上院戦を争う民主党候補者の支援も含めて、戦線を拡大する方がいいのではないか、というものだ。[※13] ポール・ライアンが下院の多数派の維持に躍起になっているのと同様に、民主党もこの流れに乗って上院の多数派を取り戻そうと画策している。ヒラリーの立場から見ても、首尾よく大統領選を勝った後で政権運営を安定して進めるためには、民主党が議会の多数派を握るに越したことはない。ここでもすでに戦後処理に向かっている。

ただしここで気にかけるべきは、トランプだけでなくヒラリーにしても、決して一般市民からの人気が高いわけではないことだ。そのため実際の投票の際には、ヒラリーとトランプ以外の、通常ならば泡沫候補といわれる第三党の候補に票が流れる可能性がある。

面白いことに、そのことを真摯に危ぶんでいるのが、前回紹介したコメディアンの一人、ジョン・オリヴァーだ。彼は、人びとのそうしたウンザリ感に気づき、ヒラリーとトランプのどちらも嫌だからといって、何も知らないまま第三党候補者にいれるのはさすがに控えるべきではないかという考えから、直近の自分の番組で、第三党候補を取り上げている。その内容が奮っているのだが、ここでは彼がその特集で使った諧謔に富んだタイトル “Lice on rats on a horse corpse on fire 2016（大火２０１６で焼死体になった馬に群がるドブネズミにひっついたシラミ）” だけを

（13）　選挙後から見ればこれは完全に勇み足であった。いたずらに戦線を拡大するのではなく、足元のラストベルトを固めることが必要だったからだ。とはいえ支持率調査の多くはラストベルトがヒラリーにとっての安全圏であることを示していた。選挙後、社会調査方法そのものが問題視された所以である。

記すに止めよう。推して知るべし。オリヴァーがBrexitの結果に驚愕したイギリス人の一人であることを、ヒントとして添えておく。
　ともあれ、第3回ディベートを前にして、すっかり選挙戦はどこ吹く風であり、主戦場は、場外で生じている、内戦、聖戦、諜報戦、に傾いている。そんな中、第3回ディベートには一体全体、何を求めればよいのか。トランプはすでに、事前にヒラリーの薬物検査をした方がいいなどと吼えている。となると、第3回の内容こそすでに、推して知るべし、なのかもしれない。

（2016・10・19）

17　噛み合わないディベート

未来を築く価値観を問う

２０１６年10月19日にドナルド・トランプとヒラリー・クリントンによって行われた第３回ディベートは、法学的には少しばかり専門的だが、しかし、アメリカ社会の未来に大きく関わるような論点からスタートした。そうしてモデレーターのクリス・ウォレスは、本来、大統領ディベートに期待されている政策論争を誘導しようとした。

開始早々二人に投げかけられた問いとは、最高裁判事の指名と憲法解釈のあり方、特に修正第二条（自衛の権利）の解釈、中絶への態度などについてであり、過去20年ほどの間、文化面で保守とリベラルとを分けてきた伝統的論点に関する問いだった。

共和党でいえば、中絶を認めない宗教右派（religious right）や銃規制反対を唱えるＮＲＡ（全米ライフル協会）といった、いわゆる「ソーシャル・コンサヴァティヴ」

の支持層に向けた問いだった。過去2回のディベートでは、このような文化・社会面についての問いがすっかり鳴りを潜めていたので、これらの問いで始まったのは、むしろ新鮮に感じるほどであった。

実際、連邦最高裁判所（The Supreme Court）の帰趨は、訴訟社会であるアメリカでは最大の政治問題でもある。２０１６年2月にスカリア最高裁判事が亡くなり、その後オバマ大統領が後任を指名するも、共和党が多数派を占める上院がその審査を拒んだ結果、いまだに最高裁判事は1名欠員したままの異常状態が続いている。

実質的に、その欠員を埋める新判事の決定、すなわち指名、審査、承認、就任といった手続きのすべては、大統領選後に持ち越されてしまった。それゆえ大統領候補の二人が、最高裁判事の資質や、憲法の解釈の仕方をどのように考えているかは、投票する側からすれば見逃すことのできない重要な情報である。

というのも、文化・社会の論点は、多くの場合、既存の法の解釈の仕方で、すなわち司法の審決（=解釈）で解決が図られるからだ。最高裁の審決は9人の判事の投票で決まる。多数決だ。そのため、どのような法解釈の傾向（哲学や信条）をもつ人物が判事になるかで、審決の結果も自ずから変わっていく。[※1] 審決の傾向がリベラルになるか、保守的になるかで、訴訟を起こす側の法務戦略も変わってくる。最高裁の審決への期待のあり方は、回り回って社会の趨勢にも影響を与え

（1） 現在最高裁トップの首席判事（Chief Justice）であるジョン・ロバーツは、ジョージ・W・ブッシュ大統領によって２００５年9月に50歳の若さで指名され上院の承認を得た。以後、最高裁は基本的には穏健な保守寄りの審決を続けているといわれる。年齢も近く出身も同じハーバー

ていく。結果として、人びとの日々の生活模様まで変えてしまうのである。

残念ながら、過去2回のディベートでは、このような司法に関わることは主要な論点にはされていなかった。もっとも、そもそもディベート自体が成立していなかったわけだが。

ここで一つ大事なことを補っておくと、今回放送を担当したFOXは、これが初めての大統領ディベートのホスト役であった。伝統的にホスト役を務めてきたABC、NBC、CBSのいわゆる三大ネットワーク、あるいはPBSやCNNといったニュースネットワークが、公正な報道を実現するために、少なくとも表向きは政治的中立を保ってきているのに対して、FOXは明確に保守寄り、つまり共和党支持の報道姿勢を売りにしてきたネットワークだ。むしろ政治的立場を旗幟鮮明にすることで、先行した三大ネットワークの間に割って入り、視聴率を伸ばしていった。[※2] モデレーターを務めたクリス・ウォレスも、FOXの日曜朝の報道番組である"Fox News Sunday with Chris Wallace"を担当する看板アンカーだ。

このようなFOXの置かれた状況を踏まえると、ウォレスの質問構成も共和党の支持者に配慮したもののように思えた。開始早々の印象は、もしかしたらヒラリーの勢いを押し戻そうとしているのでは？というものだった。彼女は確かにタカ派で中道寄りかもしれないが、だからといって決して保守であるわけではない。そのことを明確にしようとしているのではないか、と思われた。トランプとヒラ

ド・ロースクールであることから、しばしば「(リベラルの)オバマvs(保守の)ロバーツ」という対決構図で語られてきた。

(2) いわゆる三大ネットワーク(ABC、CBS、NBC)が20世紀初頭のラジオの時代から続くネットワークであるのに対して、FOXは1986年に設立された新興の地上波テレビネットワークだ。20世紀フォックスとともに、オーストラリア出身のメディア王ルパート・マードックのアメリカにおける旗艦メディアとして位置づけられている。三大ネットワークに対して明確に保守の立場をとったのも、スタートが80年代半ばというレーガン以後の時代であったことが大きい。すでに確立されたテレビ文化に対する明確なカウンターとして登場した。

リーの二択ならばヒラリーを選ぶしかないと、共和党支持者ですら思わざるを得ない現状において、いや違うぞ、目を覚ませ、というのが、モデレーター側の隠れたメッセージなのかもしれないと勘ぐらせるような論点から始まっていた。それくらいウォレスは淡々と、だが内容的には候補者が保守的であるか否かを試すような問いを終始発していた。

クリス・ウォレスの采配

実際、今回のディベートは、モデレーターのクリス・ウォレスが常に落ち着いた口調で全体を取り仕切っていたため、ディベート終了後の評価では、ウォレスを絶賛するものが多かった。とはいえ、総じて彼の問いは、ヒラリーよりもトランプに向けたもののように思えることが多かったのも確かだ。トランプから、従来の共和党寄りの、保守寄りの言質を取るような問いであり、結果として従来の共和党支持者に対して安心感を与えるものにしたいのではないかと思わせるものだった。

簡単にいえば、クリス・ウォレスは共和党の主流派《メインストリーム》の考え方を代弁していた。その点で、ウォレスはトランプが真っ向否定した共和党エスタブリッシュメントの代表者であったといってもよいだろう。

過去20年余りの間、FOXが共和党寄りの保守メディアとしてアメリカ社会に根付いてきたことを踏まえれば、FOXがアンチリベラルという点で保守本流を自認しているのは間違いない。そしてそのFOXが、日頃つきあいのある共和党主流の政治家にとって有利となるディベートをモデレートしようと思っても意外ではない。そうした政治家たちは、自らも11月8日の投票の洗礼を受ける。実際、多くの共和党支持者にとっては、大統領選よりも連邦議会の多数派を維持できるかどうかの方が、現実的な問題として立ちふさがり始めている。

もっとも、そのための最善策が、とにかくごくごく普通のディベートを淡々と行うことであったのは、間違いなく皮肉なことであったろうが。

要するに、ウォレスは共和党エスタブリッシュメントの代表として、今まで彼らを支持してきた、南部に住むミドルクラス以上で学歴もある共和党員たちを納得させるような発言を、公式にトランプから引き出そうとしていた。少しでも連邦議員選挙の追い風になりそうな言葉を得ようとしていた。

そのために、トランプが暴走しても、今までのモデレーターとは異なり、果敢に彼の発言に割って入り、発言を控えるようたしなめることを厭わなかった。トランプにしても、共和党寄りのFOXのモデレーターの意向は無碍にはできない。少なくともディベートが始まる前にはそのようにスタッフから諭されていたのではないか。だから最初のうちは、過去2回と異なり、普通のディベートを行って

いるように振る舞っていた。※3

だが、こうした状況は、トランプから見れば、相手はヒラリーだけでなく、ウォレスも含めてディベートを行っているようなものだ。トランプは、民主党だけでなく共和党エスタブリッシュメントのことも配慮して発言する必要に迫られていた。けれども、すでに下院議長のポール・ライアンを筆頭に多くの共和党議員と仲違いしているのだから、そんな優等生めいた身振りがいつまでも続くわけがなかった。

ヒラリーが仕掛けたトラップ

実際、最初こそウォレスの狙いはうまく行っていたものの、そんなスタイルはトランプが我慢できるはずもなく、開始15分ぐらいでそわそわし始め、30分あたりで完全に崩壊してしまった。始まりの時点では、トランプもヒラリーも整然とした面持ちでモデレーターの質問に答えており、もしかしたら今回はちゃんとディベートするのかも！と一瞬期待させたものの、あっという間に裏切られてしまった。後半はいつもどおり、モデレーター無視の罵倒合戦になっていた。

それも今回は、ヒラリーの方がトランプを叩く気満々であったから質が悪い。前回から火消しされないまま続いていたトランプのプッシートーク・スキャンダ

（3） Fox Newsを保守系ケーブルニュースの雄にまで育てあげた立役者でありながら、2016年7月にセクハラの訴えでCEOの地位を追われたロジャー・エイルズが、トランプにアドバイスを与えていたという。

ルという大義がある分、容赦がなかった。加えてWikiLeaksによる電子メールのハッキング事件がヒラリー陣営を襲ったことも大きかった。WikiLeaksによる民主党幹部へのハッキングはディベート後も相変わらず続いていたのだ。

　このハッキング事件の背後に控えているとＦＢＩが公表したロシアとの関わりで、ヒラリーがトランプを「プーチンの操り人形《パペット》」となじったあたりで、トランプが爆発してしまった。そこから彼のメルトダウンが始まった。

　このプーチンにまつわるやり取りは、ディベート後、多くの論者によって「ヒラリーが仕掛けたエサにまんまとトランプが食いついた」と評されたもので、結果としてトランプは墓穴を掘ってしまった。

　どういうことかというと、このやり取りの中で、トランプは激高した勢いにまかせて、オバマやヒラリーよりもプーチンの方が賢い、彼の戦略のほうが正しいと、本人も気づかぬうちに熱弁を振るってしまっていた。多分、トランプの意図は、ヒラリーを貶めることにあったはずだが、しかし話の流れからすると、どう見ても彼がプーチンの信奉者であるような印象を、強く視聴者に与えてしまうものだった。[※4]

　この発言に加えて、このディベートでトランプが「やらかして」しまったことは、モデレーターのウォレスから、11月8日の投票結果をきちんと受け止めるか、と問われたのに対して、トランプが、その時に考える、なぜならアメリカの選挙

（4）選挙後の親ロシアの組閣人事を見ると、むしろ、この時トランプは本音を包み隠さず漏らしてしまっていたことになりそうだ。

システムは“rigged（不正操作）”されているから、と答えてしまったことだった。

この“rigged”という言葉は、結局、ディベート後の最大のキーワードになった。

ウォレスの質問の趣旨は、投票結果のいかんにかかわらずその結果を受け入れ、仮にヒラリーが勝ったならば、慣習に則り、勝者であるヒラリーを讃え、きちんと負けと認める、いわゆる「敗北スピーチ（Concession Speech）」を行うのかどうか、問い詰めることにあった。当然、ウォレスが求めた答えはイエスであり、そうしてトランプに選挙戦をきちんと終わらせる確約をさせようとしていた。共和党に配慮した問いだったのだ。だが、トランプはそれにもノーと応じただけだった。

結局のところ、この日のディベートは、このトランプの受け答えがすべてであった。多くのメディアがディベート後、「トランプは、アメリカのデモクラシーに対する脅威である」と指摘し、より左寄りのメディア（たとえば“Slate”）からは、トランプは（陰謀論に取り憑かれた）パラノイアである、とまでなじられていた。

ディベートの最中にヒラリーも指摘したように、トランプは今まで何であれ自分の思い通りにならなかった場合は、“rigged”という言葉でシステムの不正をこぼしてきた。主演した『アプレンティス』がエミー賞を獲得できなかったのは、エミー賞の選考システムが“rigged”されていたから、といった具合にだ。間違っているのは自分ではなく世界の方だ、と固く信じているようなのだ。

ともあれ、プーチンの礼賛と選挙システムの不正呼ばわりによって、ディベート終了後、トランプは、アメリカのデモクラシーを害するもの、と位置づけられることになった。少なくとも民主党寄りのリベラルなメディアからは、そのような扱いをされて当然という雰囲気になった。彼らからすれば、見事トランプはアメリカの脅威となりおおせたのである。

一方、トランプはトランプで、これを機に完全に吹っ切れてしまったようで、以後は我が道を行く唯我独尊な「ジャイアン」ぶりを発揮している。ディベート後のトランプは、糸の切れた凧のようで、もはや共和党の行方などどこ吹く風とばかりに、インディペンデントの候補者のごとく振る舞っている。

ジャイアンぶりに拍車をかける

ディベート翌日の10月20日にニューヨークで開催されたアル・スミス・ディナーでも、トランプは慣例を破りヒラリーへの非難をやめなかった。カトリック教会系のファウンデーションが開催するこのディナーは、1928年に初めてカトリックから民主党の大統領候補者に選ばれハーバート・フーバーを相手に大統領選を戦ったアル・スミスを記念して開催されるチャリティで、寄付金は恵まれない子どもたちの支援に向けられる。大統領選のある年は、共和党、民主党の候補者2名が参加するのが慣例であり、今年もトランプとヒラリーが登場したが、あのディベートの翌日に、ホスト役のニューヨーク教会の大司教を挟んで二人が列席するのだから、何も起こらないはずがなかった。

最初にスピーチに登壇したトランプが、ヒラリーはカトリックが嫌いである、とリークされた電子メールにあった内容をわざわざ強調し、会場からブーイングを受けていた。ヒラリーはヒラリーで辛口のスピーチで切り返していた。本来は、選挙戦の合間とはいえ、休戦協定を結んだかのごとく優雅に振る舞うのが、このディナーの伝統だったはずなのだが、その慣例もあっさり破られてしまった。

翌日からは、トランプにせよ、ヒラリーにせよ、それぞれ最後のキャンペーン機会として接戦州を中心に遊説に周りだしたが、トランプは10月22日にペンシルヴァニアのゲティスバーグでスピーチを行った。

よりにもよってエイブラハム・リンカーンが「人民の、人民による、人民のための政治」のスピーチを行った、あのゲティスバーグで、である。リンカーンは、前にも書いたことだが、共和党の創始者の一人であった。だから、トランプのスピーチは、共和党の主流派からすれば、共和党の精神を簒奪するものとして映り、神経を逆なでされたことだろう。トランプは共和党の良心にも挑戦状を叩きつけている。自ら進んで共和党の内戦を、この期に及んで焚き付けている。[※5]

ともあれ、このゲティスバーグでのスピーチで、トランプは、引き続き選挙システムが不正にまみれている（rigged）と主張し、自分が勝った場合に限ってのみ、

（5）共和党主流派の中では二人の大統領を輩出したテキサスのブッシュ家による徹底したトランプ不支持が際立っていた。

この選挙に不正がなかったことを認めるという宣言までしている。現在の情勢を踏まえるとかなりの確度でヒラリーの勝利が予想されるため、その場合、トランプは負けを認めずに不正を訴え続けることになりそうだ。そうした動きが政治の現場にどれほどの混乱をもたらすかについては、民主党予備戦後のサンダース支持者たちによる“Bernie or Bust”騒動のことを思い起こすといいだろう。

そのためかどうかはわからないが、この時期にいまさらながら、かねてから噂されていた「トランプTV」を、FacebookのLive Streamを使って始めている。

ともあれ、大統領選のシステムは壊れている（rigged）と言い切ったことで、結局、共和党のエスタブリッシュメントの意向も振り切ってしまった。プッシートーク・スキャンダルで、潜在的にはアメリカに住む女性をすべて敵に回し※6、リグド・システム発言でアメリカ社会を敵に回した。それが現在のトランプの位置付けだ。中には、わざと負けに行っているのではないか？と囁かれるぐらいのヒール役、悪漢ぶりだ。そのため、すでに11月8日までの選挙戦は11月9日以降始まる「トランプTV」のための壮大な宣伝であるという見方まで出て来る始末だ。その前哨戦をFacebookで始めたことになる。

トランプからすれば、ABC、CBS、NBCといった中立をうたう（しかし保守からはリベラルというレッテルを貼られる）メディアだけでなく、FOXですらバイアスのあるメディアということになる。さすがは、Alt-Right向けのサイトであ

（6）予想に反して、女性はトランプから離れることはなかった。オバマを支持した白人女性の実に半数がトランプに投票したともいわれている。

るBreitbartから人材を引き抜いただけのことはある。これでは本気で共和党の代表として大統領選に勝ちに行こうとしているようには見えないといわれても仕方がない。

大統領選の行方を決める接戦州は11州あるといわれる。具体的には、フロリダ、コロラド、ネヴァダ、ペンシルヴァニア、ニューハンプシャー、オハイオ、ヴァージニア、ノースカロライナ、ミシガン、ウィスコンシン、アイオワである。このうち、コロラド、ミシガン、ニューハンプシャー、ペンシルヴァニア、ヴァージニア、ウィスコンシンの6州がヒラリーに傾いており、民主党からすれば確実視されている。[※7] となると残り5州がどうなるのかが、選挙戦の最後の焦点となる。中でも大票田であるフロリダの存在は大きく、ヒラリーもトランプもフロリダには足繁く通っている。

さらにはここに来て、従来は共和党支持の固い州であったアリゾナとジョージアが接戦州の仲間入りをしそうな情勢にある。いずれにしても、残りわずかの選挙戦は、これら接戦州を中心に繰り広げられる。プレ予備選の段階から含めて1年半あまり続いたマラソンも、いよいよゴールが目前に迫ってきた。

（2016・10・30）

（7）だが、確実視されていたミシガン、ペンシルヴァニア、ウィスコンシンがトランプ支持に傾いたことがヒラリーの敗退を決定づけた。

18　まさかのオクトーバー・サプライズ！

土壇場のサプライズ

２０１６年10月31日、ホワイトハウスにマイケル・ジャクソンの“Thriller”が流れた。地元の子どもたちを招いたハロウィンパーティでの出来事だ。ゾンビ風に両手を挙げ、ブンブン振り回すマイケルの真似をバラク＆ミシェルのオバマ夫妻が演じ、仮装して集まった子どもたちは歓声を上げていた。そんな子どもたちとハイタッチするオバマ夫妻の姿もまた同じように楽しげであった。さすがはオバマ、さすがはマイケル。すばらしい。

……などと半ば現実逃避的にハロウィンの話題から入ってしまったのは、11月8日の投票日まで二週間を切った10月28日、最後の滑り込みでやはり「オクトーバー・サプライズ」がやって来たためだ。しかもその担い手は予想に反して、ニューヨーク・タイムズでもなければWikiLeaksでもなかった。ジャーナリズムでもハッキングでもなかった。よりにもよってホワイトハウス麾下の連邦政府機関の雄、ＦＢＩからだったのである。

その日、ＦＢＩ長官のジェイムズ・コーミーは、7月にいったん幕引きされたヒラリー・クリントンの電子メール疑惑の調査を再び始めると公表した。正確には調査を再開する旨を連邦議会に報告したレターが公開され、一般に知られるものとなった。

投票日を目前にしたこのような発表は異例中の異例のことだ。容易に想像がつくことだが、ヒラリー陣営への影響は即座に生じ、いずれの世論調査結果を見ても、目下のところ支持率は下降基調にある。

先ほど、コーミーの公表が「異例」としたのは、従来であれば、投票日を目前に控えたこの時期に候補者についてＦＢＩが言及するのは、報道された事実以上の憶測を呼ぶため、避けるのが慣例とされていたからだ。候補者への言及をＦＢＩが回避するのは投票日の60日前からだという。つまり9月のレイバーデー以降は大統領候補者には言及しない。それがＦＢＩの方針であった。仮に何らかの調査活動を続けていたとしても、その進捗状況の共有はＦＢＩ内部にとどめ、外部には漏らさず、粛々と捜査を進めるものとされていた。

その禁をわざわざ犯してまでコーミーは、ヒラリーの電子メール問題の調査の再開を公にした。それゆえのサプライズだったわけである。

ＦＢＩとはFederal Bureau of Investigation（連邦捜査局）の略称であり、組織的に

は司法省傘下の法執行機関である。しばしば連邦警察と呼ばれるように、複数の州にまたがる広域犯罪の捜査や、テロのような連邦全体への脅威の調査などを担当する。

アメリカの場合、通常の犯罪は、刑法が州法であることから州《ステイト》に管轄があり、具体的な警察機構は、市《シティ》や町《タウン》、郡《カウンティ》などの地方政府《ローカル・ガバメント》が運営する。そのため、たとえば窃盗や殺人事件などの捜査は、映画やドラマでよく見かけるように、NYPD（ニューヨーク市警）やLAPD（ロサンゼルス市警）のような市警が担当する。

昨年来ヒラリー陣営に付きまとう、私用サーバーを使った電子メール問題がFBIの管轄となるのは、私用サーバーの利用の際、国家機密の漏洩という連邦犯罪がなされたかどうかが問われているからだ。さしあたってその嫌疑は、予備選が終了し全国大会で党から大統領候補として指名された7月の時点で、私用サーバーの利用は「著しく不注意（extremely careless）」だが訴追には当たらないという判断で決着していた（はずだった）。その仕切り直しを、投票日まで10日余りとなったところで言い出されたのだから、ヒラリー陣営としてはたまらない。※1

破られた不文律

FBIは組織的には司法省の下部機関であり、今回のレターについても、司法

（1）結局、このFBIによるオクトーバー・サプライズが、ヒラリーのみならず民主党の運命を大きく左右してしまったようだ。2012年にオバマの勝利を結果まで完全予測したネイト・シルバーのように、コーミー発言直前の10月27日が投票日であれば、ヒラリーが接戦州を押さえて勝利していたと語るデータナリストもいる。

省の高官からは、不用意に選挙戦を混乱させるだけのことで慣例にも反する、という理由で、送付を見送るようコーミーには伝えられていたという。

もちろん、投票日までの限られた日数では真相解明に十分な時間が取れると思われないという実務上の判断もあった[※2]。つまり、FBIにとっては、ただの事実報告に過ぎないかもしれないが、しかし、それが一般の人びとに知られた場合、事実が判明しない限りは、憶測（speculation）をもたらすことにしかつながらず、少なからず投票の意思決定に影響を与えてしまう。そのような成熟した「大人の判断」からだった。そもそも、投票日60日前からの不干渉ルール自体、そうした判断から得られた慣例のはずだった。それでもコーミーは捜査再開の公表に踏み切ったわけである。

これでコーミーが民主党員であればまだよかったのだろうが、彼は共和党員だった。それゆえ、この動きが党派的行動と解釈されるのは仕方がない。むしろそうした理解を避けるためか、彼の取った行動に対しては、民主党だけでなく共和党からも批判の声が上がっている。

オバマに指名されたエリック・ホルダー前司法長官からは、選挙を間近に控えた場合、選挙結果に影響を与えかねない不必要な行動は避けるのが慣例であるときつく非難されている。ジョージ・W・ブッシュ政権時代に司法長官を務めたアルバート・ゴンザレスからも、メールの内容に関する詳細な情報が一切不明な段

（2）　FBIは異例のスピードで調査を進め、11月6日にはヒラリーを訴追しない旨の声明を出した。しかし、投票日2日前の公表はいかにもギリギリであった。

階で議会にレターを送ったのは過ちだ、と糾弾されている。中には、コーミーの行動は、高位の公職にあるものがその権力を行使して選挙に介入したのだから、連邦法の違反にあたると訴追する意向を示す人たちも出てきている。

要するに司法省に近いものであればあるほど、コーミーの判断は、それこそ「著しく不注意」なものとしてしか映らない。FBI長官という立場から得られた情報を使って政治家の去就に意図的に介入したという点では、悪名高いFBI創設者J・エドガー・フーヴァーのことを引き合いにする人まで出てきている。[※3]コーミーの判断のもたらす影響が、予想を超えて広い範囲に亘ると見立てているからなのかもしれない。

だから選挙が終わり、件の調査にも一定の結果が出た段階で、「あの時、コーミーはなぜ、調査再開の公表に踏み切ったのか」と問われるに違いない。[※4]コーミー本人の意向とは別に、彼の真意を探ろうとするジャーナリストが出てきてもおかしくはない。

ちなみに共和党員のコーミーは、オバマ大統領がFBI長官に指名し、上院の承認を得ていた。この人事そのものがオバマの意図だったのか、それとも共和党が多数派を占める上院からの圧力であったのか。そのようなことも、先々明らかにされることだろう。

(3) フーヴァーの複雑怪奇な人生については、たとえばレオナルド・ディカプリオが主演した映画『J・エドガー』で描かれている。

(4) 2017年1月に入り、司法省はコーミーの行動の是非に関して調査を開始した。

ヒラリーランドのスキャンダル

ところでもう一点、ヒラリー陣営だけでなく民主党首脳にとって今回の調査再開の公表が厄介なのは、新たに発見されたメールの出処が、アンソニー・ウィーナー元下院議員に関する別件捜査であったことだ。

ウィーナーは、ヒラリーの側近の一人であるフーマ・アベディン女史の夫（現在は別居中だという）だが、いわゆる「セクスティング・スキャンダル」によって、2011年に下院議員を辞職している。セクスティングとはSexting＝Sex+Textingからの造語で、テキストメッセージで自身の裸体などの性的映像を10代の女子に送りつけていたことが発覚していた。今回、新たに調査対象となった電子メールとは、この事件の捜査過程で見出されたものだった。

そのため、この一件は、ヒラリーだけでなく民主党議員にとっても不愉快極まりないものだ。副大統領のジョー・バイデンですら、ウィーナーの名が出た時に、あぁー、あいつかぁー、と嘆息していた。そんなウィーナー・スキャンダルが、投票日を目前に控えて蒸し返されたわけだ。民主党の議員も特に清廉潔白であるわけではないと、わざわざこの時期に思い出さされてしまうのだから。大統領選だけでなく、上院・下院の選挙にも影響する、二重の打撃であった。※5

ちなみにコーミーを擁護する議論の中には、コーミーの意図は、あくまでもウ

（5） 事前の予想に反して民主党が連邦議会選挙でも多数派として巻き返すことがで

ィーナーの調査であることをまずは議会関係者に伝えることにあった、というものがある。つまり、ウィーナーのメールを調査しているうちに——なにしろセクスティングのメッセージが捜査対象なのでメールは精査せざるを得ない——泥縄式にヒラリー関連のメールが出てきてしまい、万が一にもそれが機密事項の公開に通じるもので、その事実がそれこそ投票日直前にでもわかってしまったものならどうするのか。そんな最悪中の最悪の事態が生じた場合の混乱を避けるために、あらかじめ関係議員にブリーフィングしておこうとしていた、というものだ。

もちろん、この意図の真偽が明らかになるのも選挙後のことなのだろう。いずれにしても、ウィーナーというダメ男が、最後の最後で選挙戦をかき回す道化として登場したわけだ。それもまた、今年の大統領選らしいエピソードだ。少なくともすべてが終わったのちに、そのように回想される話題だろう。どこまでいっても、選挙戦の「場外での出来事」が前面に出てくる選挙であったのだと。

印象操作の攻防

ともあれ、今回のメール捜査再開の動きは、こと選挙戦への影響という点からすれば、私用サーバー疑惑の再浮上が、ヒラリーへの投票に傾きつつあった人びとに最後の決断を鈍らせるところにある。浮動票のうちヒラリーないしは民主党

きなかったことを考えると、ウィーナー・スキャンダルの再燃は民主党全体にマイナスに働いてしまったようだ。

に流れるものを減らすような効果である。

実際、普通の有権者にとっては、私用サーバー事件の捜査再開は、ヒラリーという候補者への印象操作（ネガキャン）でしかない。だから民主党側からすればカウンターとなる印象操作をしかければよいのだが、しかし何ぶんにも投票日まで一週間を切っている。となると、その印象の上書きのためには、別件で、それこそ例のプッシートーク事件のように、トランプの印象を再び最悪にするものでもない限り容易ではない。

実際、私用サーバー問題が再燃した直後から、再びトランプの税金逃れスキームに関する報道が増えてきた。今年の大統領選のスキャンダルネタといえば、ヒラリーは電子メール、トランプは税金逃れ、がもはや定番であり、10月に入ってからのディベートでの応酬を含めて、この半年間、何度も繰り返されてきたネタである。

とどのつまり、投票日を一週間後に控えて、再び「メールvs税金」という話題に戻ってきてしまった。多分、アメリカの人びとの多くが、この現実に対して、徒労感に苛まされていることだろう。特に支持政党を明確にもたないインディペンデント、それも投票の重要性を認識している程度には知的で大人なインディペンデントにとってみれば、自分の票を死に票にしないために、より「マシ」な候補者を選ぶだけにすぎないものとなっている。

私用サーバー問題の捜査再開は、日頃から政治に関心をもち政治に携わっている人たち、すなわち、政治家、公務員、学者、経営者あたりからすれば、確かにサプライズなのだろうが、接戦州で結果を左右するインディペンデントからすれば、いまさら感が募るばかりでサプライズでもなんでもない。単にウンザリ感が増しただけのことだ。

今回の大統領選は最初から最後まで、そうした印象操作に終止した、とひとまず括ってしまってもいいのかもしれない。※6

ジャーナリズムvsハッキング

そうした印象操作合戦の中で、フリーメディアによるPRとTwitterでのし上がったトランプと一線を画すためか、メディアは軒並みヒラリー支持を表明している。

ニューヨーク・タイムズやワシントン・ポストがヒラリーの「エンドース（支持）」を表明したのは、すでに記した。珍しいところでは、今回の選挙の重要性を鑑みたのか、女性ファッション雑誌の"VOGUE"も、創刊以来初めて大統領候補のエンドースに加わり、ヒラリーの支持を公表した。"VOGUE"は、現在、大手出版社であるコンデナストの傘下にあるが、ほかには"New Yorker"や"WIRED"

（6） 結果として、慣例を破って土壇場でＦＢＩまでpost-truth的状況の演出に加担してしまったのだから、事態は深刻だ。もちろん、慣例を破らなければならなかった理由の一つとして、一度リークされたら火消しができないソーシャルメディアが存在していることもあったのだろうが。その分、問題の根は深いといえる。

もヒラリーの支持を表明している。

実際のところ、多くの新聞がヒラリーの支持を明らかにしている。そんな逆風の中で、トランプを支持した新聞は数えるほどしかない。こうしたエンドースの偏りは、Alt-Rightを取り込んだトランプの動きも含めて、既存のメディア／ジャーナリズムと、ネット／ハクティヴィズムとの鍔迫り合いの結果のようにも思われる。つまり、トランプの支持者が新興のネットメディアを使って見えない(invisible)組織化を図っているのに対して、伝統的なジャーナリズムが、そのような不可視の暴露手段に対して、抵抗する意志を示している。コーミーの件で影が薄くなっているが、今でもWikiLeaksは小出しにハッキングした情報を公開し続けている。

振り返ると、今回の大統領選におけるＩＴの話題といえば、大きくは、Twitterのプロパガンダ装置化と、WikiLeaksに見られる選挙戦へのサイバー介入の二つだった。そこに常に電子メール問題がつきまとっていた。

「アラブの春」の際には善玉だったTwitterが、今回、悪役に転じているのは関係者からすればショッキングなことかもしれない。けれども、Twitterの扇動性を鑑みてか、Twitterの利用を選挙戦では禁止しようという極論まで聞かれるようになった。その点では、今回の大統領選は、同じソーシャルネットワークとして始まりながら、ソーシャルメディアとしてのあり方で、FacebookとTwitterの明暗を分けたようにも思われる。※7

（7）　ところが選挙後はむしろTwitterには（社会的

もはやハッシュタグによる呼びかけなど、大衆動員のための一種の幻惑魔法のようなものだ。瞬時に千を超える人がとにかく反応を返したという事実だけで、多くの人はそれを一般の人びとの反応であるかのように錯覚してしまう。「1、2、3、…（ええぃ面倒だ）…タクサン！」の論理だ。「性急な一般化」の罠であるが、しかし、時間が限られた中では、その一般化の真相解明を行うことも難しい。終盤に入って今回の選挙戦では「事件はTwitterの中でつくられている」といった見方がもっともらしく語られるようになったのもそのためだ。

その一方で、ハッキングの常態化によって、「パーマネント・リーク」が当たり前になったのも今回の選挙戦の特徴だった。ハッキングによる暴露は、ジャーナリズムと違って、政府のような対抗勢力がないため、圧力のかけようもなく、野放しになっている。リークと透明性の違いについても、選挙後、議論が起こりそうだ。

実際、投票日直前になって、まるでかつて2000年を迎える際に世界中で取沙汰されたY2K問題のように真剣に憂慮されているのが、ハッキング――それもロシアなど国外からのハッキング――による投票過程への介入あるいは投票結果の改ざんだ。投票過程への国外勢力による干渉の排除、などといった理由で、政府が軍や警察機構（のサイバー部隊）を使って監視を高めるという行為自体、どこの第三世界国なのだ？と疑問に思ってしまう。しかし、ハッキングを利用すれ

な）お咎めはなく、もっぱらFacebookに「フェイクニュース」流布の責任追及が集まっている。このソーシャルメディア2社の扱いも、選挙前後でガラッと変わってしまった。

ば、選挙は実は内政干渉の絶好の機会である、という認識を広めたのもまた、今回の大統領選がもたらした変化の一つであった。

スペキュレーションの世界

こうした情勢から得られるイメージは、世界が憶測で動く時代を迎えているのではないか、というものだ。[※8] その意味で、選挙が「裁判モデル」から「市場モデル」へと転じている。事実かどうかを確かめるまでもなく、憶測だけが憶測を生み出し続ける状況は、いってみれば金融市場の動きと大して変わらない。憶測(speculation)だけで動くとは、投機的(speculative)であることだ。どうやら選挙戦は、人気投票という点で、金融市場における投機的売買と変わらないところまで来た、ということなのかもしれない。CEOの健康問題や役員の不正取引の噂などが株価の乱高下に影響を与えるのと、やっていることは大差ない。

このようにネットを経由して、私的情報が躊躇なく暴露される時代が到来しているのだとすれば、今回の大統領選から得られる教訓とは、もしかしたら海千山千の高齢者を大統領候補者にすることはリスクが高いのではないかと、多くの人に疑問を抱かせたところにあるのかもしれない。

今までは高齢であっても、それは経験が豊富ということで評価される余地があ

(8) ここでいう「世界が憶測で動く時代」は、選挙後、「《ポスト・トゥルース》の時代」として語られることになった。これは以前に拙著『デザインするテクノロジー』(青土社)の中で「複素平面的リアリティ」として議論していたこととも関わる。

った。高齢であるほど健康問題も取沙汰されるわけだが、それを補って余りあるものが経験だった。しかし、「トランプvsヒラリー」の大統領選を経た後では、高齢であるとは要するに「叩けばほこりが出る」だけのこと、という理解が広まったように思える。

それなら経歴がまっさらな新人の方がいいのか？ということになるが、しかしこちらはこちらで、単に言葉だけの空約束、空手形、空元気だけになりかねない。妥協案として、今度は、老人が若者をとりたてて…、というような院政を敷くような構図にもなりかねない。No Way Out（出口なし）なのだ。

醜聞は確かに聞かされる側はうんざりさせられる。だが、適度にそのような醜聞をスルーする胆力のようなものが、聞かされる側にも求められる時代なのだろう。一種のリテラシーであり、ノイズへの抵抗力をつけていくという方向だ。

この点で今回の大統領選は、巨大な「炎上」を延々と見せられ続けたようなものであった。だが、この「巨大炎上戦」は、ウェブが定着した後の選挙戦としては逆にスタンダードになってしまう可能性が高そうだ。

90年代にビル・クリントンが登場した頃は、ケーブルテレビの普及とコンピューターの普及によって、世論調査を安価により頻繁に行うことが可能になり、当選後も常に世論調査を踏まえて政策の調整を行い、コミュニケーション活動を続ける「パーマネント・キャンペーン（永続選挙）」という行動様式が、ホワイトハウスに定着していった。

世論調査の構想自体は、ラジオによるマスメディア社会が到来した１９２０年代には描かれていた。[※9]だが実際にそれが気軽に利用できるようになったのは、20世紀も終わりに近づいた90年代になってからのことだった。テレビ、電話、ＰＣが出揃ったことで容易になった世論調査も、しかし、インターネットの登場によるビッグデータの時代を間近に控え、さらに状況は変わろうとしている。

「パーマネント」という点から同様に捉えれば、ソーシャルウェブが普及しハッキングが日常になった世界では「パーマネント・スキャンダル（永続炎上）」が当たり前になっていくのかもしれない。現実化すればもちろん心的疲労の絶えないものだが、しかし「パーマネント・キャンペーン」を結局捨てきれなかったように、「パーマネント・スキャンダル」も回避することは容易ではなさそうだ。[※10]

それでも回避しようとするなら、先に記したように、たとえばTwitterのようなソーシャルメディアを全面的に禁止しようという動きにつながりかねない。もちろん「全面禁止」は極端かもしれないが、それでもTwitterの扱いは選挙戦後、少なくとも議論の俎上には上ることだろう。そうなったらそうなったで、フリースピーチを巡る原理的な問題の深い闇に潜ることになりそうではあるのだが。

ともあれ、そのような反省会は選挙後に行うとして、果たして11月8日の結果はどうなるのだろうか。11月３日の時点で、ヒラリーが優勢であることは変わら

（９）マスメディア論の古典であるウォルター・リップマンの『世論』が出版されたのが１９２２年である。

（10）大統領就任後もトランプはTwitterを手放さないようなので「パーマネント・スキャンダル」の火種は当分の間、尽きそうにない。一方、Twitterは最高権力者のお墨付きを得たメディアへと転じたことになる。経営難から買収話が絶えないTwitterも、これで一発逆転の奇跡を起こせるのだろうか。逆にTwitterを潰せばトランプのツイートを停止させられると考える人たちも現れたりはしないのだろうか。今までとは違った意味でTwitterの去就が注目されている。

ないものの、ジリジリと支持率は下がり続けており、その分トランプが巻き返している。接戦州の状況、とくにフロリダの行方もわからなくなりつつある。もちろんフロリダを落としても、ヒラリーが勝利するパターンは他にも複数あるのだが、それにしても、その影響は大きい。逆にトランプが勝利するには、フロリダは何が何でも落とせない[※11]。

一つだけ確実にいえそうなことは、ヒラリーとトランプのどちらが大統領になろうとも、来年のホワイトハウスのハロウィンパーティでは、マイケル・ジャクソンの"Thriller"に合わせて、オバマのようにノリノリでムーンウォークを披露するようなことは起こりそうもないことだ。どちらにしても年寄りであるから。いやしかし、ティム・ケインなら「アメリカのステップダッド」として喜々としてやってくれるのかも。意外とマイク・ペンスも強面のまま踊ってくれるのかもしれない。二人とも場の空気に敏感な経験ある政治家なのだから。

(2016・11・4)

(11) 僅差だが、トランプはフロリダでも勝利を収めた。ラストベルト以外の接戦州として、フロリダでの勝利はやはり大きかった。

追記

ハクティヴィズムとは、ハッキングを通じた社会的抗議活動のことであり、WikiLeaksやAnonymousなどの活動がよく知られている。ただし今まではこうした団体は、既存の政府とは独立した独自の判断で抗議活動を行っていると思われていたが、今回のWikiLeaksの行動の背後にＣＩＡが指摘するようにロシアの存在があるのだとすれば、ハクティヴィズムのあり方も曲がり角にあることになる。少なくとも「自律分散的」という、それ故のグラスルーツ的性格はだいぶ後退したように見える。ＮＳＡの機密情報の公開によってアメリカ政府から追われる身となったエドワード・スノーデンを匿うなど、ロシアはハクティヴィズム的正義を容認する国としての地位を築きつつあるようだ。かつてソ連を構成した中央アジア諸国に凄腕のハッカーが潜伏しているという噂も絶えない。

V　祭りの後

19　雌雄を決したラストベルト

トランプ、接戦州を制す

２０１６年11月8日に行われたアメリカ大統領選は、事前のメディアや世論調査の予想を裏切り、ドナルド・トランプが勝利した。蓋を開けてみればトランプは、フロリダ、ペンシルヴァニア、オハイオといった接戦州のほとんどで、僅差のところもあるものの勝利を収め、必要選挙人数である２７０人を超える数を確保し、第45代アメリカ大統領になることを決めた。※1

一方、ヒラリー・クリントンはといえば、接戦州だけでなく、従来は民主党の手堅い票田と思われてきたミシガンやウィスコンシンでも勝つことができなかった。夫のビル・クリントンのかつての本拠地であったアーカンソーでも勝利することができず、伝統的に民主党支持の高いニューヨーク、カリフォルニア、イリノイなどの大都市圏を含む州で勝利したくらいにとどまった。※2

タイムゾーンの関係上、開票は先に投票が終わる東部から始まった。開票早々、

（1）２０１６年12月19日に行われた選挙人投票の結果、トランプは３０４票、ヒラリーは２２７票を獲得し、トランプの当選が公式に決まった。

（2）トランプの勝利で一つ忘れがちだが重要な点は、彼が地元ニューヨーク州では勝利していないという事実だ。これは今までの大統領では考えにくいことだ。つまり、ト

オハイオ、フロリダなどの接戦州で文字通りの接戦が伝えられた。そうこうしているうちに、徐々に南部、中西部のいわゆる「レッドステイト（共和党支持州）」の開票が進み、トランプが少しずつ選挙人数を積み上げていった。とはいえ、この共和党候補が先行して選挙人数を獲得していく様子はいつもどおりのことで、西海岸の開票が始まった段階で、自動的に大票田のカリフォルニアが民主党候補の選挙人数に加わり、獲得選挙人数が拮抗していく、というのが従来の動きだった。

ところが、今回はカリフォルニアの開票が始まっても接戦州の結果が定まらず、そのうちオハイオとフロリダでトランプ勝利が伝えられたあたりから、終始トランプが獲得選挙人数で優位に立つかたちで開票が進められていった。

過去数回の大統領選と様子が異なると思われたのは、いつもならば比較的早い段階で青くなる（＝民主党支持を決める）ミシガンなど五大湖周辺の州が、いつまでも赤い（＝共和党支持）ままであったことだ。そのうちに、最初は開票を伝えるアメリカ地図の中で、青で始まったペンシルヴァニアが赤くなった。結果的にはこのペンシルヴァニアで勝利を決めたトランプは、獲得選挙人を266人とし、勝利に王手をかけた。結局、ウイニングショットは、その後に勝利が決まったウィスコンシンであった。

接戦州でヒラリーが勝てたのは、ランニングメイトのティム・ケインの地元で

ランプは特定の州という（政治的）地盤をもたずに、裏返すと「全米」を唯一の地盤にして勝利した。だから、彼はUSAというナショナルな表象の代表なのである。それゆえ大統領就任後は、ひたすら「国益」の追求だけに邁進せざるを得ない。優先すべき州をもたず「全米」だけが唯一の地盤だからだ。「全米」という抽象的で想像的な地盤を失ってしまえば、ただの根無し草になってしまう。それゆえトランプは、アメリカを連邦ではなく単一の国民国家のように扱わざるを得ない。勢い共和党の大統領であっても「州権」ならぬ「(中央)集権」論者として振る舞うことになるはずだ。「全米＝国」を人びとに意識させようと、外交的スタンドプレイも増えるのかもしれない。ビジネスマンの登用も彼らが本来的に「脱州益」の存在だからである。

あるヴァージニアと、終盤になってようやく青くなったニューハンプシャーくらいだった。簡単にいえば完敗だ。それもこれも、いつもならば楽に勝たせてくれるはずのミシガンなど五大湖周辺の産業州、いわゆる鉄さび帯《ラストベルト》が、結局、ヒラリーの支持に傾かなかったからだった。多分、何よりもこのラストベルトの離反が、民主党の反省会では真剣に議論されることになるだろう。[※3]

ちなみにミシガンは、予備選の段階でもヒラリーではなく対抗馬のバーニー・サンダースを支持していたので、単純にヒラリーと相性が悪いだけなのかもしれない。それでも、このラストベルトに吹き荒れたトランプ支持の動きは、トランプ自身が共和党の予備選の初期から強調し実現に努めてきていたことだった。その時点で民主党員の間でも、ラストベルトで勝つ気ならヒラリーよりもサンダースの方がよいのでは、という見方さえ流れていた。

その頃の議論では、トランプがブルーステイトの五大湖周辺を奪い、対してヒラリーがアリゾナやテキサスなどの南西部のレッドステイトを狙い、民主党と共和党で再び支持基盤の入れ替えが実現される、などといわれていた。トランプがラストベルトの白人ワーキングクラスを軸に、ヒラリーが南西部のヒスパニックを軸にして、それぞれ支持基盤をひっくり返すというウルトラCの逆転だった。

結果は、トランプはそれに成功し、ヒラリーは残念ながらそれをなし得なかった。正確には、まだヒスパニックの得票数だけでは南西部の現状を覆すことができな

（3）アメリカの場合、投票日の翌日から負けた側は次の選挙での勝利を目指して活動を開始するからだ。

かった、ということだ。対してラストベルトの状態はすでに民主党支持から外れる臨界点まで来ていたことになる。

皮肉なことに結局、そのラストベルトへの配慮の程度が、今回の大統領選の結果を決めることになった。

共和党も大勝利

選挙前の懸念を覆して共和党は、トランプが大統領に選出されただけでなく、上院で多数派を確保し、下院でも過半数を維持した。

となると、この先控えているのは、選挙戦終盤に生じた、下院議長ポール・ライアンとトランプとの間の和解であり、予備選、本選を通じて、傍から見れば分裂したように見えていた共和党内部の融和をどう図るのか、というところにある。大統領も連邦議会も共和党が抑えたわけなので、当然、空席になっている最高裁判事一名の指名も共和党支持の候補者が新たに指名されるであろうし、トランプ第一期の間にさらに数名の最高裁判事の指名もあるかもしれない――というか、かなりの確率で起こるであろう。となると、最高裁も共和党寄りの保守的信条をもつ判事が多数派を占めることになる。[※4] 予備選を通じて党の分裂も囁かれた共和党だが、終わってみれば予想をはるかに超えた大勝利だったのである。

（4） 最高裁判事は終身職であるため、若い判事を指名すれば向こう20年くらいは保守寄りの最高裁を維持できる。大逆転である。

一方、選挙前の強気の予想から一転して地獄に落ちてしまった民主党からすれば、そうした連邦政府の三権すべての保守化・共和党化を最小限に抑えるためにも、2年後の中間選挙で勝利を得るために奮戦するしかない。高齢のリベラルな判事にはなんとか最低でもあと4年元気でいてもらうほかない。今回の選挙戦の敗退の分析が即座に求められるのはそのためだ。ラストベルトの離反から何を学ぶのか、ということもその一つだ。また、どうして予備選の段階では冗談で出てきた泡沫候補といわれたトランプが、本選まで勝利してしまったのか、その分析にも取り組まざるをえないだろう。

もちろん、同じ分析は共和党のエスタブリッシュメントにとっても必要なものとなるはずだ。なぜなら、トランプは、政治家として公務についたことが一度もない、まったくのアウトサイダーとして現れたからだ。端から政治家の流儀に沿って振る舞うこともなかった。結局、トランプの勝利ではっきりしたことは、今のアメリカ社会では、民主党か共和党かを問わず、職業政治家がまったく信頼されていないということだろう。そこから手をつけるとなると、ほとんど政治家の自己否定から始めなければならない。

同時に、そうした自己批判、自己否定には、職業政治家とともに一つの政治システムをつくり維持してきたメディア/ジャーナリズムも手を付けざるをえないのだろう。[※5] トランプは、既存のメディアの外側でひたすらツイートを繰り返し支

(5) 三権の監視役として時に「第四の権力」と呼ばれる

持基盤を拡大していったからだ。その様子を補足することに、どのニュースメディアも対処することができなかった。

実際、伝統的なジャーナリズムの大手や、著名な世論分析家《ポールスター》の投票日直前の予想では、例のFBIによるオクトーバー・サプライズによって多少は劣勢に立たされたものの、それでも多くの予測では、ヒラリーの当選が見込まれていた。接戦州の多くについて、僅差であれヒラリー優位が伝えられていた。その見通しから、ヒラリー陣営は、従来は接戦州ではなく堅固なレッドステイトであったアリゾナやジョージアまで最終局面で遊説にまわっていた。しかし、結果を左右したのは、勝利は固いと信じていたラストベルトだったのである。

この先、何がトランプの勝因であり、何がヒラリーの敗因であったかは、多数語られることだろう。けれども、さしあたってはいわゆるジャーナリズムやポールスターの見通しが、あまり当てにならないものと人びとに思われてしまったことの余波は存外大きいと思われる。

それこそ2008年と2012年の大統領選では、ネイト・シルバーに代表されるデータ解析家が多くの選挙結果を予測し、実際当ててみせていた。それまでの「ドタ勘予測屋」の論客（パンディットと呼ばれる）と違い、これからはデータ解析家の時代と思われてきた。実際、それは世の中のビッグデータブームとも呼応して、大きな期待が寄せられていた。しかし、今回の結果からは、そうしたデー

マスメディアも、一般の有権者から見れば文字通り「権力」の一つとしてエスタブリッシュメントの一部とみなされ、不信の目で見られていたことになる。

タ解析すら絶対的なものではないことがはっきりした。誰もトランプが予備選で勝利することすら予測していなかったのだから。

調査ではなくアピールへ

ということで、こと選挙戦に関する限り、今回の大統領選は、過去四半世紀ほどの間に確立されてきた世論調査に基づく各種キャンペーンの方法論についても、見直しを迫ることになったように思える。なによりトランプ自身、選挙戦の途中でデータ解析に言及することはほとんどなかった。おそらくは彼にとってやるべきことは自明のことだった。むしろ、定番化した選挙手法も含めてエスタブリッシュメントによる“rigged system”であると非難し続けていた。有り体にいえば、そのような既存のデータシステム、コミュニケーションシステムでは、人びとのナマの声を拾い上げることができなかったのである。[※6]

となると、今回の大統領選の結果が、ひとえにトランプという個人の才能のなせる技だったのか、それともそれ以外の何か合理的な理由があったのか。つまり、トランプというカリスマによってなされたものなのか、それとも社会学的に「社会の変容」として捉えるべきものなのか、という問いだ。そのあたりから解明していかないことには、この先、世論調査をもとにして何か公的な議論をすること

(6) 加えて、いわゆるPC(政治的正しさ)の風潮によって、公の場での発言や表現に強い制約がかかってしまったことも大きいのだろう。公式に発言できない、いわば「本音」や「情動的表現」を吐露する場は、従来ならば、プライベートな空間か、夜の酒場のようなアングラの場であったのだが、今日ではソーシャルウェブを通じて人びとの間を回流することができる。トランプのプッシートーク事件

すら、疑問視されかねない。かなり危うい状況にあるといえる。
でなければ、調査といいながらその実、親近感の醸成を増すために頻繁に行われるウェブマーケティング調査のようなものに向かっていくだけなのかもしれない。[※7] そうした兆候は、予備選の段階でも、それこそ世論調査の予想に反してヒラリーがミシガンでサンダースに負けた時にもいわれていたことだった。ウェブの登場以後、調査そのもののあり方や、調査活動そのものへの被調査者の構えも、以前とはずいぶん変わってきている。端的に、今後、ギャロップやピュー・リサーチなどがどのような態度で世論調査を実施していくか、気になるところだ。

つまり、一方で、徹底的に従来の調査方法について精査し作り直そうとする動きが生じる方向があり、他方で、はなから調査をあてにしないパーマネントアピール、つまりメディア活動だけを重視する方向とに、まずは二分されるのかもしれない。

いずれにしても、トランプを支えたのがマスメディアではなかった、という事実をどう受け止めるか。選挙戦を通じてマスメディアは常にトランプの批判役であった。にもかかわらずトランプの支持者はマスメディアを迂回して連携してしまったのである。およそ、エスタブリッシュメントといわれる人たちにとっては、本音のところでは、それぞれの分野で厳しい自己反省を求められる時代がやってきている。少なくとも数多くの人びとが政治のアウトサイダーを選択した事実は、

がマスメディアが想定していたほどトランプの支持率に影響を与えなかったのもそのような事情によっていた。

（7）　最近のウェブマーケティングでは、アンケート調査への回答が、調査で言及されている商品や企業に対する認知や理解を高めるためのエクセサイズであり、それゆえ調査そのものが一種のPR機会となっている場合まで現れている。このようにウェブ上ではどんな活動であれ「ゲーム化（ゲーミファイ）」することで「親近感の増大（エンゲージメント）」の機会にできてしまうところまで来ている。それもこれもウェブ上では一部始終がログ化されトラッキングできてしまうからだ。

よくも悪くもアメリカがいまだに「実験」を求め尊ぶ社会であることを表している。その実験の向かう先にエスタブリッシュメントも目を向けざるをえないのである。

（2016・11・10）

20　アプレンティス　―閣僚編―

連日のトランプタワー詣

11月のニューヨークといえば、サンクスギビングを前に、駆け足で過ぎていく秋を偲ぶ頃であり、それもあってニューヨーカーたちがこぞって、マンハッタンの真ん中にあるセントラルパークへと、紅葉を愛でようと出向く時でもある。しかし今年はそんなのんびりとしたことはいっていられない空気が漂う。11月9日にドナルド・トランプが第45代アメリカ大統領に当選して以来、セントラルパーク南端に屹立するトランプタワーに、連日連夜、共和党の要人たちが訪れているからだ。彼らはいずれも、年明けから稼働するトランプ政府（Trump Administration）でのキャビネット（閣僚）入りを狙い、26階にあるトランプのオフィスを目指してやって来る。

トランプタワーは、ミッドタウンの目抜き通りである五番街（フィフス・アヴェニュー）に面しており、周辺はマンハッタンの観光名所の一つだ。[※1]だが、次期大

（1）トランプタワーの隣にはティファニーがあり、周りにはアルマーニ、ラルフローレン、ルイ・ヴィトンなどのブランド店が軒を並べる。ガラス建築の Apple Store もほど近い。マンハッタンそのものが中洲の島であり、それほど広いところでもないため、ミッドタウンにあるトランプタワーからなら、少し足を伸ばせばMOMA（ニューヨーク近代美術館）やタイムズスクエア、ブロードウェイなども巡ることができる。文字通り、観光名所のど真ん中に位置しているわけだ。

統領ならびにその閣僚となる大物政治家が集まる場として急遽、厳しい警備体制が取られる場へと転じた。一時はフィフス・アヴェニューを閉鎖する案も出されたようだが、さすがにそれは取り下げられた。ただでさえマンハッタンはヒラリー・クリントンの支持が高い地域だ。実に8割の住人がヒラリーに投票したといわれる。※2 つまり、反トランプの牙城のただ中にトランプは共和党の要人を迎え入れているわけで、不要な衝突は誰もが避けたいところだろう。

それにしても、よりにもよって民主党の拠点であるマンハッタンから共和党の大統領が誕生したわけであり、あらためて今年の大統領選がニューヨーカー対決、それもセントラルパークの北（ハーレム）と南（ミッドタウン）に拠点をもつ二人によってなされたことに気づかされる。北米大陸の広大さを踏まえれば、お隣さんどうしで争ったようなもので、極めて狭い世界での対決だった。それもニューヨーク市においては、クイーンズ生まれのトランプよりも、転居者であるヒラリーの方が高い支持を得たという捻れたものだった。

ところで、リアリティショーの『アプレンティス』はトランプタワーで収録されていた。となると同じトランプタワーに高名な政治家が殺到し、そこでホワイトハウス・スタッフや各省高官の地位を巡って「採用／不採用」が決められる有様は、さしずめ『アプレンティス2』とでもいうべきものだ。かようにトランプ主催のリアリティショーは終わらない。

（2）２０１７年に入り早くも、11月に実施されるニューヨーク市長選にヒラリーが出馬するという噂が流れ始めた。さらに、大統領就任式翌日の２０１７年１月21日に全米の大都市で繰り広げられた反トランプを訴えるWomen's Marchでは、ニューヨークの参加者は40万人にも上り、行進者の波でフィフス・アヴェニューが埋め尽くされた。

トランジッションチームの攻防

そのトランプ劇場の閣僚「椅子取りゲーム」の舞台にまず上がったのは、選挙期間中からトランプを支持してきたニュート・ギングリッチ（元連邦議会下院議長）、ルドルフ・ジュリアーニ（元ニューヨーク市長）、クリス・クリスティ（ニュージャージー州知事）の「トランプ三人衆」だった。当初は三人ともキャビネット入りが見込まれていたが、まずクリスティが梯子を外された。次いでギングリッチが、自ら閣僚入りは希望しないと声明を出した。ジュリアーニはまだ候補として残っているものの、先行きは不透明だ。というのも、クリスティが任されていた閣僚選定のトランジッションチームを、副大統領になるマイク・ペンスが引き取ったためだ。

「トランジッション＝移行」とは、前大統領から新大統領へとホワイトハウスの全権が「移行」されることから来た言葉だ。猟官制をとるアメリカでは、大統領が変わるたびに政府高官が大々的に刷新される。特に、今回のように異なる党の間での「権力移行」ではその変化は甚だしい。トランジッションチームの長とは、いわば大企業の人事担当取締役のようなものであり、その権限は大きい。官僚機構においては人事権が権力の源泉であることはどこの国でも変わらない。その膨大な権限をしっかりペンスは握ったわけだ。それは実際のところ、トランプが共和党のアウトサイダーであり、党内人事についての勘所に不案内なためでもある。そうしてペンスは、副大統領候補に選ばれた時点で党から担わされた「トランプの手綱を握る役」を慎重に演じている。

実際、そのためもあってか、今回の閣僚人事は、どこか大企業の派閥人事のようにも見えてくる。中でも人びとを驚かせたのはミット・ロムニーの登場だ。予備選だけでなく本選においても、あれだけトランプを非難し続けたロムニーが、筆頭閣僚である国務長官に任命される話が浮上した。

今「筆頭」と書いたのは単なる比喩ではなく、大統領や副大統領に何か危機があった場合、国務長官は閣僚の中で大統領を継承する第一位にあるからだ。副大統領、下院議長に次ぐ要職なのである。そしてアメリカの外交、ということは安全保障政策を計画し実行する中核だ。その国務長官が政敵ロムニーに委ねられるかもしれない。ほかでもないペンス自身の口からその可能性が高いことが伝えられている。[※3]

2008年のオバマの時も、「チーム・オブ・ライヴァル（好敵手からなるチーム）」を実践したリンカーンにならって、予備選で争ったヒラリーを国務長官に迎えたり、共和党員を閣僚入りさせたりして話題になった。トランプの場合は、自ら内乱状態をもたらした共和党をなだめたいからのようだ。もともと閣僚人事は、キ

（3）結局、ロムニーは一種の目眩ましにすぎず、国務長官にはエクソンモービルCEOであるティラーソンが指名された。ペンスの意向ではなく、トランプの意向が反映されたからだという。

ャンペーンスタッフへのご褒美のようなところがあるので、予備選当初からともに戦った「地元の貢献者」が優先的に高い地位を得ることが多い。ジョージ・W・ブッシュのテキサス人脈しかり、バラク・オバマのシカゴ人脈しかり、といった具合だ。

けれどもトランプの場合は、閣僚人事を企業内の役員人事のように扱い、それら人物の間で互いに牽制させあうことで自らの地位を安泰にしようとする意図も透けて見える。見えないところに敵は置かない、ということのようなのだ。

もっともトランジッションチームを率いるのはあくまでもペンスなので、国務省や司法省などのトップ人事がトランプの意向に沿ったものであることを除けば、ペンスの政治家としてのバランス感覚がそうさせているのかもしれない。彼のバランス感覚は、11月20日に大ヒットミュージカル『ハミルトン』※4を観劇後、ステージの役者から「多様性を守って欲しい」と嘆願されたことにも動じなかったところにも表れている。対してトランプは役者陣に謝罪を求めるツイートを即座に流していた。

ペンスはインディアナ州出身らしく、見事に彼のスタッフは白人ばかりで民主党との違いがはっきりわかる。彼は地元のインディアナ大学で法学博士（JD）も修めており、地元で育って地元の大学に行き地元の政治に就く、という典型的な共和党政治家のプロフィールをもつ。叩き上げの政治家の多くは、法律家とし

（4）『ハミルトン』は、2016年のトニー賞で史上最多の16部門でノミネートされ、最終的に作品賞・脚本賞・楽曲賞・主演男優賞など11部門での受賞を果たした。主演のリン＝マニュエル・ミランダは脚本と音楽も手がけ、一躍脚光を浴びている。

てのライセンスを得た後に、検察や裁判所など地元の公務に就くところから始める。司法試験は州ごとに実施されるため、地元大学のロースクールで学びＪＤを得る。こうした地方で育った人たちがワシントンＤＣに出向く。２０１７年以降、その彼らを率いることになるのがニューヨーク出身のアウトサイダーである実業家トランプなのだ。

ホワイトハウスのツートップ

そのトランプ次期大統領（president-elect）を内から支える首席補佐官（Chief of Staff）に指名されたのがラインス・プリーバスだ。彼は共和党全国委員会委員長として今回の選挙戦――大統領選だけでなく連邦議員や州知事の選挙まで――共和党の選挙対策のリーダーを務めた。トランプが予備選に勝利した後、共和党主流派の（ロムニーなどの）エスタブリッシュメントから反トランプの動きが生じても、終始、党内融和を図る方向に尽力した。結果として共和党の大勝利で終わった以上、今回の選挙の最大の立役者の一人である。その功績を評価されてのホワイトハウス入りだ。

ホワイトハウスは大統領府の旗艦として、連邦省庁のスタッフを使って膨大な数の政策（とそのための法案）を練り上げる。だが、その政策の実行のための法案や予算を実現させるのはあくまでも連邦議会だ。そのため、首席補佐官以下のホワイトハウス・スタッフの役割は、議会に働きかけて首尾よく法案や予算の通過を図るところにある。

次の中間選挙である2018年までの間は、共和党が上下両院で多数派を占めているため、ホワイトハウスの意向は反映されやすい状況にあるが、それでも再び下院議長になると目されるポール・ライアンとトランプとの間には、選挙戦中、仲違いがあった。なにより二人の間では、財政や経済政策を巡る考え方（思想）で越えられない壁がある。トランプは財政出動志向、ライアンは緊縮財政志向だからだ。[※5] その壁をなんとか乗り越える役目を担うのが、トランプを含めて共和党内で全方位外交をとってきたプリーバスということになる。

もう一つ彼が登用された理由は、スティーヴン・バノンのホワイトハウス入りにある。本選開始直前の8月に選挙参謀として登用されたバノンは、ホワイトハウスのチーフストラテジスト兼上級顧問（chief strategist and senior counselor）に指名された。しかし、共和党保守の主流派から見ても極右（far-right）にあたるAlt-Rightの中心人物の一人であるバノンがホワイトハウス入りすることには、民主党のみならず、共和党からも疑問の声が上がっている。そのためのバッファとなるのがプリーバスの役割だ。

つまり、プリーバスが共和党内の融和を図るためのリエゾン役であるとすれば、

（5）ポール・ライアンは、ティーパーティの後押しによって2012年大統領選でロムニーの副大統領候補として頭角を表し、15年には下院議長にまで上り詰めた。ライアンは、ボブ・ドールのランニングメイトとして96年に大統領選を戦ったジャック・ケンプを師と仰いでいた。アメフトの元花形プレイヤーであったケンプは、穏健派の保守系政治家として人気を博し、レーガンに（レーガノミクスを支えた）サプライサイド経済学を紹介したことでも知られる。そのようなケンプを私淑するライアンは、だから経済的自由を尊ぶリバタリアンであり、その点でトランプとは政治信条の点で容易には手を結べないものと思われる。何よりライアンも大統領を目指しているからだ。

バノンはワシントンDCの外にいるトランプ支持者たちを主な対象とした対外コミュニケーションを担当する。バノンは、"Breitbert News"というAlt-Right向けのネットメディアを通じて、ブッシュ王朝とクリントン王朝の両方を、ネットを使ったメディア戦略で叩き潰した張本人である。

投票日直前になって、FBIによるヒラリーの電子メール疑惑の再捜査の可能性がヒラリー陣営を襲ったが、その元凶となったアンソニー・ウィーナーの「セクスティング」スキャンダルを最初に暴露したのも"Breitbert News"だった。このスキャンダルの発覚にはWikiLeaksの手助けがあったともいわれている。その中心にいたのがバノンだった。

彼が共同設立したシンクタンクGovernment Accountability Instituteから出版された"Clinton Cash"という本では、クリントン・ファウンデーションの寄付金の出処が扱われており、タイトル通り「クリントン家とカネ」の関わりを選挙戦のイシューの一つに押し上げた。そうしてバノンは、ネットの世界でトランプ有利の動勢をつくり、選挙戦のコミュニケーション戦略を裏から支えていた。

バノンは、アイルランド系でカトリックのワーキングクラスの家庭に生まれたが、海軍、ハーバード・ビジネススクール、ゴールドマン・サックス、というキャリアをもつ叩き上げだ。ゴールドマン時代にハリウッドで映画製作のディールに関わり、この時メディア人脈とつながり始める。レーガンに関するドキュメンタリーの製作に携わりながら、“Breitbert News”の創始者でレーガン信奉者のアンドリュー・ブライトバートに出会っていた。※6

バノンは、その経歴から、軍、金融、メディア、ITに通じた、ソーシャルメディア時代のコミュニケーション策謀家といえる。今回の選挙では、マスメディアがソーシャルメディア内部の動きを読みきれなかったことが選挙情勢を摑み損ねたことにつながったという反省がすでに出始めているが、しかしバノンのように、軍、金融、メディア、IT、それに政治、といった領域をすべて隈なく扱える人材などそうそういるものではない。その意味で、彼が首席戦略家《チーフストラテジスト》を拝命したことは、トランプ政権においても引き続き、インターネットが可能にするといわれ続けてきた政治（戦略）的価値の実現が適宜試みられていくものと見込まれる。見たいところしか見なかったマスメディアも、本格的にウェブについて取り組まないことには、今まで築いてきた権威が切り崩されかねない時代を迎えることになりそうだ。

（6）　アンドリュー・ブライトバートは、保守系ニュースアグリゲーションサイトであるDredge Reportに感化され、２００７年にBreitbert Newsを開設した。インターネット初期からサービスを始めていたDredge Reportは、96年にジャック・ケンプがボブ・ドールの副大統領に選ばれることをいち早く伝え一躍有名になった。Huffington Postの保守版である。なおブライトバートは２０１２年に43歳で急逝し、それ以後、バノンがBreitbert Newsを率いていく。

都市生活者たちの反抗

ところで、共和党がこのように勝利の高揚感に浸りつつ、新たな政権づくりに党内調整を図っている横で、惨敗の憂き目を見た民主党はどうしているのか。冒頭で記したように彼らは忸怩たる思いで今の状況を眺めている。眺めているだけでなく、すでに反トランプの運動を始めている。

特に大統領選の開票が進むにつれ、総得票数《ポピュラーボート》でヒラリーがトランプを上回っていたことが明らかになってきたあたりで、その怒りは閾値を超え、全米の都市でラリー（デモ行進）が行われるまでに至っている。総得票数では勝ったのに、選挙人数では負けた。それでは多数決、すなわちデモクラシーの原則にもとるのではないか、というのが彼らの主張だ。皮肉なことに、選挙戦中、トランプが再三再四強調していた、今の政治／選挙システムは壊れている（＝rigged）という主張を、声高に叫ばなければならなくなったのが、民主党支持の都市生活者たちだった。

実際、ヒラリーの勝利は、極端なまでに都市に偏っている。ヒラリーの場合、ブルーステイトであるカリフォルニアやニューヨークでの勝利が強調されるが、レッドステイトであっても、アトランタやヒューストンなどの都市部では、ヒラリー支持者の方が多かったことが明らかになってきた。つまり、今回の大統領選とは端的に「都市と田舎の対立」であったわけだ。[※7]

多様性を重視し互いに寛容な態度を取ろうとする民主党的態度は、都市部においては無駄な軋轢を生まずに生活していくために必要な知恵であるが、田舎に住むぶんには関係がない。そもそも都市的風景すら彼らの日常とは何ら関係ない。そのように感じる田舎に住む（白）人をかき集めれば勝利できる。トランプの取

（7）２０１６年大統領選における「都市と田舎の対立」については、拙稿「多分これからも都市の空気は自由にする」（ユリイカ２０１７年１月号「特集・アメリカ文化を読む」）で論じている。

った戦略とは、究極のロングテール戦略でもあったわけだ。大統領選で勝つには、ポピュラーボートではなく選挙人（elector）総数で優ればよいからだ。[※8] 大都市圏における圧倒的勝利は、残念ながら過半数を越えた時点で死に票になる。そしてメディアに見えやすい都市部の熱狂ぶりは、必ずしも全米での勝利を意味しないのは、今回、都市生活者が思い知らされたことだった。

　つまり、今回の大統領選では、都市部の生活者の意向が見捨てられたことを意味する。そのため、トランプの当選直後から“#NotMyPresident”という、トランプに納得できない者たちの反乱が全米の都市で繰り広げられている。

　特に激しいのがオレゴン州ポートランドだ。[※9] ここは全米でも数少ない、白人男性だけが投票しても民主党支持が多数を占めるといわれる生粋のブルーステイトであり、中でもポートランドはシティとしても真っ青だ。もともと60年代にサンフランシスコにたむろしていたヒッピーが北上して集まった都市でもあるため、ある意味、リベラルの理想郷のような都市である。その街で、リベラルな市民のラリーが暴動化しないために警察が配備される。しかし、多分、警備につく警官たちにもリベラルな心情の人は多いはずで、となると、一体何のための誰に向けた反抗なのか、切ない気持ちにさせられる。

　ポピュラーボートでは勝ったのに選挙人数で負けたのは、２０００年のアル・ゴアの敗退に続き最近では二度目だ。選挙人数システムが時代遅れである、とい

（8）　もっともトランプは、大統領選が全米で総得票数《ポピュラーボート》を競うルールであるならば、そのルールに従ってもヒラリーには勝てていたと語り、ヒラリーの敗退はゲームのルールをきちんと理解していなかったからだと暗にほのめかした。

（9）　ポートランドは、シアトルや（カナダの）バンクーバーとともに、リベラルで気負わない、独特のカジュアルな雰囲気を湛える太平洋岸北西部（Pacific Northwest）文化圏を形成している。民主党予備選でサンダースを選んだ進歩的《プログレッシヴ》な土地柄だ。

う指摘も何度も議論されてきた。それでも、自分たちの「数の声」が届かないことに怒りの声を上げる権利は当の投票者たちにはある。それは、選挙戦というゲームのルールを知りながら負けたのだから潔く負けを認めるしかない敗者＝ヒラリーとは異なるところから発する怒りだからだ。そのため、この反トランプ運動もまた終わらない。一度は沈静化するかもしれないが、しかし、向こう2年間の間には適宜このようなラリーは起こることだろう。

そして、そんなラリーの重要性も含めて、敗者民主党の中で再び頭角を現してきたのが、バーニー・サンダースだ。[※10] インディペンデントの政治家として常に妥協の上で政策の実現に務めてきた彼は、インフラ建設など国内経済重視で財政出動も辞さない姿勢を一貫して取ってきたトランプに対して、その点では議会でも協力していきたいとエールを送っている。むしろトランプが、共和党の財政均衡路線に押しやられて方向転換しないよう、俺は見張っているからな、というスタンスだ。

つまりサンダースは、共和党の内部不和を突いて、トランプのリベラルな政策志向の部分には賛同していくことで、実利を得ようとする構えを取っている。むしろヒラリーの敗退で、ようやく民主党がクリントン家の呪縛から解放されたことを好機と捉え、民主党の立て直しに協力しようとしているように見える。彼はすでに「多様性《ダイバーシティ》」に偏重した、従来の民主党が取ってきたアイデンティティ・ポ

(10) サンダースは予備選終了後、(民主党ではなく)インディペンデントの上院議員に戻っている。上院議員にはインディペンデントとして選出されたからというのがその理由だが、大統領選投票日の直後に"Our Revolution"という著書も出版し、リベラルの中核的人物としての地位を獲得している。

リティクスの戦略に疑問を投げかけている。彼にとっては、トランプ同様、経済こそが問題なのである。

そして、そんな民主党の混迷の中で、8年前の大統領就任時の意気揚々とした姿からすれば、見違えるほど痩せてしまい、白髪頭のやつれた姿になってまで築いてきた「オバマ・レガシー」を風前の灯火とされたオバマ大統領は、最後の欧州訪問に出かけ、ドイツのメルケル首相を中心に、外交ルートからトランプのアメリカ、共和党が三権を握ったアメリカにプレッシャーをかけるように訴えている。[※11]「外圧」によって、「自由世界のリーダー」としてこの8年間で築いてきた国際秩序から、トランプ以後のアメリカが大きくそれないよう牽制する道を選んでいる。

もともと地球環境問題への対処などは、欧州が先導したアジェンダであり、民主党は了解、共和党は反発、というのが基本スタンスだった。そのような「地球規模の案件」についても欧州がアメリカに働きかけることで前進させようとする時代になるのかもしれない。

いずれにしても、オバマの訴えによって、トランプ劇場にはメルケルたちも参加する。トランプを核にしたリアリティショーは、キャストを国外にまで拡げ継続していくのである。[※12]

(11) ドイツは2017年秋に総選挙を控えており、ロシアの次なるターゲットはメルケルだという報道も見られ始めている。

(12) 選挙後、どうやらロシアのプーチン大統領が出演者として加わることが確定した模様だ。

びっくり箱を期待した対価

このように何が起こるかわからないトランプが大統領に就任することで、世界中が、なにかワサワサしてきている。期待というよりも不安の方が遥かに大きいわけだが、その分、アメリカの内部も外部も、それぞれの思惑を露わにすることを余儀なくされるのだろう。トランプの勝利が決まった後、ドル高、株高がアメリカで続いているのも、世界中の資産家が不確実な未来にむしろ投資の可能性を見出したからなのかもしれない※13。

このような何が起こるかわからない感じは、確かにヒラリーが大統領になっても生じなかったように思える。現状維持で巡航速度のまま。それに対してトランプは乱気流。結局、このびっくり箱のような感じを、トランプに票を投じた人たちは期待していたのかもしれない。接戦州でトランプに票を投じた、ワーキングクラスではないミドルクラスの「隠れトランプ」といわれた層にしても、最後の最後で、そうした気の迷いがあったのかもしれない。

ヒラリーとトランプで、どちらがより面白いか——。不謹慎に見えるかもしれないが、普通の投票者の感覚などそんなものなのかもしれない。

ともあれ、共和党に限らずアメリカの政治家が、上手いこと手綱を握り、乱気

(13) 未来に対する変動性(ボラティリティ)が高い資産があることは、ポートフォリオを組む上では望ましい。それゆえ、政治家であれば舌禍となるような発言も、ビジネスマンが行う分には、ある決断が生み出す一つの可能性として中立的に(時に肯定的にすら)映る。トランプの発言は、今のところ、そのように受け止められているようだ。ここでも金融工学を推し進めたクリントニズムの恩恵をトランプも、それと気付かぬうちに、だが確実に受けている。

流を乗り切ってくれることをまずは願う。墜落したらおしまいなのは彼らも一緒のはずだから。

かつて外交の席では、西洋の哲学者や作家、科学者らが残した古典的大作の中の一文や一節が適宜引用され、その著作が示唆する選択肢を暗号のように受け止めながら、熾烈な腹の探り合いが行われてきたといわれる。その意味で、政治は「想像力の駆け引き」であった。だからこそ、その同種の想像力をどうも期待できそうにない相手が存在することを示した9・11事件は、アメリカのみならず先進国の人びとに大きな衝撃を与えてしまった。

同様に現代を捉え直せば、トランプの時代とは、彼が徹頭徹尾テレビやTwitterなどの電子メディアの活用者であることを踏まえると、古典的教養というよりも過去50年ほどの映画・テレビなどのヒット作の膨大なリソースを参照しながら、その1シーンを語り合いつつ、商談のようにやり取りし合う時代になるのかもしれない。映像イメージが、文学の言葉に変わり、雄弁に時代を動かしていく。そのような時代にどうやら差し掛かっているようだ。こう書いた矢先の11月21日、トランプはYouTubeに、TPPからの脱退など、大統領就任後100日間で実施する予定の政策を明らかにしたビデオをアップしていた。

こんな情勢下で気になるのは、ではイメージの暴走に至った場合、どうやって押しとどめるのかということなのだが、どうやらその時には、映画『エア・フォースワン』のファンで自分の拳でテロリストと戦うような大統領に憧れると熱弁を奮っていたトランプの話を聞いて、当の闘う大統領を演じたハリソン・フォード自身が、半ば呆れながら発した次の言葉をそのまま返してやればよい。

「ドナルド、イット・ワズ・ア・ムゥウーヴィー！（Donald, It was a MOOOVIEEE !）」

（2016・11・25）

21　《ポスト・トゥルース》の時代

フェイクニュースの脅威

2016年11月16日、イギリスのオックスフォード英語辞典（OED）は「2016年の言葉」に“post-truth”を選んだと発表した。事前の予想の枠外にある事態をもたらしたBrexitとアメリカ大統領選の顚末から、人びとの意思決定には必ずしも事実かどうかの検証は必要なくなったことを考慮したうえでの“post-truth”の採択だった。

OEDが英語圏における揺るぎない文化的権威であることを踏まえると、2016年は、マスメディアの信頼が失われ、ソーシャルメディアと真っ当に向き合わないことには真実もへったくれもない時代に入ってしまったことが、英米圏では公式に認められた年となった。イギリスとアメリカの両国で「想定外」の動きが見られたのだから、当然といえば当然の選択だ。※1

そして翌日の17日、この「事実かどうかは言論の構成には関係のない時代」に

（1）グローバリゼーションに対する抵抗が、19世紀以来その推進役を務めてきた英米両国で真っ先に生じたことは興味深い。そして、その選択が両国ともに“post-truth”という言葉で形容される時代精神の下でなされたことも吟味する余地がある。真贋の定まらない根拠不明の情報のみがふわふわと社会を浮遊し、それが社会の未来の決定に確率的に影響を与えるというのは、通常「ポストモダン」と呼ばれる状況に近いが、産業革命以来そもそも「モダン」

忍び寄る恐怖について、その到来を危惧しつつ公然と語ったのが、トランプの勝利によって8年間に亘る政治実績が根こそぎ葬られる悪夢を迎えたオバマ大統領だった。彼は最後の欧州訪問の旅程で、ドイツのメルケル首相とともに共同会見を開いたのだが、その際、“post-truth”の時代の到来に触れ、事実無根の「ホラ」や「騙り」を流布するフェイクニュースの興隆に対して、デモクラシーを窒息死させるものとして強い憂慮を示した。

実際、Brexitにせよ、アメリカ大統領選にせよ、事前の世論調査を覆す結果が得られたことは英米社会に予期せぬ衝撃となった。そしてその衝撃を与えた張本人として、選挙後、にわかに注目を集めているのがFacebookなのである。

というのもアメリカでは、最初にニュースに触れる手段としてFacebookを挙げる大人が6割に上っているからだ（ピュー・リサーチ調べ）。今や「世界の窓」の役割は、かつてのテレビに代わってソーシャルメディア、とりわけFacebookが担っている。そのため、フェイクニュースの流布についてもFacebookの責任が問われないわけにはいかない。

選挙前の時点では、トランプの利用頻度の高さからか、もっぱらTwitterがプロパガンダ装置として問題視されていたのだが、選挙後はむしろ、日頃、民主党と良好な関係にあったFacebookやGoogleに非難の矛先が移ったような印象がある。

では、両社はどう対処したのか。フェイクニュースを扱うサイトからすれば、

な仕組みを社会体制の「進化」として体現してきた英米両国では、グローバリゼーションからの一時撤退もモダンの仕掛けの作動範囲内となるのだろう。その意味でポストモダンという言葉ではなく“post-truth”という、情報の真贋に限定した言葉が採用されたように思えてならない。

Facebookによってトラフィックを爆発的に増やし、その流入ユーザーを梃子にして、サイト内に掲載したGoogle経由の広告で利益を上げる、というのが常套手段だ。裏返すとFacebookとGoogleで「出禁」にされれば、彼らは収益機会を失うことになる。実際、FacebookとGoogleはフェイクニュースを掲載するサイトとのリンクを切ることから始めている。もちろん、それだけでは対処療法に過ぎないため、フェイクニュースを抜き去るアルゴリズムの開発にも早急に着手している。しかし、果たしてアルゴリズムだけで対処しきれるのか。

Facebookの場合、この5月に一度、ニュースフィードの内容が民主党支持（pro-Democrat）に偏っていると共和党の幹部から指摘され、急遽、CEOのマーク・ザッカーバーグ自らワシントンDCを訪れ、共和党の要人にニュースフィードに偏向はないと釈明してまわったことがある。その後、ニュースフィードの編集チームが解雇されるという話もあった。

そのような経緯がすでにあったことも、トランプの勝利が確定した後のヒラリー敗退の原因探しの中で、Facebookの存在がクローズアップされた理由だった。2008年のオバマの選挙戦以来、Facebookは総じて民主党寄りの存在であると、当の民主党幹部たちからも思われていただけに、その反動も大きかったようだ。

フェイクニュース側の論理

とはいえ、フェイクニュースの発信元のプロフィールが徐々に明らかにされていくにつれて、Facebookだけにフェイクニュースが繁茂した責任を押し付けるのもどうやら行き過ぎであることがわかってきた。とりわけ今回の大統領選においてはそうである。

今ではウェブサイトの立ち上げそのものは極めて容易なことであり、それゆえフェイクニュースサイトの全貌を摑むことは困難を極める。自発的に参入するインセンティブを取り除かない限り、まさに雨後の筍のように次から次へと後続サイトが現れてくるからだ。

まずこのことを確認したうえで、今のところ明らかになったこととしては、フェイクニュースサイトの多くは、マケドニアやジョージアなどアメリカ国外の国で、若いギークたちがウェブ広告で儲けるために行ってきた、という報告がある。※2

彼らは、まずフェイクニュースサイトを立ち上げ、Facebookなどのソーシャルメディアを通じて広く人びとの間に周知させ、サイトに流入してきた人びとによって（彼らがサイト内広告をクリックしてくれることで）広告収入を得る。大事なことは、フェイクニュースを提供している側としては、あくまでも広告収入の最大化を図

（2）ウェブを通じて国外からの（情報）干渉が誰でも容易に行える時代になったという事実が突きつける意味は重い。

るために引きのよいコンテンツを用意しているにすぎないということだ。

というのも、こうしたサイトを運営する若者たちの説明によれば、トランプだけでなく、ヒラリー・クリントンやバーニー・サンダースに関するフェイクニュースサイトも同じように立ち上げたのだが、ヒラリーやサンダースのサイトへのウェブユーザーの食いつきは芳しくなく、同じ手間ひまをかけるなら、トランプに関するフェイクニュースを掲載したほうが効果的だ、という結論を、彼らなりの試行錯誤の上で得ていたからだ。要するに、リベラル寄りの読者よりも保守寄りの読者の方が、フェイクニュースサイトを好んで閲覧してくれたのだった。

だが、この話自体はわからないものではなく、ヒラリーやサンダースに関するニュースは、ニューヨーク・タイムズやワシントン・ポスト、あるいはもう少し保守寄りのウォールストリート・ジャーナルなどでも十分扱っていたからだ。対して、そもそも立候補した時から、トランプについては多くのメディアが泡沫候補ないしはイロモノとして扱ってきた。エンタメ番組では取り上げるが報道番組では特に扱わない。そうしたトランプに対するメディアの目線は、トランプが共和党予備選で勝利して以後はむしろ強化され、本選に入ってからは、多くの報道メディアがヒラリー支持（pro-Hilary）の立場を公表していた。10月に入ってからのプッシートーク事件にしても、ヒラリーの後押しのためにワシントン・ポストが暴露した話題であった。

要するに、普通のメディアに、トランプを肯定的に扱う、もっといえばトランプを崇めるようなニュースが現れることはほとんどなかった。トランプ支持を表明する報道メディアも数えるほどしかなかった。今から振り返れば、伝統的な主流メディアでは、ヒラリーとトランプの扱いは確かに対等ではなかったのだ。[※3]だがそうした傾向は、トランプ支持者の間で、トランプ賞賛の言説に対する飢餓感を煽ることにつながった。その飢餓感を埋めるために消費されたのがフェイクニュースだったわけだ。

つまり、アメリカ国内の多くの既存ジャーナリズムが、「トランプが大統領なんてないわー」とばかりにこぞってヒラリー支持に向かったため、トランプを好意的に取り上げるニュースフィードは、アメリカ国内では大して供給されなかった。その飢餓状態を突いたのが、海外で粗製乱造されたフェイクニュースだったのである。

となると、そのような飢餓感のもとでむしろ、メインストリームの既存メディアの「裏」で稼働していた、フェイクニュースを含めたウェブ上の言論や活動に目を向けることを怠った既存メディアの側の基本姿勢にも、フェイクニュースが広まった原因があった、ということになりそうだ。

もちろんトランプ自身が、事実かどうかにかかわらず、私見をTwitterで放流し続けたことも、フェイクニュースそのものの流布から目をそらす理由の一つであ

（3） ヒラリーを支持するのがメディアならば当たり前、という雰囲気があったのは確かで、むしろ9月になり本選が始まったにもかかわらず、それ以降、ここまで候補者の支持表明にニュースバリューがなかった年も珍しかったように思われる。

ったように思われる。はなから嘘っぱちなのだからその流布について追跡する必要を感じないということだ。そもそも、トランプ自身が、世の中に事実（fact）などない、あるのは私見（opinion）だけだ、と公言してはばからなかったわけだから、臆見を広めるのもわかった上でやっていたことになる。そのため、ジャーナリストが、発言やツイートの中身にはいちいち取り合わないという姿勢をとってもやむを得なかった。

だが、そうした割り切りは発信者であるジャーナリストとしては正しかったかもしれないが、しかし、こと受信者である有権者の側からすれば、そうしてトランプの発言を切って捨てることからして、反感を募らせる理由を与えた。応援者たちが声を上げる理由にもなった。そうしてトランプは、たとえば10月に行われた3回のディベートにおいて、報道メディアからは負けを宣告されていたが、しかし、有権者である視聴者からの関心を集める点では勝利していたことになる。[※4]ジャーナリズムとしての正しさとキャンペーンとしての正しさは、端的に食い違っていた。だが、その食い違いについて、エンタメの文体で面白おかしく語られることはあっても、ジャーナリズムの文体で真面目に取り上げられることはなかった。それはジャーナリズムの自己否定にもつながりかねないからだ。

ウェブ以前であれば、メインストリームの報道メディアは言論のゲートウェイとして、何が明るみにされ、何がされないか、ということを決める力を持ってい

（4）　こうなるとそもそもテレビ・ディベートを開催する意義はどこにあるのかということにもなりかねない。テレビ・ディベートの効用自体が、ニクソンを打ち負かしたケネディという伝説的エピソードに支えられていることを思うとなおさらだ。

た。だが、ウェブ以後の時代では、そのメディアの決定によって表向きには排除されたものであっても、それを求める自発的意志ないしは欲望によってウェブ上で復活を遂げてしまうことになる。表舞台で黙殺されたネタもゾンビのように生き返る。

今回の選挙戦は、まさにその表向き「なかったことにされた」案件がウェブの中で、虚実合わせて言説として再浮上したうえで流通し、その蓄積結果が、選挙当日、トランプの勝利というかたちで噴出したということなのだろう。そのため、エスタブリッシュメントは皆、ヒラリー敗退の結果に耳を疑うしかなかった。[※5]

受け手を支えるコンテキスト

ここで少しばかり切なくなるのは、マケドニアやジョージアなどで小遣い稼ぎからフェイクニュースサイトを立ち上げた若者たちは、半ば言い逃れのためなのかもしれないが、しかし口を揃えて、風刺や冗談のつもりで当のフェイクニュースを放流していたということだった。もちろんＡＢＣやＣＢＳなど既存のメディアを「騙る」のはご法度だろうが、しかし、それも海の向こうの遥か彼方の国のものだから、まぁ、問題ないだろう…ぐらいに考えてのことだった。ところが実際にフェイクニュースを流したところ、多くのアメリカ人が半ば本気で受け止め

（5）大統領選の戦い方の成否を巡る「言説構造」そのものが機能しなくなったとなると、ことは今回の選挙戦に限らないことになる。トランプに続いて、なら俺も、とばかりに複数のセレブリティが大統領選に出馬の意志を示すようになったらどうなってしまうのだろうか。今年の選挙はそのような今までの常識（＝良識）を破壊する作用を帯びていたことになる。

てしまった。つまりホラや風刺であることを思い浮かべない、いわば彼らの「情弱」ぶりに慌ててしまったというわけだ。ソーシャルメディア上に現れる言葉に対するリテラシーの不足が明らかになった。

もっとも、こうした若者たちの実情をレポートしているのもまた、ヒラリー支持を表明していたニューヨーク・タイムズやワシントン・ポストであり、その意味ではこのような取材自体、リベラルらしいお行儀のよい状況把握にすぎないのかもしれない。何しろ事の顛末は、経済的に困窮した外国に住む有能な若者が、糊口をしのぐためにやむにやまれずフェイクニュースサイトを立ち上げた、ということなのだから。決して褒められたものではないが、彼らにもそれなりの事情があるのだ、という「ものわかりのよさ」をリベラルらしく示している。

その反動として次に出てくるのが、たまたまとはいえフェイクニュースサイトを立ち上げた者たちの所在地が、マケドニアやジョージアなど旧共産圏の地域であることからか、フェイクニュースサイトの背後にはロシアのプロパガンダ部隊が暗躍している、という一種の陰謀論だ。

選挙戦中、民主党要人に仕掛けられた数々のメールハッキング事件を思えば、それもまたもっともらしく聞こえてしまうのだが、しかし、今のところロシアの関与を裏付けるような確たる事実が出てきているわけでもない。もっとも簡単に尻尾がつかめてしまうのならプロパガンダ策としては杜撰にすぎるわけで、むしろ、そのような「常に確証は得られないが…」という留保付きで語ることしかできないところが陰謀論の罠であり魅力でもある。ひとたびそのような猜疑心が生まれてしまうと、それを払いのけることは事実上困難になるからだ。[※6]

結果として、憶測の上で憶測を重ねるしかない事態が生まれてしまう。だが、そうしている間にも何らかの判断を行わなければならない決断の時は刻々と迫ってくる。こうして"post-truth"の時代が始まることになる。言葉を連ねること、文章を書くこと自体、必ず推測や想像を伴うことを踏まえると、病巣は思いの外深い。取り除くことは難しい。むしろ多義的な解釈を可能にするという点で、限りなく文学的で詩的な表現が、ふわふわとウェブ上に浮き続けているものとして受け止めるしかないのかもしれない。[※7]

となると、FacebookやGoogleが自発的に対処方法を考える、たとえばアルゴリズムに改良を加えるというのも確かに必要なことではあるが、しかし、完全に機械的対処に任せることにも自ずから限界があるといえるだろう。

ちなみにニュースフィードを扱うアルゴリズムでは、「真実ではない」と判断される点で、「騙り」や「嘘(lie)」、「デマ(hoax)」だけでなく、「風刺(satire)」も排除対象になるのだという。諧謔的な表現を正統な表現として判断することがまだできないからのようだ。となると、そもそも「風刺」というレトリックが報道用の言語表現として通用しなくなってしまう。

(6) 一連のロシアによるハッキング疑惑を踏まえると、フェイクニュースの流布についてももしかしたら本当にロシアの関与があるのかもしれない。連邦議会の調査を待ちたい。

(7) 余談だが、この点でハッカーが主人公のドラマ"MR. ROBOT"の中で、幻想が幾重にも重ねられたような悪夢的描写が続くのは、"post-truth"の状況を戯画的に描写するための手段なのかもしれない。あるいは逆に"post-truth"の状況をそのように想像することで、予め心の耐性をつける助けになるのかもしれない。ことは個人をとりまくリアリティの程度に帰着するからだ。

一般に「風刺」は、風刺対象のおかれた状況（コンテキスト）まで理解した上で発せられるものであるため、その点でハイコンテキストな文章だ。そして、そのハイコンテキストな文章にアルゴリズムではまだ対処できない。結果として事実報告型の、その意味で何の含みもない乾いた表現だけがニュースとして濾過されることになる。そうして客観的な情報のみが人びとに伝えられる。しかし、そうなるとむしろ人間の性として、人びとの推奨（like）を辿って、風刺的な視点も含む「私見」を求めてしまうのではないか。情報が溢れた時代には、情報の取得ではなく解釈にこそ価値が宿るという、あの考え方だ。多くのキュレーションサイトのウリが、記事そのものではなくコメント提供者の質や量におかれ、実際、それにつられて契約してしまう人が現れるのと同じことである。

そうするとアルゴリズムだけでなく、「編集」というかたちで人の目が介在することも必要だろうし、フェイクニュースの扱い方、もっといえば抑止の仕方について法的対応も求められるのかもしれない。そして、当のフェイクニュースサイトがアメリカ国外にあったことを思うと、仮に法律が導入されたとしても運用の上では国際的な協調が不可欠になる。実のところ、租税回避のためのタックスヘイブンをどう扱うか、という問題と同種の事態に行き当たる。

こう見てくると、今回アメリカで起こったことは、対岸の火事として済ますことはできず、アメリカ以外の国でも潜在的に生じるものと受け止めるべきなのだろう。すでにフェイクニュースサイトを立ち上げた者たちは、次のビジネスチャンスとして、フランスの大統領選に目を向けている。そのためにフランス語を学ばなきゃ、というのが彼らの目下の関心事なのだ。

こうして世界中の首脳選挙は、当該国以外の人びとにとって格好のワールドコンテントの一つになった。多くのトラフィックが稼げるネタの宝庫なのである。そして、従来のマスメディアと違って、ソーシャルメディアでは、その参加者は国内の人間に限られるわけではない。他国の人間もその国の言語さえ扱えれば国境を越えて参入可能なのである。ソーシャルメディア時代の、いや収益方法の確保まで含めてソーシャルプラットフォーム時代の、こうした情報・意見流通の実態を世界に知らしめたのが、予備選を含めて1年あまり続く、長きに亘る選挙戦を展開してきたアメリカであった。《ポスト・トゥルース》の時代の幕開けである。

（2016・12・4）

22 コーポレートアメリカの発進

ミスター・トランプ、テッキーたちと会う

2016年12月14日、アメリカを代表するハイテク企業のCEOたちがトランプタワーの25階に集結した。ドナルド・トランプが開催するテックリーダー・ラウンドテーブルに参加するためだ。トランプの隣には、今ではすっかりチーム・トランプのハイテク番となったピーター・ティールが座った。卓を囲んだのは、以下のような錚々たるメンバーだった。

ティム・クック(Apple)、ジェフ・ベゾス(Amazon)、シェリル・サンドバーグ(Facebook)、イーロン・マスク(Tesla Motors)、ラリー・ペイジ(Alphabet)、エリック・シュミット(Alphabet)、サティア・ナデラ(Microsoft)、ブラッド・スミス(Microsoft)、ジニ・ロメッティ(IBM)、チャック・ロビンス(Cisco)、ブライアン・クルザニッチ(Intel)、サフラ・カッツ(Oracle)、アレックス・カープ(Palantir)。[※1]

いずれも国際的によく知られた企業ばかりだ。トランプ側からは、もはや当た

(1) 最後のPalantirはティールが設立したデータ解析会社で、社名は彼の子どもの頃の愛読書である『指輪物語』の中に登場する、世界を見通す魔法の水晶「パランティア」にちなんでいる

り前のように同席しているイヴァンカたちトランプ・ファミリーの面々とマイク・ペンス次期副大統領をはじめとするトランジッションチーム。加えて、商務長官に指名された投資家のウィルバー・ロスも同席していた。

選挙中は、多くのハイテク経営者や起業家が、ヒラリー・クリントンの支持を表明していた一方、トランプはトランプで、iPhoneの裏に記された"Designed by Apple in California Assembled in China"というAppleのファブレス経営のあり方を非難し、中国での製造をやめ工場をアメリカ国内に建てるよう訴えていた。あるいは、Amazonのビジネス展開について独禁法違反だと非難していた。そのため、会合の予定が発表された時点で、トランプとシリコンバレーの緊張関係を強調する報道が増えていた。会議は非公開で行われたため、その内容をうかがい知ることはできないのだが、予定を超え90分ほど続いたということなので、顔合わせ的なところからもう一歩踏み込んだ話がなされたのかもしれない。今後徐々に明らかにされることだろう。たとえば翌15日には、OracleのCEOであるサラ・カッツがトランジッションチームに加わることが発表された。

トランプ政権のハイテク政策への直接的な関わりということであれば、トランジッションチームが主催する「大統領戦略・政策フォーラム（President's Strategic and Policy Forum）」に、新たにイーロン・マスクとトラヴィス・カラニック（Uber創業者）が参加することが同じ14日に公表された。今回の選挙戦でキャスティングボートを握ったのが、ミシガンを始めとする五大湖周辺のラストベルトであり、トランプが約束した"Make America Great Again"を実現させるための経済政策の筆頭に国内鉱工業の再興があることを思えば、自動車やエネルギーの未来に直接影響を与えるTesla（電気自動車の開発、道路脇の充電網の配備）とUber（IT配車による都市内渋滞の緩和、AI自動車の開発）については、ITの次に控える投資・イノベーション分野として当初から組み込んでおきたいところなのだろう。なお、このフォーラムの進行役には、投資会社大手であるブラックストーン会長のスティーヴン・シュワルツマンが就任するという。

ティール自身は、直接公職にはつかないと公言しているが、代わりに彼と近しい人物が加わるのかもしれない。今のところ名前が挙がっているのが「ペイパル・マフィア」の一人であるデイヴィッド・サックスだ。[※2] サックスは現在CEOを務めるZenefitsを辞めてチーム・トランプに加わるのではないかと噂されている。

サックスは、スタンフォード時代からのティールの友人であり、95年には二人で"The Diversity Myth（多様性の神話）"という評論を著し、大学における多文化主義の横行に疑問を投げかけた。ティール同様、保守論客の一人であり、共著だけでなく二人で（禁煙権ではなく）喫煙権のために活動するロビイストの姿を描いた映画"Thank You For Smoking"を06年に製作している（ちなみにこの映画は風刺が効いていてなかなか面白い）。

（2） ペイパル・マフィアとは、ティールがかつて起業した電子決済会社ペイパルに関わった経営者・エンジニアたちの総称。イーロン・マスクを筆頭にペイパル後も起業家や投資家として活躍するものが多いため、この呼称が用いられるようになった。

ともあれ、こうしてトランプ以後のアメリカでは、ティールのプレゼンスが増していくようだ。「逆張りのコントラリアン」の面目躍如というところだ。今後の彼にはトランプのホワイトハウスとシリコンバレーをつなぐリエゾン役としての活躍が期待されている。そして、そんなトランプ時代のハイテク政策担当者たちが最初に直面するのが、AT&TとTime Warnerという、メディアの巨人どうしの合併審査である。この審査は、トランプ以後のハイテク政策の行方を占う試金石となりうる案件だ。

クリントニズムの最終形態

大統領選の投票日を間近に控えた2016年10月23日、AT&TとTime Warnerの合併が発表された。いずれの企業も、インフラ、コンテントのそれぞれの分野でのビッグブランドだ。その審査は、チーム・トランプが依拠する経済政策の思考フレームの、わかりやすい事例になることだろう。

一つにはこの合併が、ビル・クリントンが90年代に導入した情報通信分野の規制緩和政策の最終完成形のようなディールだからだ。AT&Tは無線・有線を含む通信インフラ、Time Warnerは映像コンテント、ということから、典型的な「垂直統合」のケースであり、これは当時夢見られた「情報と通信の融合」の最終的な実現になる。

しかもAT&Tといっても、これはかつて全米を一社でカバーしていた頃の「マー・ベル（Ma Bell：母なるベル会社）」ではなく、レーガン時代の84年に司法省との取り決めで地域通話と州間・国際通話に分割された元AT&T各社が、クリントン以後の規制緩和策の波に乗って（ほかの通信会社も含めて）合併を繰り返してきた結果誕生した「生き残り組のAT&T」である。本社もAT&T発祥の東部ではなく、南部テキサスのダラスにある。まさに「暖簾＝ブランド」だけが残った企業、その意味でゾンビのような企業だ。※3 その通信インフラ大手が、HBOやCNNなどを擁するTime Warnerを買収することになった。

Time Warnerも、同じく合併・分割を繰り返してきており、かつてはケーブルテレビのインフラ会社（オペレーター）や出版部門を持つ巨大メディアコングロマリットであった。AOL Time Warnerの合併と解散で知られるあのTime Warnerだ。それが今ではHBOやCNNなどのケーブルネットワークと、ワーナー・ブラザーズのような映像製作部門にまで事業領域を切り詰めていた。映像コンテントがもっとも旨味のある資産だというのが、最後にTime Warnerの株主・経営陣が至った結論だった。実際、Netflixが登場して以後のストリーミングの時代になって、HBOは良質のドラマやコメディをつくる会社として注目を集めている。最近では、『ゲーム・オブ・スローンズ』がエミー賞の常連になっていた。

（3）AT&Tとは昔はAmerican Telephone & Telegraphの「略称」だったのだが、今はその略称＝記号が社名そのものに転じており、まさに「記号＝ブランド」だけが生き残ったことになる。歴史の中の記憶のみが単体で意味を帯びるわけだ。

Time Warnerはいわゆるハリウッドメジャーの一つであり、発祥は映画スタジオだ。[※4]その映画会社が、時代時代のパトロン＝親会社を得て生きながらえてきた。いわば「パラサイト（寄生虫）」のような存在だ。そんなパラサイトが新たな寄生先としてゾンビを選択した、というのが、今回のAT&TとTime Warnerの合併劇なのである。そして、その当事者である2社のいずれもがクリントニズムの申し子であった。

情報通信部門は金融部門とともに、クリントニズムの核である規制緩和政策の車の両輪だった。そして、金融部門の要であるウォール街に対しては、トランプはヒラリーとともに鋭い非難を与えてきた。[※5]

今回トランプ当選の立役者になった五大湖周辺のラストベルトの白人ワーキングクラスの人たちからすれば、リーマン・ショックならびにその後のウォール街の救済は今でも怒りの対象となっている。GMなど自動車ビッグ3も救済したではないかと思う人もいるかもしれないが、しかし、自動車会社は救済してもデトロイトは財政破綻したではないか、と反論されてしまう。

そうした感情が澱のように溜まった結果が今回のラストベルトの民主党離反の動きだったのであるから、その怒りの蓄積のうえで当選したトランプが、クリントニズムの完成形であるAT&TとTime Warnerの合併を簡単に認めるとは思い難い。実際、合併計画が公表された直後、トランプは計画に反対していた。メデ

（4）ハリウッドメジャーとは、Time Warner傘下のワーナー・ブラザーズの他に、20世紀フォックス、ウォルト・ディズニー、ソニー・ピクチャーズ・エンタテインメント、パラマウント・ピクチャーズ、ユニバーサル・スタジオからなる。それぞれが音楽、テレビ、ウェブなどのメディア関連企業を傘下に抱えているが、21世紀に入り、かつてのようなコングロマリット経営は資本効率が悪いということで、合併よりも一部資産の切り離しのほうがよく聞かれるようになった。

（5）もっともゴールドマン・サックス出身者を複数登用する閣僚人事を見る限り、ウォール街との距離もすでに縮まっているのかもしれないが。

ィアシステムも“rigged（腐敗）”していると再三再四述べてきているのだから、そのメディアシステムの担い手であるメディア企業の巨大化はこれ以上望まないと考えるのが妥当だろう。トランプを支える「戦略家」となったスティーヴン・バノンも、ゴールドマン・サックス時代にハリウッドの映画ディールの現場を見聞きしたうえで今があることを踏まえれば、メディアの合併には否定的だろう。

『ゼロ・トゥ・ワン』の教え

しかし、ここに来て一つ異なる要素が現れた。それがピーター・ティールだ。彼は、自著の『ゼロ・トゥ・ワン』の中で、競争はばかばかしい、独占が望ましい、と述べていた。それは独占利潤を研究開発など次世代の投資に振り分けることで「未来を先取り」することができると考えているからだ。投資家らしい産業合理的な発想であり、チーム・トランプが、トランプ本人を含めて、不動産開発などもっぱら既存の土地資産からのキャッシュフローを重視する視点から経済を眺めることに慣れているのに対して、ハイテク分野は文字通り「無から有（ゼロ・トゥ・ワン）」を生み出すことが主眼となるため、根本的なところで発想が異なる。

このようにトランプ周辺の「ハイテク音痴」に新風を吹き込む役割がティールに期待されていることだと思われるので、彼がこの合併案件にどのような意見具申をするのかが気になるところだ。
その成否によっては、たとえばシリコンバレーの投資家を中心に数年後の州民投票によって実現を夢見ているCalexit（カリフォルニアのアメリカからの独立運動）の気運にも影響を与えるように思われる。[※6]
今回の選挙でカリフォルニアは、民主党のブラウン州知事に加えて州議会でも民主党が多数派となった。つまり、DCの連邦政府とカリフォルニア州政府では、共和党と民主党の立場が完全に逆転している。その意味で、従来民主党の下で主導されてきたハイテク政策が今後どの程度継続され、どの程度反故にされるかは大きい。そのため、カリフォルニア在住の、スタンフォード卒のティールが、どのようなさじ加減を示すのかはどうしても気になる。[※7] まさか、ここまで彼がシリコンバレーの未来の鍵を握ることになろうとは思ってもみなかったことなのだが。

職業政治家はもういらない？

それにしても、12月に入り立て続けに発表されているトランプの閣僚人事を見ると、もしかしたら、もう職業政治家など必要ないとすらトランプは考えているのではないかと思えてくる。それほど、ビジネスエグゼクティブからの登用が目立つからだ。

（6） Calexitとは、トランプの大統領当選後に生じた"#NotMyPresident"運動の一つであり、文字通り、カリフォルニアを独立させようとする運動だ。もちろんBrexitのもじりから来た言葉だが、EUからイギリスが離脱することと、US（アメリカ）からカリフォルニアが独立することが、そもそも同種の出来事として同等に語られるところは興味深い。もともとアメリカの州は州＝state＝国として考えられていたことを示唆しているし、言葉のもじりがこれほどの短期間で一般にも通用してしまうあたり、あらためてソーシャルメディアが浸透した現代の出来事であることを実感させられる。

極めつけは、閣僚第1位のポジションである国務長官に、エクソンモービルCEOのレックス・ティラーソンを指名したことだろう。閣僚の顔たる国務長官の候補者には、ルドルフ・ジュリアーニやミット・ロムニーなどの名が挙がり、その都度報道機関を驚かせてきたのだが、最終的には経営者一筋で、トランプ同様、政治家や官僚としての経験が皆無のティラーソンが、アメリカ外交を司る大任に就くことになった。テックリーダーが集まる前日の13日に発表されたこの人事は大きな波紋を呼んだのだが、しかし、「エネルギー」、「エグゼクティブ」、さらには「テキサン（テキサス人）」という要素に、トランプの政治、というよりも政府運営（経営?）に対する考え方が如実に表れているように思える。プラグマティストというよりももっと徹底した現場重視と人脈重視の考え方だ。

エクソンモービルといえば、世界有数の石油・エネルギー企業であり、そのビジネスの特性上、他の鉱物資源と合わせて地政学的な判断が、事業展開上不可欠な国際企業であり、その経営には企業だけでなく各国政府との交渉も欠かせない。ティラーソンのもつそのようなビジネス経験が、エネルギーや鉱工業のような（グローバル化ではなく）「国境」を強く意識せざるをえないような経済に再び重点を置こうとするならば、極めて重要だと考えてのことのように思われる。情報も、人脈も、利害の勘所も、海千山千の現場主義者に勝るものはなく、その意味で地政学上の最大の利権である石油を扱ってきた国際メジャーのトップであれば、下手

（7） 2017年に入り、ティール自身が2018年のカリフォルニア州知事選に立候補するという噂も流れ始めている。

な学者よりもはるかに地政学的な知見や洞察に通じている、ということなのだろう。テキサンであることも、石油産業で潤い、アメリカの中でも極めつけに独立心（独州心？）の強いテキサス州のインナーサークルへの通行許可証の所有を意味するからだ。

そうしたいわば泥臭い現場主義をトランプはどうやら好んでいるようで、それは経済分野の閣僚にエグゼクティブ出身者を選んでいるところにも見て取れる。テックリーダー・ラウンドテーブルにも出席した投資家のウィルバー・ロスを商務長官に、また、ゴールドマン・サックスからハリウッドに転じたスティーヴン・ムニューチンを財務長官に[※8]、それぞれ指名している。ホワイトハウスの役割は、連邦議会と違って議論ではなく執務にあるので、それぞれの現場に通じている人物を重視する。経済政策であれば、具体的にはそれぞれの産業界とそこに属する個々の企業とからなるので、彼らとのつながりをよく知る者を登用する。同様に、安全保障政策では、元軍人の高位者たちを選択する。

まだ続くロシアの影

ある意味で即戦力重視の布陣といえるのだろうが、しかし、その結果アメリカ国内で、共和党議員までも巻き込んで議論が喧しくなってきている[※9]。というのも

（8）　リアリティショーの王様であるトランプの金庫番（＝財務長官）としては冗談のような話だが、ムニューチンは２０１６年夏のＤＣコミック原作のヒット映画『スーサイド・スクワッド』のエグゼクティブ・プロデューサーであった。彼が製作した映画には『バットマンvsスーパーマン』、『マッドマックス 怒りのデス・ロード』、『ハドソン川の奇跡』などのヒット作がある

チーム・トランプの人選がいずれもロシアに近しい人物に偏っているからだ。ティラーソンの指名で一番疑問視されたのは、彼が、CEO時代にロシアのプーチン大統領と懇意にしており、2013年にはプーチン自身の手によって「友情賞」も授与されている。つまり、親ロシアの人物であり、その人物がトランプの意向である反イスラムの姿勢を重ねて、たとえば中東地域を眺めたらどうなるのか、という類の懸念だ。

さらにここに来てロシアについては、大統領選におけるハッキング介入の首謀者であることがCIAによって公式に明らかにされたことが話をややこしくしている。CIAによれば、ハッキングはロシアの諜報当局が主導し、WikiLeaksが――といってもこちらはこちらでウェブ上の緩やかな集合体なのでグループとして特定しにくいのだが――ハッキングし、そのうえで民主党に関わる情報が選択的にリークされた、のだという。それが本当ならば、アメリカ民主政治への侵害であり、事態を重く見た連邦議会は、そのサイバーアタックの有無・程度について正式に調査を行うという方針を示している。

サイバーアタックによる選挙への介入・妨害となると、日頃意見の割れる共和党、民主党の間でも態度は同調でき、党派を超えて調査に乗り出す。2008年にオバマと大統領戦を争った共和党上院議員のジョン・マッケインがその急先鋒として息巻いている。そのマッケインに加えて、選挙期間中から反トランプを掲

(9) ビジネスマンからの登用が多いことから、特定の企業や産業との「利益相反(conflict of interest)」が懸念されており、上院における承認過程でも大きな論点となっている。閣僚候補者の資産の公開はもとより、場合によっては資産との関わりを断ち切る(資産の凍結あるいは譲渡・売却など)必要性も議論されている。資産の扱いについては他ならぬトランプ自身も対象の一人であり、就任後、弾劾裁判が議会によって提起されるのではないかと懸念される理由の一つとなっている。

げてきたリンジー・グラハム、トランプと予備選を争ったマルコ・ルビオら、共和党上院議員もティラーソンの国務長官指名には難色を示している。

さらに、このハッキングによる民主党への意図的妨害が正式に取り扱われたことで、大統領選「選挙人団（Electoral College）」に投票を見直すよう促す動きまで出てきている。形式的なこととはいえ、いわゆる選挙人による正式の投票は来たる2016年12月19日に行われるからだ。通常は選挙人は一般投票の結果に従って州の勝者の候補者に投票するものだが、外国によるハッキング介入という事実が明らかにされた以上、選挙人は個人の良心的判断に従って投票してもかまわないのではないか、というものだ。

この運動を支持しているのが、自身も一度、民主党の大統領予備選に名乗りを挙げたハーバード・ロースクールのローレンス・レッシグ教授——『CODE』の著者でサイバー法の権威のあのレッシグ本人——であり、彼によれば20票がトランプから離れる可能性があるという。レッシグも参加する反トランプのグループ“Electors Trust”（選挙人の信頼）でプロボノ（無償）の法律相談を受けた中で得られた感触だという。もちろん、そんなことはありえないと共和党支持者からは失笑を買ってはいるのだが、結果は実際の投票を見ないことにはわからない。※10

ともあれ、ロシアについてはこのように微妙な扱いになってきているところで、親ロシア派と思しき人物を国務長官に指名するのだから混乱してもしかたがない。

(10) 2016年12月19日に行われた選挙人投票の結果は、トランプが304票、ヒラリーが227票。トランプいずれにしても上院による承認過程において、このあたりのことは詳らかにされ、場合によっては、その場で言質が取られることもありえるだろう。ホワイトハウスが（政治の素人による）現場主義の企業人・軍人・民間人連合と化すのであれば、議会はその分、公明正大で「フェア」な場を目指すというわけだ。少なくとも手続きを経ることで、「法の支配（rule of law）」の精神に則り、従来からある政治家の手練手管が活かせる状況を生み出そうとしていくように思われる。その意味ではトランプが、トランプタワーからホワイトハウスに本格的に移り住んだ時が事態の転換点なのかもしれない。

ビジネスマンのアメリカ

トランプタワー詣が続いている現在の状況では、トランプ政権とは政権運営を、文字通りビジネスマネジメントの要領で舵取りしようとしているようにすら見えてくる。ホワイトハウスからトランプタワーへ、ベルトウェイ――ワシントンDCの環状線のことでその内側が連邦政府の婉曲表現とされる――からフィフス・アヴェニュー（五番街）へと、まるで首都が移ってしまったかのようだ。[※11]五番街のあるマンハッタンのミッドタウンは、高層ビルのペントハウスに多くのビジネスエグゼクティブが居を構えており、そこに投資銀行や再生ファンドが絡むこと

は州の投票結果から想定されていた306票から2票が、ヒラリーは232票から5票が、それぞれ他の候補者に流れた。レッシグの発言のようなことは起こらなかった。とはいえ州の投票結果に沿わずに投票する選挙人が現れたのは1972年以来のことだという。

（11）就任直前までトランプは、ホワイトハウスどころかワシントンDCにすらほとんど足を踏み入れていなかった。その間はDCの政治家や官僚は皆、ニューヨークのトランプタワーを訪れていたのである。

でM&A案件が審査され決定される。つまり大企業のリストラクチャリングを通じて、産業のリストラクチャリングが具体的に実践されていく「現場」である。その感覚で組閣人事がなされているように思えるからだ。その意味では、極めてフィフス・アヴェニュー的な、ミッドタウン的な匂いが漂う。

ビジネスマンを抜擢することで、一歩踏み込んだ「やる気=利得」を当の業界にも示す意図もあるのだろう。のるかそるか。しかし、関わらなければ勝つことはない。そのようなゲーム感覚の参加感を示すための「現場人事」のようにも思える。この相手なら出し抜けるかもしれない、という見込みも含めて、当事者にやる気をもたせるための仕掛けだ。

ある意味でレーガノミクスの再現であるが、そのためには金勘定のわかるビジネスマンが政権を直接運営した方が早いということなのかもしれない。そして、そのような風潮の中であれば、たとえばティールのような法律家を経験した起業家・投資家が活躍できる場も多くなることだろう。そのことをティールが見越してトランプを支持したのかどうかは、今後のティールの発言に注目するしかないが、しかし、彼がトランプ以後のハイテク政策の御意見番に最も近い位置にあることは間違いないだろう。だからこそ、彼の「合併」や「独占」(裏返しとしての「競争」)に対する基本的姿勢が大事になってくる。

もっともティール自身、Gawkerの破綻に向けたハルク・ホーガン訴訟に影から関わったことを踏まえれば、メディア企業に対しては、また違った感情を持っているのかもしれない。[※12] ともあれAT&TとTime Warnerの合併審査は、トランプ以後のアメリカを占う一つの試金石となることだろう。トランプ自身が認めたソーシャルメディアの勃興そのものが、クリントニズムの落とし子、それも相当優秀な子どもであることを考えると、なかなかに皮肉なものでもあるのだが。

そうして《ポスト・トゥルース》の時代におけるメディア産業の基盤に大きな影響を与えるのもまた、反クリントンの勢いに乗ってワシントンDC入りするトランプなのである。そして、シリコンバレーもまた、彼の周りを飛び続けるしかない。大統領選とITの関係は、選挙が終わってみれば、想定を超えた世界に足を踏み入れてしまったのである。しかし、その大変化をもたらしたのが、ほかでもないシリコンバレー生まれのソーシャルプラットフォームの数々であったことは皮肉であった。なにしろトランプ自身、当選直後の11月12日に出演した、老舗報道インタビュー番組である"60 minutes"で、Facebook、Twitter、Instagramといったソーシャルメディアがいかに今回の選挙戦で役立ったかを力説していた。

2016年は、ソーシャルメディアがマスメディアに完全勝利した記念すべき年であった。だが、その勝利は、自分たちを支えてくれたIT政策の基盤をも揺るがしかねないものだったのである。

（2016・12・19）

(12) ゴシップサイトであるGawkerは、ティールがゲイであることをティール自身が世間にカムアウトする以前に暴露したことがあり、そのことに憤慨したティールは、同じくGawkerに対して名誉毀損の訴訟を起こしていたハルク・ホーガンに訴訟費用の援助を秘密裏に申し出た。その援助も後押ししてホーガンはGawkerに勝訴し、判決で申し渡された多額の賠償金を支払う算段が取れずGawkerは破産した。ホーガンにティールが援助していた件は、ホーガン勝訴後に一般に明らかにされた。この一件でティールは、資産家が金にものをいわせて新興メディアを破綻させ、それによって新興メディアの起業を萎縮させたとして、一部のメディアから「表現の自由」を損ねるものと非難された。

《ポスト・トゥルース》アメリカの誕生

世界を書き換えたIT

2016年の大統領選を振り返ってしみじみと感じることは、社会におけるITの意味合いが大きく変わってしまったことだ。90年代半ばから20年あまりの時間をかけてウェブは世界中に普及し地球を覆い尽くした――とは何度もいわれてきていたことだが、しかし、それが文字通り《世界》に対してもつ含意を、大統領選という檜舞台を通じて世界中の人びとが思い知らされたのが2016年だった。ひとまずはそう総括してみてもよいのだろう。

その意味では、選挙後に登場し、瞬く間に人口に膾炙した感のある"post-truth"という言葉も、曲がり角を越えた向こうの世界にある姿のごくごく一部を捉えたものにすぎない。「《ポスト・トゥルース》の時代」がどのようなものになるのか、その姿を捉えるためにどのような新たな言葉ないしは概念が必要になるのか、この先、私たちは――それこそ世界中の事件や経験を我が事のように受け止めながら――思案していくことになる。

少なくとも、「事実」と「真理」をともに意味するtruthをベースにした従来型のマスメディアに代わる、「なにかメディアのようなもの」が立ち上がってしまった。さしあたって「ソーシャルメディア」と呼ばれてはいるものの、その中身もこれから試行錯誤を経て徐々に明らかにされていくのだろう。

「インターネット時代になってメディアはどうなるのか?」という問いは、インターネットが登場した20年前から問われ続けているものだが、そこでいう「メディア」とはもっぱらマスメディアを構成する四つの事業形態、すなわち、テレビ、ラジオ、新聞、出版、を指していた。しかし、2016年を経験した後では、もはやそのような「四マス企業」の盛衰とは別次元のところで、マスメディアが果たしてきた機能、すなわち報道や広告、消費といった個別の役割はもとより、それらを支える政治や経済、世界の認識方法といったことまで考え直さなければならないところまできてしまった。しかも新たな枠組みにおいては、今までのように一つの国をユニットとして無条件に前提にすることすらできない。

ソーシャルメディアの越境

いまさらながら「ソーシャルメディア」と呼ばれるものは「世界《ワールド》メディア」ないしは「惑星《プラネタリ》メディア」であったことが明らかにされた。マスメディアとは異なり、リージョンで区画される「国境《ナショナル》メディア」に留まるものではなかった。まずは、頭の中の「世界地図」のあり方から変えなければならないのだ。

もっとも、マスメディアが誕生し現在のようなものになったのも、すなわち「公正な報道」や「消費情報の流布」の役割を果たすことで政治や経済のエスタブリッシュメントを支える機構になったのも、せいぜい過去百年ほどのことでしかない。テレビを考えれば50年ほどのことだ。となると、今までの流儀が通用しなくなった、とばかりいつまでも言い募るわけにもいかない。

その一方で、"post-truth"と形容された、著しく信頼や信用に欠ける情報や意見がこの世界には充満していることが公式見解になってしまった現代社会と、どう付き合っていけばよいのか。相当心労の多い近未来が待っていそうである。そこに、このようなソーシャル／プラネタリメディアの時代をもたらしたITだけに限ってみても、今後は、ARやVR、あるいはIoTといった新顔が登場を待っている。紙幅の都合で議論は別の機会に譲るしかないのだが、おそらくは《物語《ストーリー》》や《語り口《ナラティブ》》、《思索的《スペキュラティブ》》や《別世界《シミュレーション》》、あるいは《合成《シンセシス》》といった言葉や概念に対してあれこれ想像を巡らすことで、「想定外」の事態を予め減らしておくことでしか対処できないことなのかもしれない。

いや、そういった面倒なことに飽きたり呆れたりする人たちの方が圧倒的に数が多いから2016年のようなことが起こったのではないか?といきなり反論されそうではあるのだが、それはそれ、未知の前で怠惰を決めるのも人間ならば、未知を前にして俄然やる気を見せるのもまた人間である。どちらか一方しか世の中にはいないと無理して決め込むこともないだろう。少なくともトランプ当選後、各地で「あいつは俺たちの大統領ではない」といって反発した人たちを見ると、2016年11月9日からでも、アメリカは決して「トランプのアメリカ」になったわけではなく、「トランプもいるアメリカ」でしかないことがよくわかる。そのような宙ぶらりんな状態を維持していくことから始めればよい。

なぜ、そのように思うのかというと、2004年の大統領選投票日の翌日にマンハッタンで目にした、ブッシュの再選が決まった後の恐ろしいくらいまでにどんよりとしたニューヨーカーたちの姿を思い出すからだ。あの意気消沈した様子はとにかく尋常ではなかった。それでも彼らは4年後にバラク・オバマを見出した。裏返すと、2008年にオバマの対抗馬であったジョン・マッケインを支持した人たちの無念も、形はどうあれ、8年後、果たされたわけだ。ことアメリカ大統領選については、この揺り戻し《フリップ・フロップ》の力学を忘れてはいけない。このダイナミズムがあればこそ4年ごとにあれだけの「祭り」に興じることができるのだから。

ジョーカーとして現れたロシア

もっともだからこそ、選挙後明らかにされた「アメリカ大統領選」という「アメリカ社会の祝祭」に対して横槍を入れてきたといわれるロシアについては、心中穏やかではない人びとがいてもおかしくはないわけだ。おそらくはそれもあって、2016年の年の暮れも迫った12月29日、残り少ない任期の中でオバマ大統領は、大統領選へのサイバーアタックによる介入を理由に、ロシアに対して正式に報復措置を取ることを公表したのだろう。アメリカに駐在するロシアの諜報機関関係者35名に国外撤去を命じたのである。

しかしこの対応は期せずして、アメリカが《ポスト・トゥルース》の時代を迎えたことを公式に記録してしまったわけだ。そして、この報復措置によって、大統領就任後のトランプの判断しだいで、新たなアメリカとロシアの関係が方向付けられることになる。

問題は、仮にトランプがロシアとの関係修繕に乗り出そうとした場合、どのような理由で行うのか。加えてその議論によって、共和党議員のうちロシアのハッキングに対して疑念をもつ人たちを説得することができるのかどうか、というところにある。要するに、トランプが関係改善を望んでも、議会がそれを望まない場合、大統領府と連邦議会との間で共和党は歩調を合わせることができるのか、ということだ。

選挙そのものは共和党の勝利で終わったため、なんとなく不問にされたままであったが、選挙期間中に見られたような、アウトサイダー・トランプを巡る共和党内の不和が、今後顕在化していくのかもしれない。穿った見方をすれば、そうした不和を後々生じさせることも含めての、ロシアへの報復措置だったのかもしれない。共和党内部でも、すでに2018年の中間選挙、2020年の大統領選挙に向けた動きは始まっている。

ともあれ、真相究明のためというよりも、再発防止のための外交的圧力としてではあるが、このオバマの措置によって、2016年の大統領選は、アメリカでは公式にロシアのハッキングによって介入を受けた「サイバーアタック」の大統領選として記録されたのである。

サイバーパワーの浮上

ところで、この「ハッキングによって（選挙という）内政に干渉する」という新たな事態は、ジョセフ・ナイの提唱した「ソフトパワー」にならえば、「サイバーパワー」の時代に踏み出したと解釈できるのではないか。

ソフトパワーの世界では、軍事力に代わって言葉・文化の力、すなわち広義の外交が鍵を握っていた。その際の武器が「経済力」であった。端的にいえば、経済体制への嫌がらせという兵糧攻めを講じることで、あるいは条件を飲まなければ講じるぞと迫ることで、相手国内の民衆の反乱の可能性を担保に、一定の落とし所を目指す。そうして、実際の武力行動に訴えることなく、一定の「秩序」を確立してきた。

ソフトパワーは、そうした非武力的な手練手管の総体だった。そのような総体を「文化」で代表させるところが、すでにソフトパワー的な流儀だったわけだ。それもこれも軍事衝突が悲惨な結果を社会にもたらす、という共通の記憶があればこそのことだ。誰もが認める世界大戦のような「あの最悪の事態」を回避できるのならば、という選択が取れる時代だった。ソフトパワーとは、本当に戦火を交えてはまずいという共通認識があった冷戦時代だからこそ洗練させることのできた手段であった。

一方、新たに登場してきたサイバーパワーは、その国が民主的な代表制度を採用していることを前提に、その国の代表選抜制度(＝選挙)への干渉ないし介入を通じて、そもそも交渉相手として有利ないしは懇意の相手を意図的に選び出すことを目的とする。いわゆる覇権国なき「Gゼロ」の時代、多極化した国際政治状況があればこそ、当面の間、誰(＝どこの国)と組むのが得策かとまずは考えざるを得ず、そうであるなら相応しい相手、さらには御しやすい相手を意図的に引き入れようではないかという判断が生まれてもおかしくない。

そうして、インターネットを通じた選挙への介入が、体制転覆のための一つの手段として認識される。ソフトパワーが、民間外交を含めたものであるとしたら、サイバーパワーも民間の「サイバー資源」をも加味したものとなる。ＩＴ企業や計算資源《コンピュータパワー》、プログラマやハッカーをどれだけ国内に抱えているのか、というのも一つのパワーの指標になるような時代が目の前に迫っている。

こうして選挙戦のゲームのルールは外部からも完全に書き換えられた。特に、アメリカのように長期に亘って選挙戦を展開する国は、サイバーパワーを行使する格好の対象となる。投票日が予め決まっていることは「介入」を容易にする。さらにいえば、十分に以前から人心操作のために情報を流してしまえば、そのような介入を事前に排除することは容易ではない。そもそもそれが介入であるかどうかすら確定することは難しい。サイバーパワーはきっと、「《ポスト・トゥルース》の時代」に依拠すると同時に、それを推し進めるものでもあるのだ。

とはいえ、“post-truth”を話題にすると、いかにもサイバー介入だけで選挙戦が決まったかのような印象を与えてしまうのも確かだろう。そこで最後に本選を振り返っておこう。

それにしても、なぜ、ヒラリーではダメだったのだろうか。

経営者の時代?

今から思えば、「トランプvsヒラリー」とは、結局のところマンハッタン内部のセレブリティサークルの痴話喧嘩であった。ダイバーシティに満ちたニューヨークはもともと民主党の牙城であり、ニューヨークにいる限り、ヒラリーは安泰だった。逆にトランプは打つ手なしと思ったからこそ、ニューヨークの外に出た。とはいえ、向かう先は身近な五大湖周辺だった。ニューヨーク州の田舎にあたるアップステート・ニューヨークからすでに五大湖周辺のラストベルトは始まっていた。

一般に、経営者として成功した人が政治家を目指そうと思ったら、まずは州知事《ガバナー》を目指す。ミット・ロムニーがマサチューセッツ州知事に選出されたのが、まさにそれだ。eBayのCEOであったメグ・ウィットマンも、破れはしたが2010年にカリフォルニア州知事選に出馬したことがある。

巨大組織のマネジメントという点では、ガバナーとCEOとはあまり変わらない。いわゆるPublic Managementないしは、Government Managementという概念自体、70年代にニューヨーク市が財政破綻の危機を迎えた頃から広まったものだった。政府も企業のようにマネーの管理をきちんとしないと社会的な大惨事をもたらすと懸念されたからだ。議論の背景には、先行して練り上げられてきた企業経営(Business Administration)のノウハウの蓄積があった。「小さな政府」という立論も、そうした具体的な政府の惨状を踏まえて出てきたものだった。

そもそもこの30年ほどの間に選出された大統領のほとんどがガバナー出身だ。ジミー・カーター（ジョージア）、ロナルド・レーガン（カリフォルニア）、ビル・クリントン（アーカンソー）、ジョージ・W・ブッシュ（テキサス）といった具合。むしろ、2008年に上院議員一年生からいきなり大統領選に乗り出して勝利したオバマが例外だったことになる。

だが、この「いきなり」というところにこそ注目しなくてはならない。政治家としての実績に欠ける新人が立候補し、善戦し、当選する、という経路だけ見れば、オバマもトランプも実は変わらない。二人がともに武器にしたのは、ソーシャルプラットフォームを梃子にした有権者への「ダイレクト・コミュニケーション力」だった。オバマは類稀なる「説教師」であり、トランプはテレビ番組の「ホスト」として知られた。トランプの「ああいえばこういう」感じの話しっぷりは、まさにテレビ向きであり、ディールメーカーの口ぶりだった。

その上でもう一つ共通点を挙げるならば、オバマは「コミュニティ・オーガナイザー」、トランプは「デベロッパー」であった。ともに「都市」を舞台にした政治と経済に具体的に関わった経験があったのだ。

都市経営を知る強さ

今思うと、2008年の予備選でヒラリーがオバマに破れたことも含めて、実は、オバマとトランプがともにもつ「市政の酸いも甘いも噛み分けてきた」経験が、国際政治経済など日常生活の話題に上りもしない「普通のアメリカ人」に対してアピールしたのではないか。オバマは、マイノリティの居場所を確保するという、民主党らしい「人権」の観点から、トランプは俺たちの街の稼ぎを上げる地域「開発」の観点から、それぞれリアリティを持って語ることができた。どちらも「インナーシティ」問題への解決手段を手にしていた。

残念ながらヒラリーには、こうした「泥臭い」市政の現場での経験がなかった。まずファーストレディとして全米で認知されたことがバイアスになっているのかもしれないが、しかし、彼女の政治活動は、もっぱら上流階級の奥様がチャリティ会場で行うパーティのように見えてくる。セレブリティサークル内部のファンドレイジングの話だからだ。

ヒラリーに対する非難としては最後までFBIによる電子メール捜査の話に注目が集まっていたが、それよりも庶民感情的に疑問に思われたのは、彼女のファンドレイジングに囲まれた生活、すなわち世界中から巨額の寄付金を集める「クリントン・ファウンデーション」の活動や、ウォール街からのスピーチに対する高額謝礼という事実の方であったのかもしれない。FBIの一件は法的に是非が決まる話であり、普通の人たちがどうこうできるものではない。しかし、ファンドレイジング周りの話は、法以前の「モラル＝倫理」に関わる話として人びとの素朴なやっかみを引き起こすものだったからだ。

ちなみにバーニー・サンダースも政治家のキャリアを市長（ヴァーモント州バーリントン市）からスタートしている。下積みの経験の有無が、ソーシャルメディアによってデモクラシーのポピュリズム成分が増す状況では、極めて重要な要素になるようだ。

おそらくファウンデーションの活動は、ビル・クリントンというリタイアした政治家が、大統領後の人生で振るう最後の権力であり、善行である限り、庶民も見過ごせたことであったのかもしれない。だが、元大統領ゆえに可能となったチャリティを踏み台にして、再び権力を得ようとするのなら話は別だ。随分と虫がよい話にしか見えない。仮に大統領を目指すにしても、せめてワンクッションおいて妻のヒラリーではなく娘のチェルシーに委ねるべきだったのではないか。それがクリントン家をケネディ家のような名家として残すためには必要な節度だったのだろう。ヒラリーは、2008年の予備選ですでに一度敗退しているのだから、国務長官を引き受けた時点で幕引きしておけばよかったのだ。

一方、オバマが活躍したのはシカゴでも最も治安が悪いといわれた黒人街のサウスサイドだった。トランプにしても、カジノ王の名もあるように、アトランティック・シティにカジノを建設するために、市当局と執拗な交渉を繰り返してきた。カジノ建設がどれだけの関係者の関心の的になるのか、容易に想像がつくことだろう。

どちらにしても、一概に善悪の割り切れない世界だ。そして政治における「妥協」とは、そのような清濁併せ呑むところにある。少なくとも政治の現場など知らないが、しかし投票には出かける庶民が抱く「政治のイメージ」とはそういうものだろう。そうした粘り強さが、まったく正反対の属性ではあるが、オバマやトランプにはついて回った。かたや、黒人教会で説教する牧師のイメージであり、かたや、建設現場に黄色いヘルメットをかぶりながら進捗状況を確認して回るデベロッパーのイメージだ。

どちらも泥臭くて汗臭い。日常の悲哀と歓喜が並び立つ。そういうイメージだ。

だが、人びとの声が直接届いてしまう（ことの弊害を憂える）ポピュリズムの時代とは、投票者のほとんどが政治の素人であることを踏まえれば、まさにイメージの戦いでしかない。彼らを鼓舞するのは理性よりも感情であり、情動である。だからこその“post-truth”のキーワード化だ。

したがって、どれだけイメージ、つまり映像的イメージのリソースを引用できるかに関わっている。過去の映像リソースを容易に引き出せる点でも、これは完全にウェブ以後の世界でしか成立しないものであるし、ウェブ以後、その方向に拍車がかかりもした。遅ればせながら、アメリカもポストモダンな時代を本格的に迎えたわけだ。ただし、アメリカの場合、不思議なことに、多様性を認めた「多からなる一」を信奉しているときには、バラバラであっても安定している、すなわちモダンであるのに対し、多様性を放棄してたとえば白人がアメリカの中心だと言い出した途端、ホントにバラバラの不安定な状況、すなわちポストモダンが生まれてしまう。

全米へのダイレクトな到達

ともあれ、そうした社会的不安定が生じた中でなら、政府のリストラクチャリングに対しても企業のリストラクチャリングの実績がある人が就けばいいではないか、という発想が出てきてもおかしくはない。もともとビジネルサークルとの付き合いが深かった共和党の方が、その傾向が強いことも。

となると、不動産王トランプが共和党から大統領になれたのも、冷静に捉えればそれほど不思議なことではない。それでも誰もが驚かされたのは、彼がいきなり大統領選に出馬して、予備選どころか本選でも勝ってしまったことにある。

トランプの拠点であるニューヨークは、白人男性ですらマイノリティと思えるくらいダイバーシティが当たり前の土地柄なので、さすがにトランプでも勝てるはずがない。けれども、もしもトランプタワーがマンハッタンではなくフィラデルフィアにあったら、トランプは、彼自身、ペンシルヴァニア大学のウォートンスクール（全米有数のビジネススクール）の出身であるのだから、まずはペンシルヴァニアの州知事になる道を選んだのではないか。そして、その経験を経て大統領選に臨んだならば、それほど驚かれることもなかっただろう。むしろまずはそう考えたところで、しかしペンシルヴァニアで出馬することもかなわないから、だったらいきなり大統領選はどうかと思ったのではないか。そしてどこでなら勝てるか、と思案した挙句、白人ワーキングクラスの票を取ればいける、と思ったのではないか。もちろん、彼にとっては一つの賭けだったろうが、負けてもトランプTVの営業活動だったと割り切ればよい。損切りについてもそれくらい冷静に見積もっていたのではないか。

だとしたら、トランプからすれば勝っても負けても利得があった。その分、柔軟に戦況に対処することができた。勝つために相手をけなすことに何の疑問も感じなかったし、支持者を集めるために極端な言葉遣いをしても問題はなかった。とはいえ、共和党の予備選でダークホースとして勝つために票を取れるとしたら、共和党が寄りつかないニューヨークの西にある中西部やラストベルトくらいだろう。だとすれば、彼らの誇りとノスタルジアをかけて“Great”をスローガンにすればよい――こんな感じに出馬の青図を描いたのではないか。

たとえばブッシュ家は選挙に勝つために、もともとは東部のWASP一家だったにもかかわらず、わざわざテキサスに移り住んでようやくそこで地盤を得たわけだが、トランプは、そんな過程すらすっ飛ばしてしまった。転居による「出身の書き換え」を無用にしたのがTwitterだったわけだ。彼にとってソーシャルメディアは、有権者とダイレクトにメッセージをやり取りできるだけでなく、全米の有権者に極めて安価に到達できるところに意味があった。間違いなくソーシャルメディアの存在は、トランプの浮揚を後押しした。

モダンの下での《ポスト・トゥルース》

トランプは、ホワイトハウス入りした後もTwitterを手放さないと述べている。だとすれば、彼の声は引き続きネット上に響き続けるのだろう。その一言一言に、賛否両論がかまびすしく語られ続ける。そして、その無数のやり取りがまた実際の政治の現場にフィードバックされることになる。

新しいメディアたるソーシャルメディアを通じてその存在感を増していく点では、ラジオを使ったルーズベルト、テレビを使ったケネディ、あるいは自らがメディア＝俳優であったレーガンたちに続く動きといえる。公務経験ゼロのトランプが、むしろそれ故「もっともらしく」見えるのはこういうところで、それは彼の行動の端々に歴代大統領の影が見え隠れしてしまうところがあるからだ。

怒れる民衆の支持を受けてホワイトハウス入りした大統領ということであれば、１８３０年代に、それまで続いたヴァージニア王朝――トーマス・ジェファソン後30年余り続いたヴァージニア出身者が大統領職を占めてきた歴史――を打破したアンドリュー・ジャクソンの名が挙がる（皮肉なことにジャクソンは民主党の創始者だった）。あるいは、ビジネスマンとしての経験から大統領になった人物といえば１９２０年代のアメリカを演出したハーバート・フーバーが思い出される。サイレント・マジョリティの獲得で選挙戦を制したニクソンはいうに及ばない。

公務経験のないトランプの存在は、それゆえに過去の大統領の記憶を適宜取り出すことができてしまう。だから彼の存在は、文字通りの「パッチワーク」である。しかし、マスメディアに代わりソーシャルメディアこそが民意を生み出し、さらに民意＝意志だけでなく彼らに活動に踏み出すことを促す苗床＝プラットフォームとなる時代であればこそ、その多様な「民意」に応えるためには、応える相手が空の存在＝ホワイトウォールであるほうが望ましい。そこには、どのような夢も、どのような大統領の過去の偉業も投影することができる。

正しい意味でトランプは、ポストモダンな、父であることを辞め、覇権国から退いたアメリカに生まれた大統領なのである。進歩か退歩かもわからないまま、しかし確実に一歩を踏み出さなければならないアメリカの始まりだ。むしろ、アメリカに父＝リーダーとしてのあり方を望むのは、アメリカ外部の人たちになるのかもしれない。“Make America Great Again”とは、今度はアメリカ外部の人たちが自問するフレーズになるのかもしれない。そして迷走するアメリカの指南役として期待されるのが、アメリカの父たるヨーロッパである。だとすればオバマがメルケルに渡したバトンは存外重そうだ。

90年代のインターネットの登場から始まったグローバル化とは、しばしばいわれるように英米を中心とするアングロサクソン化であった。その流れに実際に異論を唱えたのが、当のイギリスとアメリカというのだから、グローバル化の流れは、そのトップランナーによって自ら「内破」されてしまったことになる。産業革命以来そもそも「モダン」な仕組みを社会体制の変容として、文字通り「進化」させてきた英米両国では、グローバル化からの一時撤退も、今まで同様、モダンの仕掛けの作動範囲内となるのだろう。モダンなシステムの（自己）進化という理解だ。その意味でポストモダンという言葉ではなく“post-truth”という、情報の真贋に限定した言葉が採用されたように思われる。そうしてグローバル化のトップランナーだけが正面切った否定＝改革に着手できたわけだ。このことの意味は重い。かように《ポスト・トゥルース》の時代の射程は広大だ。こうしてポストモダンではなく、《ポスト・トゥルース》アメリカが誕生したのである。

あとがき

もしかしたらトランプはただオバマになりたかっただけなのかもしれない、トランプはフェイク・オバマだったのだ――そんなことを就任式前後の一連の騒動を見ながら、とりわけ就任式の群衆規模が過剰に少なく報道されていると執拗に反論するトランプの姿を見ながら、思いついた。

直前まで、本当に就任できるのか？という懸念が絶えなかったものの、それでもトランプは２０１７年1月20日、第45代アメリカ大統領に就任した。けれどもその就任式は、オバマの時と比べれば明らかに盛り上がりに欠けていた。民主党関係者だけでなくハリウッドセレブの多くも欠席し、いわゆる「Aリスト」と呼ばれるトップミュージシャンたちの多くが就任関連イベントでの演奏を拒んでいた。象徴的だったのは、4年前のオバマの再選時にはビヨンセが歌い上げたアメリカ国歌である「星条旗よ永遠に」をトランプのために歌ったのが、リアリティショー上がりの10代の女性歌手だったことだ。ポピュリズムとは、なるほど田舎者《ポピュリスト》によるアマチュアリズムのことだったのだ、とあらためて気付かされた。

どうやらトランプとプロのクリエイター／アーティストたち、すなわち「クリエイティブ産業」とは反りが合わないようで、２０１７年の年が明けて早々、メリル・ストリープとトランプの間で罵り合いが交わされた。就任式翌日にワシントンＤＣを中心に全米で反トランプの抗議行進を実施したWomen's Marchでは、マドンナが群衆に檄を飛ばしていた。彼女は、ヒラリーの熱心な支持者の一人として知られ、選挙後、総得票数《ポピュラーボート》でヒラリーがトランプを凌駕していることがわかった時点で、選挙人たちにヒラリーに投票するよう即座に訴えていた。この行進には、シェールやスカーレット・ヨハンソンら数多くのハリウッド女優たちも参加していた。

Women's Marchは、「女性の権利」の擁護から始まった草の根《グラスルーツ》の運動が、ハリウッドセレブの参加によって拡大されたものだったが、最終的には、人種差別反対、移民排斥阻止、ＬＧＢＴの権利、地球温暖化防止などの、いわゆる進歩的《プログレッシヴ》なアジェンダを掲げる人びとが合流し、端的に「反トランプ」を訴える行進となった（発端が、カウチに車座になって相談し合う女性たちの水平的な関係性からなるネットワークであったことは、自律分散的な運動が同時多発的に生じる契機の一つとして記憶しておくべきことだろう）。

そのため、ＤＣに限らず、ニューヨークやロサンゼルス、シカゴ、ボストン、デンバー等の全米各地で同様の抗議行進が行われた。それだけでなく、ロンドン、パリ、ベルリンなど欧州の大都市を中心に、アメリカ国外にも飛び火した。簡単にいえば、都市に住む人びとが国境を越えて連帯し、その中心には（保守に対して）進歩的な価値観を掲げるクリエイター／ミュージシャン／アーティストがいるという構図である。彼らは「寡黙な多数派《サイレント・マジョリティ》」に対して「雄弁な少数派《エロクエント・マイノリティ》」として声を上げたのだった。

裏返すと、このような活力ある人たちが反対する側に回ったのだから、その分、就任式の参加者が減り、セレモニーにトップアーティストが参加しなかったとしても、トランプはどこ吹く風とばかりに悠然と構えていればよかったはずだ。彼をホワイトハウスに送ったのは田舎の無名の白人ブルーカラーだったのだから。就任式前日の19日夜のコンサートにしても、大物アーティストが登場せず、たとえばブルース・スプリングスティーン本人ではなくその曲をカバーするコピーバンドが登壇したことも、むしろ誇るべきことだった。トランプ自身、彼らの眠れる才能を見出す鑑定人として、全米に知れ渡るリアリティショーの王となったのだから。田舎の酒場をアーティスト本人の代わりにコピーバンドが演奏して盛り上げるという姿こそ、愛すべき一つの地方文化だったはずである。

けれどもトランプは、当のスプリングスティーンが1月12日にホワイトハウスで開かれたオバマのフェアウェル・パーティで演奏したことが気になって仕方がないらしい。そもそもエイブラハム・リンカーンの巨大彫像が鎮座するリンカーンメモリアルの前で開催した前夜祭コンサート自体、オバマのことを強く意識したものであったように思われる。

リンカーンメモリアルでの前夜祭コンサートは、ジョージ・W・ブッシュの2001年就任式の頃から慣例化しているのだが、それでも“We Are One”と題した2009年のオバマ就任式前夜祭コンサートは「スター銀河（A Galaxy of Stars）」と呼ばれるほど、豪華アーティストたちによる夢の共演だった。スプリングスティーンはもとより、U2、スティーヴィー・ワンダー、ジョン・ボン・ジョヴィなど錚々たる顔ぶれだった。

当選以来、こうしたオバマの姿をトランプは、殊の外強く意識しているように見える。オバマ同様、ポピュラリティの高さで大統領に当選したことを思えば、オバマは実は一種のロールモデルであり、オバマキャンペーンはベンチマークの対象だったのではないか。つまりはオバマのコピーが基本戦略だった。そう考えると、予備選でブッシュ王朝を退けたことも、本選でクリントン王朝を打ち負かしたことも理解できる。どちらもオバマが倒した相手だからだ。そうしてオバマに倣って、オバマの保守版を演じることで勝利した。けれどもその偽《フェイク》オバマぶりも、本家オバマを前にすると、為す術を失ってしまう。本物を前にした偽物だから。放っておけば、オバマの劣化コピー、下位互換にしかならない。そして、そのことは当のトランプ自身がどうやら一番よく知っている。

実際そうでもなければ、「もう一つの事実《オルタナティブ・ファクト》」などという言葉を捻り出してまで、就任式当日の群衆の数をマスメディアは不当に低く見積もっているなどと憤慨するはずがない。もはやすでに大統領なのだから、そんなことを気にする必要はないはずだ。またトランプの支持基盤を考えれば、田舎のアマチュアリズムもむしろ歓迎すべきことだろう。

だがどうやらトランプはどうにもオバマを凌駕したくて仕方がないのだ。いってしまえば、モーツァルトを羨むサリエリ。いわゆるBirther《バーサー》の一人として、オバマの出生に執着したのも、何とかしてオバマの名声を貶めたい一心からだったなのだろう。トランプの中には、オバマが抜けない棘のように深く突き刺さっている。その内なるオバマの影との争いが、今後のトランプの言動を左右するように思われてならない。しかし、それも《ポスト・トゥルース》時代の大統領としては、むしろ相応しい焦燥感なのかもしれない。偽物《フェイク》は真正さ《オーセンティシティ》に取り憑かれざるを得ないからだ。

＊＊＊

本書の誕生に当たっては、二人の編集者にお世話になった。

一人は、WIRED.jpでのウェブ連載の申し入れに快諾してくれて、この稀有な大統領選に伴走しながら書き留める機会を与えてくれたWIRED日本版編集長の若林恵さん。2014年の秋に骨董通りのカフェで相談したことが、まさかこんなアメリカ観察記になるとは思いもよらなかった。ありがとうございます。

そしてもう一人は、そんなウェブ連載を面白いドキュメンタリーだからということで注目してくれて、自ら書籍化の労を執ってくれた青土社の横山芙美さん。ユリイカ編集長の頃からのお付き合いがこのような形で実を結んだことに感謝したい。

ウェブ版の書籍化という、デジタルからアナログへの変換は、人によっては後退のように捉えるかもしれないが、ひとたび書く側に立てば、これがモード転換でしかないことがよくわかる。基本的にウェブはフロー情報の連続からなるが、ただそれらを積み上げれば本というストックになるわけではない。なぜなら、ウェブには端的に「今」しかないからで、要するに振り返ることがない。対して、本には必然的に「回顧」の機会が訪れる。そこから「過去」を記す歴史が立ち上がるわけだが、面白いことに、過去を扱うことで「未来」に対する視点も開けてくる。今回、書籍化の作業に取り組みながら、そんなことを考えていた。

もちろん、もとが2016年大統領選という世界を揺るがす大事件《イベント》の推移を追った備忘録のようなものであるから、その過程で見出した多くの発見は、今後扱うべき課題や仮説として留まっている。それらが孕む可能性については、別の機会にもう一歩踏み込んだ形で記してみたい。少なくとも、トランプもいる時代を横目に見ながら何かしら書き留めることができればと思う。

その意味では、ウェブ連載の傍ら、同時期に並行して記した以下の諸論考は、トランプ以後の時代を考えるという点でヒントになるのかもしれない。

「多分これからも都市の空気は自由にする」(ユリイカ2017年1月号 特集「アメリカ文化を読む」)
「トランプの国のジョナ・ノーラン」(WIRED VOL.26 特集「ワイアードTV：映像ビジネスの新時代」)
「再合理化される現代世界――『ファンタスティック・ビーストと魔法使いの旅』論」(新潮2017年2月号)
「鏡の国のMR. PUPPET」(現代思想2017年2月号 特集「ビットコインとブロックチェーンの思想」)。

いずれも文学なり映画なりの作品を引き合いに出しながら、アメリカ社会やテクノロジーのこれからについて論じたものだが、その背後には同時代の空気として、トランプ以後のポスト・トゥルースの時代のことが、程度の差こそあれイメージされていたはずだからだ。

おそらくオバマとトランプの確執の間にはリンカーンの栄誉を巡る奪い合いがある。その理解の鍵になると思われるのが、リンカーンが南北戦争時代にアメリカ再統合のために呼び起こした、「アメリカの良心」たる「共和精神（Republican Mind）」である。この「リパブリカン・マインド」という主題については、今後機会を見て掘り下げていきたいと思っているが、さしあたっては以下の拙論を参考にしてほしい。

「ウェブ文明のエートス――自在、公開、伝承」（岩波講座 現代 第9巻「デジタル情報社会の未来」）

連載開催時にはまさか２０１６年大統領選に、このような結末が待っていようとは思わなかった。いわばポスト・アメリカの時代が、他でもないアメリカ自身の手によって始まってしまったわけだが、この先、その流れが加速するのか、それとも減速するのか。それら揺り戻しは現代の文化をどのように変えるのか。イノベーションは変わらず称揚されるのか。疑問は尽きない。本当に先の見えない、重心を失った21世紀が始まってしまった。驚きである。

２０１７年1月　著者記す

本書は、WIRED.jp にて連載された「SUPER ELECTION ザ・大統領戦
アメリカ・メディア・テクノロジー」を加筆、修正したものです。

著者紹介

池田純一　Junichi Ikeda

コンサルタント、Design Thinker。コロンビア大学大学院公共政策・経営学修了（MPA）、早稲田大学大学院理工学研究科修了（情報数理工学）。電通総研、電通を経て、メディアコミュニケーション分野を専門とする FERMAT Inc. を設立。『ウェブ×ソーシャル×アメリカ』（講談社）、『デザインするテクノロジー』（青土社）、『ウェブ文明論』（新潮社）、『〈未来〉のつくり方』（講談社）など著作多数。

〈ポスト・トゥルース〉アメリカの誕生
ウェブにハックされた大統領選

2017年2月25日　第1刷印刷
2017年3月 5 日　第1刷発行

著者　池田純一
発行者　清水一人
発行所　青土社
101-0051　東京都千代田区神田神保町 1-29 市瀬ビル 4 階
電話　03-3291-9831（編集）　03-3294-7829（営業）
振替　00190-7-192955

装丁　小沼宏之
組版　Flexart
印刷・製本　シナノ印刷株式会社

ISBN978-4-7917-6972-8
Printed in Japan